넬슨 만델라 평전

NELSON MANDELA by Jack Lang

Copyright ⓒ EDITIONS PERRIN, Paris, 2004
Korean Translation Copyright ⓒ SILCHEONMUNHAK Publishing
Co., 2007
All rights reserved.

This Korean edition was published by arrangement with
EDITIONS PERRIN (Paris)
through Bestun Korea Agency Co., Seoul

이 책의 한국어판 저작권은 베스툰 코리아 에이전시를 통한
EDITIONS PERRIN과의 독점계약으로 (주)실천문학에 있습니다.
저작권법에 의해 한국 내에서 보호를 받는 저작물이므로
무단전재와 복제를 금합니다.

이 도서의 국립중앙도서관 출판시도서목록(CIP)은 e-CIP홈페이지
(http://www.nl.go.kr/cip.php)에서 이용하실 수 있습니다.
(CIP제어번호 : CIP2007002998)

넬슨 만델라 평전

자크 랑 지음 | 윤은주 옮김

실천문학사

아마추어 권투선수로도 활동했던 청년 만델라의 1950년대 모습.
ⓒ Lounes Mohamed/eyedea

두번째 부인인 위니와 활짝 웃으며 포옹하는 넬슨 만델라. 1960년.
ⓒ eyedea

1976년 6월 16일, 13세의 남아프리카 소년 헥토르 피터센이 소웨토 지역의 반아파르트헤이트 시위에 참여해 큰 부상을 입고 동료 시위 참가자에 의해 옮겨지고 있다. 그는 이 시위에서 경찰의 실탄 진압에 의해 사망한 최초 희생자이다. ⓒ eyedea

우리 모두가 함께 나누고자 하는 이 상의 가치는, 큰 성공을 거둘 즐거운 평화를 기준으로 평가될 것이고 평가되어야만 할 것입니다. 흑인과 백인을 차별하지 않는 세상에서 인류 모두가 천국의 아이들처럼 살아갈 수 있기를 희망하기 때문입니다. 우리는 모두가 평등하게 태어났고, 우리들 각자가 삶, 자유, 번영, 인간이 존엄성을 가질 수 있는 사회, 그리고 공정한 정부에 대한 정당한 몫을 가질 수 있는 사회를 창조할 것이기 때문입니다.

_넬슨 만델라, 1993년 노벨평화상 수상 연설에서

1994년 3월 21일, 샤프빌에서 아프리카 국민회의 지지자들이 만델라의 선거 포스터 위에 모여 있다. ⓒ Merillon Georges/eyedea

1994년 4월 27일. 더번 인근의 이난다 지역에서 투표에 참여하는 넬슨 만델라. 남아프리카공화국 최초로 흑인 유권자가 참여한 이날의 자유총선거에서 승리한 넬슨 만델라는 5월 10일, 남아프리카공화국 대통령에 임명된다. ⓒ South Light/eyedea

차례

서문 · 017
들어가며 · 023

제1막 안티고네 · 041
제2막 스파르타쿠스 · 111
제3막 프로메테우스 · 167
제4막 프로스페로 · 235
제5막 넬슨 왕 · 307

부록 · 349
주(註) · 373
연보 · 391
역자 후기 · 407

| 일러두기 |

1. 이 책에 등장하는 고유명사는 교육인적자원부 문화관광부 고시 외래어 표기법을 준수했다. 2007년 현재 남아프리카공화국의 언어는 영어와 아프리칸스어이다. 단, 17세기에 네덜란드인이 이주한 이후 백인이 유입된 역사적 배경 상, 잔존하는 네덜란드 인명에 대해서는 네덜란드어식 표기를 최대한 반영했다.

2. 원서상의 미주와 옮긴이주를 이 책에서는 모두 책 뒤로 몰아 각 장별로 나눠 묶었다. 1), 2), 3)……으로 나타낸 것은 원서상의 미주이고, **1, 2, 3**……으로 나타낸 것은 옮긴이주임을 밝혀둔다.

| 서문 |

 내 소설들 가운데 한 작품 속에 등장하는 어떤 인물은, 아직도 영웅이 존재하는 나라에서 살고 있다는 것은 매우 의미심장한 일이라고 되뇌고 있다.
 넬슨 롤리흘라흘라 만델라Nelson Rolihlahla Mandela와 같은 시대, 같은 장소에 살고 있다는 것은 분명 이에 해당된다. 아파르트헤이트Apartheid의 시대에서조차 그러하다. 이 인권유린의 체제에서 남아프리카 인민 대다수에게 가해진 가공할 공포에 맞서 투쟁한 나와 내 동지들은 모두 이러한 특권을 공유했다. 만일 인간성을 겸비한 천재성이라는 것이 존재한다면, 만델라야말로 바로 그와 같은 재능을 지니고 있는 사람이다.
 만델라를 주제로 해서 이미 수많은 책들이 출간되

었고 다양한 각도에서 그의 특별한 면모를 파악하기 위해 갖은 노력이 기울여졌으며, 또한 수많은 저술이 헌정되었다. 그러나 이 책에서 자크 랑Jack Lang은 완전히 새로운 각도로 이 주제에 접근하고 있다. 이것은 결코 위인전이 아니지만, 분명 글 전체에서 한 인간의 위대함에 대한 진정한 경의가 묻어난다. 한편으로 이 책은 비판적인 목적을 가지고 있었던 것은 아니었을지라도, 넬슨 만델라가 '인간의 또 다른 인간에 대한 억압' 맞서 싸우고자 했던 당초의 목표를 이루기 위해, 극복하고 해결해야 했던 내적인 갈등을 완벽하게 보여준다.

만일 삶이 연극의 한 장면이라면, 그리고 그 속에서 여러 남녀가 배우로 등장한다면―바로 이것이 자크 랑이 이야기를 풀어내는 방식인데―위대한 인물의 역할은 자신의 시대를 확장하면서 그에 앞서 비슷한 사명을 부여받았던 사람들의 운명을 체현하는 것이다. 자크 랑은 넬슨 만델라에게 4막으로 구성된 경이로운 드라마의 주인공 역할을 부여했다. 이 드라마는 그의 삶과 그가 살아온 시대뿐만 아니라, 남아프리카에서 진행된 자유를 위한 투쟁의 복잡한 과정을 재검토하고 있다. 여기서 만델라는 아이스킬로스Aeschylos와 소포클레스Sophocles로부터 베케트Samuel Beckett에 이르기까지 철학과 윤리학의 역사 속에 자취를 남긴 카리스마적인 인물들과 동일시된다.

1막에서 만델라는 인종차별주의라는 크레온Creon의 음험한 얼굴에 맞서는 안티고네Antigone이다. 크레온은 만델라와 그의 동족에게서 인권을 앗아간 인물이다. 2막에서 만델라는 남아프리카 정부의 공권력에 맞선 저항세력의 우두머리로서 그 옛날 로마인들에 맞서 싸운 유명한 검투사 스파르타쿠스Spartacus의 모습을 하고 나타난다. 3막에서 그는 프로메테우스Prometheus와 같다. 냉혹한 정권의 우두머리인 제우스에 대한 저항의 불꽃을 인종차별주의의 신들에게서 빼앗아 인간에게 가져다준 죄로, 인종주의라는 바위에 결박되어 있다. 4막에서 만델라는 드디어 현재로 돌아와 지금의 나이를 먹는다. 그러나 그는 인류의 은인이자, 칼리반Caliban에게 승리한 프로스페로Prospero의 모습으로 나타난다.

이 마지막 부분 때문에 나는 야릇한 독백을 할 수밖에 없었다. 자크 랑이 의견 대립으로 인한 오해와 그것이 야기하는 짜릿한 묘미를 즐긴다는 사실을 알고 있기 때문이다. 칼리반은 종종 특히 흑인 해석자들에게 식민주의의 '영웅적인 희생자'로 간주된다. 그에 관한 이야기는 식민 지배자가 기꺼이 떠맡은, 문명인으로서의 사명감과 결부된 모든 아이러니를 다음과 같이 표현한다.

"당신은 내게 말을 가르쳐주었습니다. 그런데 거기서 얻은 수확은 내가 증오할 줄 알게 되었다는 겁니다." (O. Mannoni, *Prospero e Caliban*, 1950.)

그렇다면 만델라의 솔직한 화법과 용기 속에 칼리반적인 무언가가 있는 것일까?

한 막이 끝나고 그다음 막이 시작되어 커튼이 올라갈 때마다 만델라의 삶에 관한 설명은 신화 속의 수수께끼 같은 영웅들과 매혹적인 관계를 맺으며 얽힌다. 그의 어린 시절과 청년 시절에는 아프리카 귀족의 자취가 남아 있다. 그것은 아마도 모든 귀족제도들이 그러한 것처럼 부족적이기도 하다. 그러나 또한 그는 타인과의 관계 속에서 다양한 모습으로 변모와 발전을 거듭했다. 자기 나라에서 도망 다니는 영민한 혁명가의 모습, 외국에서의 해방운동을 독려하기 위해 은밀히 출국을 감행하는 모험적인 투쟁가의 모습, 그리고 마침내는 로벤 아일랜드Robben Island에 있는 감옥의 벽 사이에서 용기를 잃지 않고 빛나는 수감자.

만델라의 삶을 추적하기 위해서 우리에게 보다 절실히 필요한 것은 사건이 일어난 맥락 속에 그대로 재배치된 사실들에 관한 꼼꼼한 보고서가 아니라, 이렇게 연극적으로 각색된 작품이다.

이러한 관점에서 직업상 정치가이며 탁월한 교양인인 자크 랑과의 흔치 않은 만남은 인간의 위대함에 대한 이 도발적이고 매력적이며 독창적인 연구가 재기한 도전의 가치를 높일 것이다.

2004년,
나딘 고디머 Nadine Gordimer

| 들어가며 |

1985년 5월 30일. 로랑 파비위스Laurent Fabius 총리의 의뢰로 내가 조직한 국제인권회의 폐막식에서 프랑수아 미테랑François Mitterrand 대통령은 데스몬드 투투Desmond Mpilo Tutu, 숀 맥브라이드Sean MacBride, 돔 엘데르 카마라Dom Helder Camara, 아옌데Allende 여사와 더불어 트로카데로Trocadero에서 인권과 자유의 광장 개막식을 거행했다. 돌로 포장된 이 광장 위에는 다음과 같은 민주주의의 신조가 새겨졌다. "인간은 태어남과 동시에 자유롭고, 영원히 평등한 권리를 누릴 것이다." 또한 수많은 예술가들이 자원봉사자로 행사에 참여했다. 스팅Sting, 세이지 오자와Seiji Ozawa, 프랑스 국립 오케스트라, 카에타노 벨로소Caetano Veloso, 줄리앙 클레르크Julian Clerc, 바바라 헨

드릭스Babara Hendricks, 미쉘 포르탈Michel Portal, 마누 디방고Manu Di Bango, 소웨토Soweto 합창대, 엘리 비젤Ellie Wiesel, 브레이튼 브레이튼바하Breyten Breytenbach와 자크 이글렝Jacques Higelin.

우리의 소망과 염원이 그처럼 강렬했지만 그럼에도 우리는 4년 후인 1989년, 프랑스혁명 200주년을 기념하는 해에 강력한 자유의 바람이 불어와 동쪽, 서쪽, 혹은 남쪽의 수많은 독재체제를 무너뜨리리라고는 상상조차 할 수 없었다.

27년간의 수감 생활 끝에 이루어진 넬슨 만델라의 석방은 자유의 바람을 완성하는 사건이었다. 아파르트헤이트에 대한 투쟁에 앞장섰던 우리 나라와 대통령에게 감사와 우정을 표하기 위해, 1990년 6월 6일, 넬슨 만델라는 자유인이 된 후 떠나는 여행의 첫 번째 기항지로 프랑스 파리를 선택했다. 인권과 자유의 광장이 상징적인 환영식 장소로 떠올랐다. 환영식은 자유 프랑스의 후원하에 크리스티앙 뒤파비용Christian Dupavillon에 의해 조직되었다. 개막식 날과 마찬가지로 궂은 날씨였지만 바람도 비도 수많은 인파의 열정을 잠재울 수 없었다. 남아프리카의 새로운 체제가 어떤 성격을 갖게 될지 아직 확실하지는 않았지만, 만델라는 아파르트헤이트의 마지막 추종자들에 대해 계속해서 압력을 가해달라고 서방세계에 요구했다. 우산의 바다 위로 떠오른 거대한 게시판에 다음과 같은 문구가 씌어졌다. "만델라를 따릅시다! 제재를 계속합시다!"

이것이 두 국가수반 간의 만남을 넘어선 국민과 국민의 만남임을 상징하기 위해, 각국 정상 부부는 광장 한가운데서 만났다. 밤이 내리는 가운데, 비인간적인 체제를 함께 거부하면서 가까워진 다니엘르 미테랑Danielle Mitterrand과 위니 만델라Winnie Mandela는 남편들 곁에서 먼 친척 자매처럼 서로 포옹했고, 두 남성은 뜨거운 악수를 나누었다. 우리는 처음으로 넬슨 만델라, 너무도 친숙하면서도 여전히 낯선 이 사람에 대해 생각하게 되었다. 그는 주먹을 번쩍 드는 투쟁의 제스처를 취한 채 웃으며 광장에 모인 인파에 답례했고, 사람들은 저마다 70대 노인답지 않게 젊은 이 놀라운 모습에 강한 인상을 받았다. 디디에르 락우드Didier Lockwood의 지휘 아래 흰 옷으로 성장盛裝한 100명의 바이올린 연주자들이 조명이 환한 에펠탑 밑에서 남아프리카 저항가를 연주한 뒤, 투레 쿤다Toure Kunda가 만델라의 시를 노래했다. 그러고 나서 한 달 전 프레데릭 데 클레르크Frederik de Klerk를 은밀히 만나 마지막 양보를 권고했던 프랑수아 미테랑 대통령이 다음과 같이 연설했다. "당신은 한 사람의 미약한 힘이 무엇을 할 수 있는지를 보여주셨습니다. 오늘 자유의 길 위에 선 이 죄수야말로 그를 가둔 사람들의 진정한 지도자입니다." 만델라는 미테랑 프랑스 대통령에 대해 감사를 표했고, 경계를 늦추지 말고 아파르트헤이트에 대한 제재를 계속해 줄 것을 요구하며 다음과 같이 말을 맺었다. "마라톤에서처럼 가장 힘든 것은 마지막 1킬로미터입니다."

나는 바로 그 순간, 조국에 인생을 바치며 살아온 것에 대해 자랑스러움을 느끼는, 한 공인으로서는 흔치 않은 경험을 했다.

나는 여기에서 넬슨 만델라의 삶을 이야기하고 있다고 자부하지는 않겠다. 그러한 작업은 이미 시도된 바 있다. 1951년부터 만델라와 친분이 있는 한 영국인 기자가 훌륭한 전기를 써서 그에게 헌정했다.[1] 내 친구인 장 길루아노Jean Guiloineau도 만델라의 모험에 대해 쓴 적이 있다. 나는 오히려 이 독보적인 존재로부터 몇 가지 교훈을 끌어내고 싶다. 오늘날 어느 누구도 우리에게 필요한 여러 가치들, 즉 용기, 자유에 대한 열정, 용서, 열린 마음을 그 정도로 체현하고 있지 못하다. 아무도 그러한 가치들을 그토록 수많은 고통을 겪으면서까지 지켜내며 빛내지는 못했다. 넬슨 만델라는 정치라는 것이 지닌 본연의 숭고함을 회복시켰다. 이 책은 우리들의 잘못된 행태로 인해, 정치에 대해 격하되고 손상된 이미지를 떠올리는 새로운 세대들을 위한 것이다.

*

  20세기 후반부에 세상의 저 끝에서 자행된 처참한 비극에 대해 프랑스는 충분히 인식하고 있었던가? 남아프리카의 현실은 우리 대부분의 프랑스인들이 상상조차 하기 어려운 것이었다. 프리토리아Pretoria 사태는 너무나 방대한 탈선의 흔적을 남겼기 때문에 그에 대해 간과할 수가 없었다. 그런데 남아프리카가 보여준 예외적인 모습은 어떠한 분석도 불가능하다. 그것은 고전적인 독재정치가 아니라 전례 없이 짐승 같은 짓거리였기 때문이다.
  우리들 가운데 남아프리카 체제를 인정하는 사람

들은 드물겠지만, 많은 '현실주의자들'은 그것과 타협하기를 바랐다. 자크 시라크Jacques Chirac는 다음과 같은 말로 그들의 생각을 요약한다. "나는 아파르트헤이트를 단호히 비판한다. …… 그러나 현실적인 문제는 너무 복잡하다."[2) 이 부인할 수 없는 복잡성이 방관에 구실을 제공했다.

좌파에서는 '복잡한 오리엔트'를 향해 날아가는 드골처럼 남아프리카에 대해서도 단순한 생각들을 가지고 접근해야 한다고 보았다. 무엇보다도 잔학하고 저열한 이 체제가 인류와 선의를 배신하고 있기 때문에, 그것을 무너뜨리기 위해 무엇이든 해야 한다는 것이다. 우리들 중 많은 사람들이 본능적으로 이러한 반응을 보였다. 다니엘르 미테랑도 그랬다. 일찍이 유년 시절부터 그녀를 투쟁가로 인도한 바로 그 투쟁을, 다니엘르 미테랑은 이러한 대의명분을 지키기 위해 다시 시작했다. 그녀가 조직한 자유 프랑스France Libertés는 프랑스인에게 남아프리카 사태를 인식시키는 데 중요한 역할을 했다. 프랑스인들은 남아프리카 정부를 곤란하게 하지 않으려는 현실정치의 지지자들을 이제 더는 신뢰하지 않았다. 우리가 이들 교활한 실용주의자들 앞에서 아파르트헤이트를 비난했을 때, 그들은 이렇게 대답했다. 그것은 비난받아 마땅하다. 그러나 그것은 남아프리카 내부의 문제이기 때문에 우리는 어떠한 간섭도 할 수 없다. 다시 말해 사안이 사안인 만큼 환상을 가져서는 안 된다는 것이다.

우리는 환상을 갖고 있었던 것이 아니다. 남아프리카의 독립 직후 국제 공동체가 준비하고 있던 개입권이 구체적인 형태를 갖추기를 기다리는 동안에도, 아파르트헤이트에 맞서기 위한 효과적이고도 간단한 두 가지 방법이 있었다. 인종주의적인 체제에 대해 경제적인 제재를 가하고 그 희생자들에게 직접적인 도움을 주는 것이었다. 북구 유럽 국가들이 이미 우리에게 그 모범을 보여주었고 만델라는 자서전에서 그들에게 그에 걸맞은 경의를 표했다.

프랑수아 미테랑이 대통령으로 선출되자, 프랑스는 드디어 사려 깊은 그러나 실은 지나친 아첨에 가까웠던 정책을 벗어던진다. 문화부를 책임지게 된 나는 남아프리카 흑인들을 위해 프랑스의 국제적인 예술가 집단을 동원했다. 아파르트헤이트에 맞선 문화 재단이 1981년 12월 10일 열다섯 명의 국제적인 예술가들이 발기인이 되어 창설되었다. 안토니오 사우라Antonio Saura에 의해 주도된 이 재단은 '아파르트헤이트에 맞선 예술' 전시회를 조직하고 『오늘날의 아프리카』라는 잡지 창간과 동시에, 『넬슨 만델라를 위하여』라는 책을 자크 데리다Jacques Derrida와 도미니크 르콕Dominique Lecoq의 적극적인 지지를 받으며 발간했다.

  넬슨 만델라는 감옥에 있었지만, 우리는 만델라와 투쟁을 함께하고 있던 사람들을 돕고, 모으고 초청할 수 있었다. 아프리카 국민회의(ANC, 즉 African National Congress. 아프리카인의 권리를 주창하며 민족운동을 전개해온 남아프리카공화국의 저항조직. 아프리카 민족회의라 불리기도 한다)는 우리의 정책에 대해 감사를 표했고, 프랑스에서의 반인종차별 투쟁을 강화하기 위해 영광스럽게도 나와 접촉했다. 우리는 발로아 거리에서 수차례에 걸쳐 나딘 고디머나 브레이튼 브레이튼바하 같은 남아프리카인들과 회합을 가졌다. 아파르트헤이트에 대한 투쟁으로 인해 7년간 수감 생활을 한 브레이든 브레이튼바하는 내게 흑인들을 위한 행동 전략을 제시했는데, 그것이 우리에게는 아주 유용했다. 우리는 여러 스포츠 연맹이 남아프리카의 조직과 접촉하는 것을 중단하도록 했고,

흑인 학생들의 장학금을 두 배로 인상했으며, 소웨토에 알리앙스 프랑세즈Alliance Française 지국을 열고, 최초의 자유흑인대학의 창설을 도왔다. 이 모든 것은 특히 우리의 문화부 참사관인 알랭 보크Alain Bocke와 후임자인 질베르 에루아르Gilbert Errouard 덕분에 가능했다.

노벨평화상 수상자인 데스몬드 투투는 1985년 국제인권회의에 참석하여 넬슨 만델라의 빈자리를 상기시켰다. 그의 명쾌함과 겸손함에 프랑스 대통령과 총리는 큰 감명을 받는다. 그는 우리에게 보다 더 단호한 태도를 보여줄 것과, 경제 상황에 제약이 따르더라도 보이콧을 계속해줄 것을 요구했다. 의지를 확고히 보여주기 위해 프랑스는 유엔에서 국제적인 제재를 결의하는 성과를 얻어내고, 7월에는 프리토리아에서 대사를 소환했다. 1986년 우파가 다수당이 되면서 이러한 단호한 정책은 중단되었고, 효과도 없는 구두 비난과 유감을 표시하는 정도로 바뀌고 말았다. 자크 시라크는 남아프리카에 대사를 다시 파견하고 경제적인 제재가 "특권자와 부자들에게 양심의 가책을 덜어주는 구실만을 제공할 뿐"이라고 단언했다. "프랑스는 예전에도 이미 인권을 존중하지 않는 사람들을 맞이한 적이 있었다"는 깜짝 놀랄 만한 이유를 제시하며, 자크 시라크는 남아프리카 대통령인 피터르 빌렘 보타Pieter Willem Botha를 파리에서 만나겠다고 제안했다. 상황이 악화되면서 방문이 연기되기는 했지만 말이다. 실제적인 세력 관계에 대해 잘못된 정보를 입수하고 있는 전 세계의 보수주의자들과 마찬가지로, 자크 시라크는 부텔레지Buthelezi 의장[1]에게 경의를 표하는 것이 현명하다고 믿고 있었다. 부텔레지 의장과 줄루Zulu 지지자들은 넬슨 만델라의 아프리카 국민회의와 극명하게 대립하고 있었다. 더욱 심각했던 것은 우파 의원들의 선동을 받은 한 의회 위원회가 "아파르트헤이트는 존재하지 않는다"고 선언했다는 점이다.

인권의 나라인 프랑스가 비통한 장면을 연출하고 있었던 것이다. 캐나다는 대사를 소환하고, 아르헨티나는 외교적인 관계를 단절하고, 덴마크는 상업적인 관계를 중단하고, 미국은 남아프리카 대사관의 군軍 참사관을 추방하는데, 프랑스는 구슬린다는 미명하에 괴물을 어루만지고 있었던 것이다! 이들과 반대 입장에 선 우리는 아파르트헤이트의 희생자들을 지지하고, 지식인과 예술가를 동원해 여론에 홍보하는 등 참여정치를 계속했다. 아프리카 국민회의에 대한 지지를 표명하기 위해 나는 1986년 5월 로랑 파비위스와 함께 남아프리카를 방문했다. 우리가 케이프Cape 부근의 크로스로드Crossroad라는 마을을 방문했을 때, 우리 자동차는 '감시인'이라고 불리는, 아파르트헤이트 체제의 흑인 하수인들에 의해 돌 세례를 받았다. 출발할 때는 백인들이 그들의 뒤를 이어 공항에서 우리를 모욕했다. 이 나라에서는 폭력이 난무했다. 그리고 다음 달 6월 12일, 긴급사태가 선포되었다.

유네스코 파리 지국에서 제재를 논의하기 위한 회의가 열린 것은 바로 이러한 분위기 속에서였다. 로랑 파비위스, 리오넬 조스팽Lionel Jospin과 내가 유엔 반反아파르트헤이트 위원회에 특별 초청되었다. 우리는 아프리카 국민회의 의장인 올리버 탐보Oliver Tambo와 훈훈한 회담을 가졌으며, 그에게서 넬슨 만델라에 대한 소식을 들었다. 넬슨 만델라는 폴스무어Pollsmore 감옥 독방에 감금되어 있지만 미래의 정식 협상 대상자로 그를 지목하는 분위기 때문에 특별대우를 받고 있다는 것이다. 이틀 뒤 프랑수아 미테랑이 제시 잭슨Jesse Jackson 신부를 접견하는 동안 의회 연단에 선 나는, 대통령의 허가를 받고 아파르트헤이트에 반대하는 예술인과 창작자들의 전국 모임 창설을 선포했다. 당시 유엔이 조직한 반아파르트헤이트 회의에 참석차 파리에 있었던 해리 벨라폰테Harry Belafonte가 이 일을 주창했고, 빠른 속도로 수많은 예술가들을 한데 모았다. 이에 대해 다수당인 우파의 한 고위 인사는 우아하게 다음과 같은 글을 썼다. "남아프리카는 내 관심사가 아니다."

6월 14일 소웨토 봉기Soweto Uprising 10주년을 맞이하여 파리에서는 'SOS 인종주의'가 주도하는 시위가 끊이지 않았고, 다음 날에는 고레Goree 노예 섬에서도 피에르 모로이Pierre Mauroy와 다니엘르 미테랑이 주도하는 시위가 일어났다. 젊은이들도 내가 후원한 펑크 음악 그룹인 쿠데클라Coup d'Eclat의 예를 좇아 아파르트헤이트에 맞서 일어났다. 1987년 1월 27일 공개서한에서, 나는 CFP-Total의 경영인인 프랑수아 자비에 오르톨리François Xavier Ortoli에게 인종차별 정책을 쓰는 정부에 대해 보이콧하라고 요청했다.

남아프리카 사태가 점차 혼돈에 빠져드는 상황에서 다시 좌파가 다수당이 되었다. 프랑스가 가진 형제애의 모습을 보임으로써 억압받는 이들에게 희망을 주는 일이 그 어느 때보다도 절실했다. 문화부를 총괄하는 나는 남아프리카 예술가들과 창작자들에게 보내는 우리의 지지를 강화하고, 특히 수많은 회합과 음악, 연극 공연을 후원했다. 드디어 남아프리카 해방의 시간이 도래했을 때, 넬슨 만델라는 프랑수아 미테랑 대통령에게 다시 한 번 우정을 표했다. 우리 대통령이 프리토리아에 공식적으로 초청된 최초의 국가수반이 된 것이다. 소웨토에서 프랑수아 미테랑은 1976년 남아프리카 아파르트헤이트에 의해 첫번째로 희생된 한 학생의 무덤 앞에 헌화했다. 그는 의회에서 행한 연설에서 "나는 당신들과 함께 공포와 불관용에 대한 인민의 승리를 축하하기 위해 왔습니다"라고 말했다. 만델라 대통령은 "인민의 자유와 발전을 위해 애쓴 우리의 동지"에게 경의를 표하며 이에 화답했다. 만델라는 프랑수아 미테랑 대통령이 감내한 숱한 난관을 충분히 인식하고 있었던 것이다.

*

나는 1960년대 한 연극을 통해서 처음으로 넬슨 만델라라는 이름을 들었다. 학생 시절부터 시작해 국제법 교수가 되고 나서도 나는 줄곧 반식민주의와 반인종주의를 위해 싸웠으며, 인종차별 정책에 반대하는 운동에 참여해왔다. 그러나 그 투쟁을 이끄는 사람에 대해서는 아직 알지 못했다. 소르본느의 고대 연극회를 이끌던 장 길루아노가 소포클레스의 『아이아스Ajax』를 상연하기 위해 낭시Nancy 축제에 왔다. 남아프리카 연극에 조예가 깊었던 그는 내게 만델라에 대해 설명해주었으며, 실제로 몇 년 후 만델라의 자서전 번역까지 맡았다. 로벤 아일랜드의 수감자에 대한 그의 존경심이 내게 깊은 인상을 남겼다. 아마도 바로 이러한 형태의 첫 만남 때문에, 넬슨 만델라가 일생에 걸쳐 보여준 문화와 연극에 대한 관심을 내가 단숨에 알아차리게 된 듯하다. 그리고 내가 지금 이 이야기를 소포클레스로부터 코르네유Pierre Corneille에 이르는, 그리고 셰익스피어William Shakespeare에서 세사르Aime Cesaire에 이르는 세계적인 연극을 빌려 풀어나가는 것도 바로 이러한 이유 때문일 것이다.

언뜻 보면 예술에 대한 호감이 넬슨 만델라가 가진 여러 모습들 가운데 그리 중요하지 않은 면으로 비춰질 수도 있다. 분석가들도 종종 그러한 사실을 무시하고 있지만, 나는 이것이 그의 인격을 이루는 핵심적인 측면 가운데 하나라고 생각한다. 학생 시절에 넬슨 만델라는 한 아마추어 극단에서 링컨 대통령의 암살자 역할을 맡은 적이 있다. "내 역할은 아주 짧게 등장하는 것이었지만, 극이 전하는 교훈, 즉 큰 위험을 감행하는 사람들은 종종 엄청난 결과를 감수해야 한다는 점을 드러내는 중요한 역할이었다." 만델라는 이것을 평생의 원동력으로 삼았다.

로벤 아일랜드의 형무소에서 비인간적인 구금 상태가 조금 완화되었을 때, 그는 자신의 동지들을 세계적인 명작들에 입문시켰다. "우리의 공연물은 무대도 없고 장식도 없고 의상도 없는, 오늘날 최소극이라고 부르는 것이다. 우리는 대본만 가지고 있었다. 나는 잊을 수 없는 배역을 맡았다. 소포클레스의 『안티고네』에서 테베의 왕 크레온의 역할이다. 감옥에서 나는 내가 특히 더 감동적이라고 생각했던 몇몇 그리스 작품들을 다시 읽었다. 나는 이 작품들로부터 어려울 때 비로소 본래의 성격이 드러난다는 것을, 그리고 영웅은 가장 혹독한 상황 속에서조차 뜻을 굽히지 않는다는 사실을 배웠다. 안티고네는 국가의 법보다 더 존귀한 법이 있다는 것을 알고 있었기 때문에 저항했다. 그녀는 법이 부당했기 때문에 그 법에 도전한 것이다."[3]

세계라는 큰 무대에 선 배우인 넬슨 만델라는 연극에서 주로 쓰는 용어로 표현하면, '존재감'이라는 신비한 재능을 가지고 있다. 언제 어디서나 넬슨 만델라는 편안한 느낌을 준다. 그는 아프리카 농민 대중에게 다가가면서도, 오랫동안 백인만이 즐기는 스포츠였던 럭비 월드컵의 우승컵을 스프링복스Springboks의 주장 프랑수아 피에나르François Pinaar에게 건넸다.

넬슨 만델라는 일곱 살 때 트란스케이Transkei 소학교에 들어갔다. '진화된 사람'이 될 이 어린 학생은, 어머니가 아버지의 낡은 긴 바지의 무릎 밑자락을 잘라 만든 반바지를 입고 있었다. "그런 이상한 옷차림을 하고 있었으니 내가 아주 우스꽝스럽게 보였을 것이다. 그런데도 나는 아주 자랑스러웠다." 그리고 어린 로하바Rohhaba는 넬슨이 되었다. "선생님께서는 학생들에게 부르기 쉬운 이름을 나눠주셨다. 그런 이름이 어떻게 내게 주어졌는지에 대해서 나는 전혀 아는 바가 없다. 해군제독과 무슨 관련이 있었을까 아니면 그저 순전히 우연이었을까?" 별로 중요하지는 않다. 어쨌든 그는 그의 무대 명을 갖게 된 것이다.

첫번째 재판에서 사람들은 넬슨 만델라에게 낡은 죄수복, 즉 저질 아마포를 입히고 타이어 샌들을 신겨 출정시키려 했다. 인도인들은 긴 바지를 입을 권리가 있었다. 그들은 백인들만이 갖춘 완벽한 인성에 이르는 사다리를, 흑인들 앞에서 오르고 있었기 때문이다. 피고는 필사적으로 바지를 요구했다. 왜냐하면 영웅이 종복의 누더기를 걸칠 수 없었기 때문이다. 다음은 그가 교수형에 처해질 수도 있는 큰 재판이 열리는 장면이다. "월요일 아침, 나는 양복과 넥타이 대신 표범 가죽으로 된 코사 전통의상인 카로스 khaross를 입고 법정에 들어갔다. 나는 백인 법정에 선 전통적인 아프리카 흑인의 이미지를 강조하기 위해 이러한 의상을 선택했다. 그날 나는 나 자신이 아프리카 민족주의를 구현하고 있다는 느낌을 갖게 되었고, 어렵지만 고귀한 과거의 계승자이자 불확실한 미래의 계승자임을 느꼈다."[4]

수십 년을 기다린 끝에 드디어 남아프리카 대통령은 그를 만나 대화를 나누고 협상했다. 그 전날 넬슨 만델라는 다시 한 번 자신의 의상을 생각했다. "보타 씨를 만날 때는 양복을 입고 넥타이를 매는 것이 좋을 것 같다."

나는 5막으로 짜여진 남아프리카 비극을 설정하고, 각 막에서 넬슨 만델라를 주인공의 무대의상을 입혀서 묘사하기로 마음먹었다. 제1막에서 그는 안티고네의 아프리카인 형제이다. 이상주의자이며 열정적인 젊은이인 그는 도시의 법에 복종해왔지만, 어느 날 문득 보다 숭고한 책무를 위해 그것을 위반해야 함을 깨닫는다. 제2막에서 그는 스파르타쿠스가 된다. 비참한 처지에 있는 동료들의 선두에 서서 로마에 대항해 양날 검을 휘두르는 노예 말이다. 제3막에서 그는 인간에게 해방의 불을 가져다준 죄로 바위에 사슬로 묶인 프로메테우스이다. 제4막에서 그의 조국은 혼란스럽고 내란이 벌어질 위기에 놓여 있지만, 그는 『태풍』의 프로스페로로서 칼리반의 저주를 피하는 데 성공하는 마법의 왕자이다. 마지막으로 제5막에서 그의 배역은 넬슨 왕이다. 어떤 역할이 이보다 더 적합하겠는가. 그는 마침내 자유로워진 조국의 신화적인 창조자이자, 비극으로부터 교훈을 얻어 침몰하기 직전의 아프리카 대륙을 미몽에서 깨어나도록 한 목격자이다.

제1막
안티고네

안티고네는 우리의 투쟁을 상징적으로 보여준다.
그녀는 자신만의 고유한 방식으로 자유의 전사를 대표한다.
_넬슨 만델라

아프리카에 살고 있는 흑인들 가운데 넬슨 만델라가 가장 곤란한 처지가 아닌 것은 분명하다. 그는 트란스케이의 한 촌락인 음베조Mvezo를 통치하는 템부thembu족 추장과 그의 네 부인들 가운데 '오른손잡이'라고 불리는 한 여인 사이에서 태어났다. 그는 로하바라고 불렸는데 코사 말로 '문제를 일으키는 사람'이라는 뜻이다. 우리는 여기서 고대 비극의 코러스가 선포하는 역할을 맡을 운명의 징조를 읽어낼 수 있다. 그는 템부족의 권좌 계승자는 아니었지만 그의 아버지는 '국왕을 옹립한 공신'이었다. 넬슨 만델라는 왕자에 준하는 자신의 이러한 지위에 대해 만족감을 갖고 있었다. "사람들이 나를 내 씨족명인 마디바Madiba라고 불렀는데, 이는 존경의 표식이었다."

1920년대 남아프리카 체제하에서 모든 아프리카 추장들은 구역 행정에 대해 지역을 책임지는 백인 집정관에게 보고해야 할 의무가 있었다. 어느 날 음베조 추장의 신민 가운데 한 명이 추장이 소 한 마리가 달아나도록 방조했다며 추장을 고소했다. 집정관은 템부족 추장에게 자신의 사무실로 출두하라고 명령했다. "내 아버지는 소환장을 받자, 다음과 같은 답장을 보냈다. 나는 가지 않을 것이다. 나는 싸울 준비가 되어 있다Andizi ndixaqula." 그 시대의 사람 중 백인에게 도전하고 벌을 받지 않은 자는 없었다. 오만한 사람은 즉시 공직에서 쫓겨나며, 사건의 전말에 대한 조사가 열리는 일도 없었다. "내 아버지의 답변은 집정관이 자신에 대해 어떠한 정당한 권리도 가지고 있지 않다고 하는 그의 생각을 분명히 표현하는 것이었을 뿐이다. 촌락 내부의 문제인 한 그는 영국 왕의 법이 아닌 템부족의 관습에 따랐던 것이다. 이러한 도전은 성격의 문제가 아니라 원칙의 문제였던 것이다." 신속히 일을 처리한 백인 집정관은 한 흑인 가족 전체의 운명을 송두리째 뒤집어놓았다. "내 아버지는 그 시대의 기준에 따르면 꽤 부유한 귀족이었지만, 한순간에 재산과 지위, 모두를 잃어버렸다."

이 일과 더불어 모든 희망이 사라진 듯했다. 아이들로 가득 찬 세 칸짜리 집에서 만델라는 어머니와 함께 살아야만 했으니 말이다. 따라서 템부족 섭정이 공신의 아들을 보호함으로써 자신을 원로회의에서 추천하여 섭정으로 지명받게 해준 데 대해 감사를 표하고자 하지 않았다면, 물려받을 재산이 전혀 없었던 만델라는 나라의 다른 많은 사람들과 마찬가지로 교육받을 기회조차 갖지 못했을 것이다. 섭정은 그를 자신의 궁전으로 데려와서, 부족명과 저스티스Justice라는 매우 영국적인 단어를 혼합한 이름을 가진 자신의 아들과 동등하게 대우해주었다. 그것은 만델라와 권력의 최초 만남이었다. 만델라는 "우아한 의상을 걸친 작고 통통한 사람"을 발견했다. "그는 권위를 행사하는 데 능숙한 사람만이 지니고 있는 확신과 자태를 가지고 있었다." Jongintaba라는 그의 이름은 '산을 바라보는 사람'을 뜻하며, 그가 발휘하는 너무나 강한 존재감이 주위의 모든 시선을 끌어당겼다. 여러 해가 지나도 그의 강렬한 매력은 여전했다. 우두머리가 되어 그에 어울리는 품위를 갖추는 것은 멋있어 보였다. 만델라가 비록 민주주의자이긴 했지만, 우리의 영웅은 언제나 이러한 사실에 대해 확신을 갖고 있음에 틀림없다.

섭정은 아이를 초등학교에 보냈다. 그는 이 아이가 아버지처럼 국왕의 참사관이 되기를 바랐기 때문이다. 아이의 아버지는 실직과 폐병으로 쇠약해졌고 쿠누Qunu마을의 원주민촌에서 죽었으며, 그곳에서 그의 아들과 아내가 계속 살았다. 처음에는 힘들었다. "그때 나는 깊은 슬픔보다는 버려진 기분을 느꼈던 것을 기억한다"고 만델라는 회상했다. 1934년 1월 성인의 세계에 들어섬을 표시하는 할례 의식을 치르고 나자 섭정이 만델라를 불렀다. "너는 네 이름도 쓸 줄 모르는 채 백인의 금광에서 평생을 보내도록 태어난 사람이 아니다." 만델라는 트란스케이에서 아프리카인에게 가장 좋은 학교로 알려진 클라크뷔리Clarkebury 중등학교의 학생이 되었다.

학창 시절에 대해 그가 쓴 글을 보면 디킨즈Dickens나 트롤럽Trollope이 생각난다. 그는 그곳에서 회색 교실, 벽에 걸린 국왕 조르주George 5세의 초상화, 성경에서 인용한 격언을 읊어대는 교장, 그리고 코안경을 쓴 선생님들을 만났다. 그들 가운데는 흑인들도 있었다. 그들은 제대로 된 학위를 갖고 있었지만 백인 학사가 유색인 학위자보다 앞서 있음을 받아들이는 사람들이었다. 학교는 템부왕국의 자랑이었다. 젊은이들은 그들이 유명한 누구벵쿠카Nugubengcuka의 후예이기 때문에 특별대우를 받을 것이라고 확신했다. 그는 곧 '유산이 아닌 능력에 따라' 자신의 길을 걸어가야 한다는 사실을 깨달았다. 추방된 아버지로부터 그는 행동과 성격에 있어 중요한 자질을 물려받았다. "나는 인성을 만드는 것이 본성보다는 교육이라고 확신한다. 그러나 불굴의 정의감을 갖춘 내 아버지는 자부심을 가지고 저항하셨다. 나는 그러한 정의감을 후일 내 안에서 발견하게 되었다."

근면했지만 두각을 나타내는 학생은 아니었던 어린 촌뜨기 소년은, 클라크뷔리에서 2년을 보내며 겨우 다듬어져서 고등학교에 입학했다. 그는 진심으로 고향에 애착을 지니고 대초원과 그 순박한 아름다움을 사랑했고, 코사족의 우화와 전설들을 알고 있었다. 그러나 그의 문화적 모델은 달리 존재했다. 그는 어렸을 때는 백인들을 만나본 적이 거의 없었다. 백인들은 그에게 '신들처럼 위대한 사람들'이었다. "나는 공포와 존경이 뒤섞인 마음으로 그들을 대해야 한다고 생각했다."[5] 따라서 그가 백인과 닮기를 희망했다고 해도 그것은 전혀 놀라운 사실이 아닌 것이다.

"교육받은 영국인이 우리의 모델이었다. 우리는 검은 영국인이 되도록 배웠다. 사람들은 우리에게 가장 좋은 생각은 영국인의 생각이고 통치방식 가운데 가장 좋은 것은 영국식 통치방식이며, 가장 좋은 사람들은 영국인이라고 가르쳤다. 우리는 그 사실을 믿어 의심치 않았다."[6]

마침내 그는 포트 헤어Fort Hare '대학'에 입학했다. (우리의 교육 시스템에서 보자면, 대학이라기보다는 대학교 입학을 위한 준비학교라고 표현하는 편이 더 낫겠다.) 중등학교와 고등학교처럼 여기도 기독교 학교였다. 학생들은 "신에게 복종하고 정치적 권위를 존중하고 우리에게 교육의 기회를 베풀어준 정부와 교회에 대해 감사하도록" 배웠다. 포트 헤어에서 150명의 다른 학생들과 함께 만델라는 지적으로 사회적으로 세련미를 갖추어갔다. 이전의 그에게는 생소하고 낯설기만 했던 것들이었다. 처음으로 그는 잠옷을 입었고, 비누로 세수했으며, 치약이 화덕의 재만큼 치아를 깨끗하게 한다는 사실을 알게 되었다. 그래도 역시 그는 촌락에서 보낸 어린 시절의 단순한 즐거움을 그리워했다. 그는 별다른 어려움 없이, 심지어는 기꺼이 백인들의 기준에서 본 전형적이고 개명된 아프리카인이 되어갔다.

멀리 유럽에서는 세계대전이 맹위를 떨쳤고, 만델라는 열심히 영국을 응원했다. 사람들은 처칠Winston Churchill의 연설을 되풀이해 들려주는 BBC방송을 듣기 위해 라디오가 있는 곳으로 밤마다 모여들었다. 그는 같은 나이 또래의 한 소년이, 영국인들이 문명화를 구실로 아프리카인들을 억압하고 있다고 지적하자 이러한 견해가 위험스러운 '극단주의적인 견해'라고 생각했다.

사실대로 말하면, 만델라는 아직까지 백인들이 가하는 억압의 무게를 느끼지 못했기 때문에 제대로 가늠하고 있지도 못했다. 그는 지배민족과의 접촉이 드물었기 때문에 상대적으로 보호를 받았던 것이다. 이 시기에는 아직 아파르트헤이트가 제도화된 형태로 출범하지 못했고, 행동을 유발한 것은 오히려 민족적 우월감으로 가득한 식민주의자들의 의식이었다. 따라서 카피르Kaffir인들은 본래 자리를 유지했고, 관대한 대접을 받았다. 넬슨 만델라는 식민통치자가 식민지인들에게 불어넣은 열등의식을 느끼지 않았다. 그는 민족과 역사, 피부색을 자랑스러워했다. 슬로건으로 주창되기도 전에 '검은 것이 아름답다black is beautiful'는 사실을 알고 있었지만, 그는 여전히 해방을 생각하지는 않았다. 그는 그 모습 그대로 나라를 위해 일하리라 마음먹은 것이다. 영어를 완벽하게 구사하는 것이 관건이었다. 그는 영어 외에도 토속민의 행정체계와 남아프리카 법제를 지배하고 있는 네덜란드 법을 공부했다. 넬슨 만델라는 은퇴한 법원 통역관이 진행하는 수업에 등록한 첫 수강생들 가운데 한 명이었다. 그 시대의 아프리카인에게 사법부 관리직보다 더 유망한 직업은 없었다.

그가 카피르라는 자신의 조건에 대해 자각한 사건이 일어난 것은 포트 헤어 2학년 때였다. 만델라가 친구인 폴 마하바네Paul Mahabane과 함께 트란스케이의 작은 수도인 움타타Umtata에서 겨울방학을 보낼 때였다. "우리가 우체국에 있었는데, 60대의 백인인 어느 지방 판사가 폴에게 우표를 사오라고 시켰다. 백인이 흑인에게 잡일을 시키는 것은 아주 일상적인 일이었기 때문이다. 판사는 폴에게 돈 몇 푼을 주려 했지만 폴은 받지 않았다." 판사는 자신이 모욕을 당했다고 생각하고 얼굴이 새빨개지도록 화를 냈다. 만델라는 아주 난처했다. 나중에 그는 늘 그렇듯이 주저 없이 아주 솔직하게 털어놓았다. "내가 폴이었다면, 나는 우표를 사다 주었을 것이고, 곧 잊어버렸을 것이다."[7]

그의 관심은 기존 질서에 도전하는 것이 아니라, 최선을 다해 거기에 통합되는 것이었다. 바로 이러한 생각을 가지고 그는 열심히 공부했고 학위가 '금전적인 성공을 위한 여권'이라는 확신까지 가지고 있었다. 그러나 바로 이 우표 사건을 계기로 그는 흑인이라도 "매일같이 가해지는 수십 가지의 치사한 모욕을 감수해서는 안 된다"고 자각하기 시작한다.[8]

데스몬드 투투 주교가 기억하는 바에 따르면, 말벌에 쏘이는 것처럼 작지만 쓰라린 이러한 굴욕들이 거의 기계적으로 반복되었다. "내가 아버지와 함께 가게에 들어갈 때 계산대 뒤에 선 여자 종업원은 자신이 백인이라는 이유만으로 학교를 운영하고 교육도 잘 받고 교양을 갖춘 이 신사에게 이렇게 말했다. '어어, 고맙지?' 나는 아버지가 비굴하게 다정한 체하는 것을 보면서 죽음과 같은 고통을 느꼈다. 이런 식의 취급은 너무도 비참한 기분을 느끼게 한다."[9]

유대인인 지그문트 프로이드Sigmund Freud도 자신의 아버지가 반유대주의 성향의 한 행인이 일부러 치고 지나간 모자를 순순히 줍는 것을 보면서 마찬가지

제1막 안티고네

로 고통스러운 경험을 했다. 인종주의가 가장 가증스러운 형태를 띠는 것은 아마도 희생자에 대한 바로 이러한 은밀한 행동 속에서인 듯하다. 희생자들은 무의식적으로 자신에게 가해지는 모욕의 공모자가 되기 때문이다. 데스몬드 투투는 어느 날 스스로 탄 비행기가 엄청난 난기류에 휘말렸을 때, '정말 걱정스러운 것은 조종석에 백인이 없다는 것이다!'라고 자신이 생각했다는 것을 깨닫고 스스로 놀랐다고 한다.[10]

포트 헤어에서 사소한 다툼이 한 번 있었는데, 이로 인해 만델라는 처음으로 제도에 대한 공손한 태도를 벗어버리게 된다. 학생 대표위원회에 뽑힌 그는 그들의 요구들 가운데 하나가 받아들여지지 않는다면 보이콧하겠다고 선언했다. 다섯 명의 성원들이 그를 따랐지만, 학교 측의 압력을 받고 물러섰다. 비난을 받은 그는 사표를 제출했다. "대단한 존경을 받고 있던" 교장 케어Kerr 박사는 그에게 동정을 표시하면서도 이러한 불복종 표시를 철회하라고 요구했다. 그렇지 않으면 그는 포트 헤어에서 퇴학을 당할 판이었다. 고민하지 않았던 것은 아니지만, 그는 자신을 부인하는 행동은 하지 않기로 했다. "내가 그다지 중요하지도 않은 추상적이고 윤리적인 원칙 하나 때문에 내 대학 생활을 망치고 있던 것이었을까?"

오페라 〈안티고네〉에서 주제곡의 한 소절이 처음으로 들려왔다. 소포클레스의 여주인공처럼 만델라는 어떤 추상적인 원칙들이 있어서, 그것을 지키기 위해서라면 고통조차 아름다울 수 있음을 알게 되었다. 케어 교장은 관대하게도 방학 동안 다시 한 번 생각할 기회를 그에게 주었다. 격심한 갈등에 시달리면서 그는 부모님과 후원자인 섭정의 집에서 방학을 보냈다. 그가 부족의 한 고관에게 자신의 속내를 털어놓자, 고관은 격노했다. "그는 내 설명을 들으려 하지도 않았고, 내가 교장의 지시에 따라야 하며 가을에는 포트 헤어로 돌아가야 한다고 거침없이 말했다." 섭정은 이 반항적인 젊은 피후견인이 이제 결혼할 때가 되었다고 결정하고, 만델라의 의견은 묻지도 않은 채 신붓감을 골랐다. 억지로 약혼하게 된 만델라는 끊임없이 행동으로 증명해온 아주 영국적인 의미에서의 겸손한 태도로 이렇게 적고 있다. "그가 나를 위해 골라준 소녀가 내가 꿈에 그리던 약혼녀였다고 말했다면, 그건 내가 정직하지 못했기 때문이었을 것이다." 부족의 관습을 어기는 것이 백인들의 정치적 지배에 저항하는 것보다는 아마도 쉬운 일이었겠지만 당시의 그에게는 매우 중대한 문제였을 것이다.

이 젊은이는 도망쳐야 했고 요하네스버그Johannesburg로 가서 몸을 숨겼다. 그때 그는 혼자가 아니었다. 저스티스 또한 아버지의 엄중한 보호로부터 빠져나오고 싶어했던 것이다. 몇 차례의 그림 같은 실패를 거듭한 끝에 두 친구는 밤이 내리고 있는 대도시의 외곽에 도착했다. 만델라는 전깃불을 보고 경탄했던 자신을 기억한다. 1941년 도망자는 포트 헤어의 평온한 학교와, 그에게 아버지 같은 분이었지만 기대를 저버릴 수밖에 없었던 섭정의 궁전을 다시 보지 못하리라는 것을 알고 있었다. 이렇게 그는 밧줄을 끊어버렸지만 거대한 안도감을 느꼈다. 마치 오래전부터 자신이 미리 정해진 삶을 살지 않도록 예정되어 있었음을 알고 있기라도 한 것 같았다. "무한한 가능성이 내 앞에 펼쳐지는 듯했다."

그러나 현실은 너무나 절박했고 제한이 많았다. 배경도 학위도 없이 묵을 곳과 먹을 것을 찾는 데 급급해야 했던 것이다. 만델라는 금광의 야간 순찰원으로 일했다. 그는 작업복과 부츠를 착용하고 급료를 지급받는 것이 마냥 기뻤다. "행운이 나에게 미소 짓는 것처럼 느껴졌다. 만일 내가 공부하는 데 소중한 시간을 낭비하지 않았던들, 벌써 부자가 되었을 것이라 생각했다." 그의 자신감은 정말 아이러니하다. 인생을 즐기기를 멈추지 않는 젊은이의 순진함이라니……. 그러나 그가 받은 첫 급료는 마지막 급료가 되었다. 백인들이 운용하는 사무실에서 이 젊은 카피르가 족장의 전통 관할구역에서 도망쳐 나온 사람이라는 것을 알아차렸기 때문이다. 그는 즉시 광산에서 쫓겨났다. 돈도 없고 직업도 잃었지만 그는 용기를 잃지 않았다. "사막을 거쳐 삶 속에 들어가는" 샤토브리앙Chateaubriand처럼 말이다.

이상적인 정의는 법학의 풍미를 강하게 내뿜는 경향이 있다. 그러나 그는 곧 이 두 개념이 서로 포개어지지 않으며, 정의롭지 못한 법도 존재한다는 것을 알아차리게 된다. "학생이었을 때, 사람들은 내게 법은 지고한 것이며 모두에게 적용된다고 가르쳐주었다. 나는 그것을 진실로 믿었고 이러한 공리에 근거한 삶을 꿈꾸었다." 그는 법관, 즉 법과 법률을 수호하는 사람이 되는 것 외의 다른 것은 생각해본 적도 없었기 때문이다. 이 열렬한 독서가는 50대가 되어 처음으로 소설을 펼쳐볼 정도로 평생 판례집에 빠져 있었다. 감옥에서 그가 형무소장에게 보낸 첫번째 편지는 민사 책임에 대한 논설 한 편을 구할 수 있도록 허가해달라는 것이었다. 넬슨 만델라는 법률가들에 대해 자연스럽게 우러난 존경심을 갖고 있었다. 피고인석을 통과할 때마다 그는 계속해서 직업적인 관점으로 자신의 앞에 있는 법률가들을 평가하고 그들에게 좋은 점수와 나쁜 점수를 부여했다. "그 판사는 공정하고 합리적인 사람이었다"라고 그는 1952년 피고인석에서 이렇게 관찰했다.[11]

사형을 언도받을지도 모르는 리보니아Rivonia 재판 중이었음에도 불구하고, 그는 법학박사 학위 수여 시기를 '앞당기고자' 했고, 런던 대학으로 시험 과제를 작성하여 우편으로 보냈다. "이것은 간수들에게 분명히 이상하게 보였을 것이다. 그들은 내가 가게 될 곳에서는 법학 학위가 필요 없을 것이라고 말했다. 그러나 나는 재판 기간 내내 공부를 계속했고 시험에 통과하고 싶었다. 내 머릿속에는 그것밖에는 없었다."[12] 패소할 것이라면 솔직히 사각모가 무슨 소용이란 말인가! 하지만 죄수인 그는 변호사 명패를 자신의 감방 문 앞에 걸어놓을 수 있을지도 모른다고, 그렇게 되면 동료들에게 법률적 자문을 해줄 수도 있을 것이라고 자랑스럽게 말했다. 그러나 그는 그때 이미 경험하지 않고도 다음 사실을 간파하고 있었다. 남아프리카에서 변호사가 된다는 것은 "부패한 법률 시스템 속에서 원칙으로서의 평등이 아니라 그 반대의 것을 부과하는 법률을 가지고 행동하는 것을 의미한다."[13] 그렇다고 해서 그가 변호사로서 부끄러운 모습을 보였다는 것은 아니다. "변호사로서 법정에서 충분히 훌륭한 일을 할 수 있었다"고 그는 적고 있다.[14]

왜 이 직업이 그에게는 그토록 절박했을까? 아마도 아버지의 삶을 부숴버린 부당함이 아들이 살아갈 인생의 방향을 바꾸었던 듯하다. 불행한 가족사가 그에게 잔인한 방식으로 법의 준수는 보호를 의미하며, 그것을 무시하면 죽음으로 이어지리라는 것을 가르쳐준 것이다. 법, 즉 평화로운 공존의 장엄한 규칙은 폭력이 늘 잠재하는 복합 민족적인 사회로부터 폭력을 배격할 수 있게 해준다. 법은 만델라가 아마 추어적이지만 천부적인 재능을 보인 권투와 같은 기능을 사회집단에 수행했다. 만델라는 기질적으로 부드러운 사람이 아니다. 그의 친구들은 그를 일컬어 화가 난 사람, 강타를 날리는 권투선수라고 불렀다. 적어도 플라톤을 믿는다면, 이는 한 위대한 정치적

인물과 어울리지 않는 것은 아니다. 『국가론Politeia』이라는 책에서 플라톤은 "철학, 분노, 성급함, 힘, 이 네 가지는 나라의 위대한 파수꾼이 되도록 운명 지어진 사람이 자연스럽게 지니고 있는 기질"이라고 쓰고 있다.[15]

공부는 당분간 중단해야 했고 지갑은 텅 비어 있었기 때문에, 법률가로서의 그의 삶은 큰 위기에 봉착해 있었다. 그때 운명이 미소 지었다. 한 친척의 추천으로 그는 어떤 부동산 소개소 문을 두드렸다. 월터 시술루Walter Sisulu는 남아프리카 역사에서 아주 중요한 역할을 담당하게 될 인물로 평생 만델라의 스승이자 지도자가 되었다. 만델라는 통신수업이 개설된 명문대학인 남아프리카 대학에 등록하기 위해 요하네스버그에 왔다고 그에게 설명했다. 말하자면 이야기를 제대로 다 하지 않음으로써 거짓말을 한 셈이었다. 월터 시술루는 그보다 몇 살 더 많았다. 당시 그는 스물여덟 살이었고, 피부는 맑았으며 원기가 넘쳐흘렀다. 그 역시 트란스케이에서 왔으나 귀족가문 출신은 아니었다. 아파르트헤이트의 나라에서 이 주변인은 백인 판사인 빅터 디킨슨Victor Dickinson의 아들로 태어났다. 그의 아버지는 아프리카 여인과 사랑에 빠졌으나 이러한 '기이한 행동'을 계속하지는 못하고, 결국 몇 년 뒤 아내에게 두 명의 혼혈아를 남긴 채 떠나버렸다. 어머니와 삼촌에 의해 신에 대한 경외심과 백인에 대한 존경 속에서 키워진 월터 시술루는 16세에 학교를 떠나 가축 떼를 돌보다가 광산에서 일했고 은행에도 근무했다. 그 이후 몇몇 친구들과 함께 부동산업을 시작했다.

처음 만났을 때, 만델라는 시술루가 구사하는 영어에 아프리카인의 억양이 전혀 없다는 데 놀랐다. 그는 자신이 만났던 사람이 학위를 여러 개 가지고 있는 사람이라고 확신하면서 인터뷰 장을 빠져나왔다. 만일 그렇지 않다는 사실을 알았다면 그는 경악했을 것이다. 그에게 있어 졸업장 없이 인생에서 성공한다는 것은 상상할 수도 없는 일이었기 때문이다. 만델라는 단번에 시술루의 지적인 우위를 인정했다. 만델라에게 그는 결코 경쟁자가 아니었다. 그는 국왕이 아니라 국왕을 만드는 사람이며, 권투 챔피언이 아니라 코치가 되어주었다.[16] 만델라는 시술루에 관해서라면 입이 마르도록 칭찬을 한다. "강하고 이성적이며, 현실적이고 헌신적인 그는 어떤 위기 상황에서도 결코 이성을 잃지 않는다. 다른 사람들이 아무리 아우성처대도 그만은 고요하다." 기질적으로 충동적인 만델라는 이러한 평정심을 습득할 필요가 있었지만 결코 완전히 그와 같은 수준에 도달하지는 못할 것이다. 행동하는 인간과 현명한 인간의 이중창은, 전자가 지혜를 터득하고 후자가 친구이자 제자를 비탄 속에 남긴 채 세상을 떠날 때에야 끝날 것이다.

대화 도중 만델라는 변호사가 되는 것이 꿈이라고 시술루에게 밝혔다. 부동산 소개소는 위트킨Witkin, 시델스키Sidelsky와 엘더만Eidelman 사무소 같은 도시의 유명 변호사 사무소에 흑인 고객을 소개하면서 그들과 정기적으로 일을 했다. 시술루는 넬슨 만델라를 친구인 라자르 시델스키Lazar Sidelsky에게 추천했다. 시델스키는 흑인 교육에 지대한 관심을 지닌 사람이었다. 만델라는 희망에 부풀어 적혀 있는 주소로 서둘러 갔다. 그를 맞이한 젊은 백인 비서는 그에게 미소를 지으며 말했다. "여기서는 피부색의 경계가 없습니다." 다음 날, 그녀는 세심한 배려 차원에서 만델라에게 찻잔 한 벌을 가져다주었다. 이렇게 하면 차를 마시면서도 백인들의 찻잔을 이용할 위험이 없었던 것이다. "그 이후 차 시간이 되면 나는 사무실의 작은 부엌에 가서 내 차를 직접 준비했다." 만델라는 "나를 인간으로 대해준 최초의 백인"인 시델스키의 태도에 대해서도 감동받았다. 그는 변호사 사무실이 세 명의 유대인에 의해 운영되고 있다는 것을 알게 되었다. "나는 늘 유대인이 다른 백인들보다 인종 문제나 정치 문제에서 보다 개방적인 태도를 가지고 있다고 생각한다. 아마도 그들이 편견의 희생물이었기 때문일 것이다."

대학 학위 없이 변호사의 정식 시보가 될 수는 없었다. 만델라는 모든 일을 맡아 하는 심부름꾼이자, 흑인과 관련된 계약문을 작성하는 서기였다. 특히 대부 관련 서류나 부동산 판매에 대한 저당권 설정 관련 서류를 취급했다. 정치적으로만 자유주의적인 이 사무소는 이러한 거래에서 큰 이익을 얻었으며 아프리카인들은 부스러기만을 가져갈 수 있었다. 무일푼의 만델라는 다행히도 알렉산드라Alexandra 지구의 방 하나를 헐값에 빌릴 수 있었다. 집 주인은 박애주의자라 불릴 만한 사람이었다. 그는 만델라를 일요일마다 점심식사에 초대했다. 만델라에게는 일주일을 통틀어 유일하게 따뜻한 식사였다. 급료는 한 달에 2리브로 형식적인 수준에 그쳤으나, 그나마 그 정도의 급료를 주는 것도 사무실에서 그에게 호의를 베푼 것

제1막 안티고네 61

이었다. 대개의 경우 시보는 고용주들에게 사례를 해야 하기 때문이다. 석유 램프를 구입할 돈이 없었기 때문에 만델라는 촛불을 켜고 법학 공부를 했다. 시델스키는 그에게 5년 정도 된 낡은 양복을 주었다. 만델라는 "내게는 돈 후앙의 기질은 없었다. 아가씨들 앞에서 나는 어리숙했고 주저했다"고 쓰고 있지만 이는 아마도 빈말인 듯하다. 수많은 여성 증인들은 반대로 말하기 때문이다.

만델라는 양아버지이자 후원자를 떠난 것을 괴로워했다. 어느 날 섭정이 나라 전체의 왕들과 족장들이 정기적으로 들르는 요하네스버그에 왔다. 그는 가출했던 만델라에게 연락을 해왔고, 만델라는 아버지 같은 그와 화해할 수 있게 되어 기뻐했다. 그는 도주에 대해서도 중매결혼을 거부한 사실에 대해서도 더는 말하지 않았다. 그는 1942년 겨울에 죽었다. 넬슨 만델라는 이때 처음으로 트란스케이로 돌아갔다. 사랑하고 존경하는 인물의 장례식에 참석하기 위해서였다. 만델라는 "내가 도망친 것이 그의 죽음을 앞당긴 것은 아닌지 자문해보았다"고 적고 있다.[17]

고인의 아들인 저스티스는 오랜 불복종을 끝내고 만델라와 함께 돌아와 아버지의 뒤를 이었다. 만델라는 요하네스버그로 돌아왔다. 그의 자리는 더 이상 옛 신분 속에 있지 않았다.

"법을 어기고 정권에 대해 명령하는 거만한 자는 내게서 칭찬을 기대할 수 없다"고 『안티고네』에서 크레온 왕은 말한다. 크레온 왕은 전 시대에 걸쳐 모든 나라에 존재한 통치자의 모습을 완벽하게 보여준다. 남아프리카에서 법률가가 되기를 소망하는 한 유색인 지원자가 정치판에 뛰어드는 것은, 정권에 도전하고 성공의 기회를 위태롭게 하는 것과 같다. 만델라를 자신의 사무실에 받아들이며 시델스키도 똑같은 이야기를 했다. "네가 정치를 하고자 한다면 직업 활동이 어려워질 것이다. 당국과 문제를 일으키게 될 것이고 모든 고객을 잃고 말 것이다." 시델스키 변호사 사무소와 협력 관계에 있는 백인 부동산 업자인 헨리 뮐러Henri Muller는 보다 분명하게 이야기했다. "얘야, 네가 보다시피 부는 행복이야. 그것을 위해 너는 싸워야 한다. 그저 돈, 돈뿐이라구."[18] 두 개의 길이 이 젊은이 앞에 열려 있었다. 하나는 기존 권력에 잘 적응한다는 조건하에 더 나은 상류사회로 가는 길, 다른 하나는 위험스러운 저항의 길이었다.

그러는 동안, 배움의 욕구로 가득한 이 하급 직원

은 일상적인 굴욕을 운명으로 받아들여야 했다. 당시는 백인들이 근무하는 사무소에서 일하는 원주민은 점심을 화장실에서 먹어야 하는 시대였다. 백인들이 이용하는 식당에 흑인이 들어갈 수 없었기 때문이다.[19)] 백인 친구가 일어나 다른 곳에 앉지 않는 한, 만델라는 대학 도서관 테이블에 앉을 수도 없었다. 자유주의자이거나 마르크스주의자인 백인 친구들과 함께 카페에 가면, 그들은 만델라 때문에 입구에서 입장을 거부당했다. '혁명가들'은 입장할 수 없다는 것이다. 친구인 줄리우스 볼프슨Julius Wolfson이 항의했다. 만델라는 그의 팔을 잡고 말했다. "이봐, 관두자!" 만델라는 인도인 학생들과도 어울렸다. 어느 날 그는 친구들 가운데 두 사람과 함께 인도인은 탑승이 가능하나 아프리카인에게는 금지된 시내 열차에 올라타는 실수를 저질렀다. 운전사는 인도인 친구들에게 그들의 카피르 친구를 내리게 하라고 명령했다. 그들이 거부하자 사람들은 경찰을 불렀다. 불법행위가 확인된 다음 날 만델라는 법정에 출두했다. 그리고 거기서 그는 '정의가 눈멀지 않았음'을 직접 확인했다. 반복 효과는 대수롭지 않은 인신공격을 참을 수 없게 만들었다.

"네 이름이 뭐냐?"

백인 경찰이 물었다.

"만델라입니다."

"아니, 그것 말고 이름이 뭐냐구?"

나는 그에게 대답했다.

"으음, 넬슨……."

그 경찰은 계속해서 마치 어린아이를 대하듯 말을 했다.[20]

백인들은 한 민족 전체를 어린애 취급했다. 이렇게 계속되는 자극에 대해 각자 자기 방식대로 대응했다. 굽실대며 아부하거나, 급진적인 저항 사이에서 체념, 조심스러운 이의 제기, 무력하고 조용한 분노와 같은 수없이 다양한 형태의 저항이 존재했다. 1950년대 흑인들의 상황이 백인 자유주의자인 앨런 페이튼Alan Paton의 『울어라, 사랑하는 조국아Cry, the Beloved Country』라는 소설이 성공을 거두며 세상에 알려졌다. "모든 권리를 박탈당한 아프리카 민중 속에서 저항보다는 복종이 더 큰 자리를 차지하고 있었다. 스테판 쿠말로Stephen Koumalo 목사는 작은 마을을 떠나 '백인들의 왕국'인 요하네스버그에 가서 물질적으로나 정신적으로 끔찍할 정도로 비참한 상태를 목격한다. 종교는 분쇄된 한 민족의 고통을 잠재우는 아편이다. 쿠말로 목사는 성공한 설교자에 관해 이렇게 말했다. '정부는 운이 좋다. 사람들의 마음을 움직여서 프리토리아로 가는 대신 하늘로 향하게 만들었기 때문이다. 우리는 광기가 어떻게 한 사람을 사로잡을 수 있는지, 도대체 어떤 광기이기에 그렇게도 많은 국민을 사로잡을 수 있는지, 그래서 모욕을 당한 사람들로 하여금 참게 만들고 고통 받는 사람들로 하여금 체념하게 하고 죽어가는 사람이 평정심을 잃지 않게 만들 수 있는지 궁금하다."[21]

그러나 이러한 복종은 종종 비밀스러운 반역을 감추고 있다. 흑인 경찰들은 가능하면 눈을 감아버렸다. 국법과의 일체의 타협을 거부하는 몇몇 극렬분자들만이 감옥형을 선고받았다. 아직 '문제를 일으키는 사람'이라는 뜻의 아프리카식 이름값을 못하던 만델라는 수많은 원주민 족장이나 흑인 부르주아지들처럼 그럭저럭 기존 질서에 순응했다. 자신의 역사적 역할과 가치에 대한 선명한 의식을 끊임없이 되새기고 있었지만, 그는 결코 비약적으로 발전하지는 않았다. 20세기의 헤라클레스와 같은 업적을 이룰 이 인물은 어렸을 적에 자신이 뱀들을 목 졸라 죽인 적이 있다는 사실을 믿기를 거부했다.

1943년 만델라는 오랜 전통을 자랑하는 명문의 비트바테르스란트the Wit Watersrand 대학교에 등록했다. 그 시절에는 백인 대학과 유색인을 위한 대학이 나뉘어져 있었다. 유색인을 위한 대학은 케이프타운Capetown에 한 곳 있었고 더번Durban에는 인도인을 위한 대학과 아프리카 각 민족 집단을 위한 대학이 하나 있었다. '비츠Wits'는 복합 인종을 위한 학교였으며 만델라에게 '사상, 정치적 신념, 토론의 새로운 세상'을 열어주었다.[22] 그는 1949년까지 그곳에서 공부했다. 많은 백인 학생들이 유럽에 가서 전쟁을 치르고, 인종주의라는 증오심을 가지고 돌아왔다. 학교에 들어가자마자, 만델라는 장차 남아프리카 공산당SACP의 서기장이 될 조 슬로보Joe Slovo와 친하게 지냈으며 변호사라는 명패를 위해 열심히 공부했다. 어느 날 하흘로Hahlo 교수가 그의 면전에 리포트를 던졌다. "자네는 이걸 과제물이라고 제출한 겁니까?" 하흘로 교수는 흑인이나 여성은 법정신을 지닐 수 없다는 신념을 가진 사람이었다. 한밤중이 돼서야 굶주리고 녹초가 된 채 집에 들어간다고 설명해봤자 소용없었다. 이 악의에 찬 선생을 격분시킬 또 다른 한

제1막 안티고네 67

가지 사유는 마음속에 숨기고 있었다. 만델라는 정치를 시작한 것이다.

만델라는 친구인 월터 시술루의 집에서 대부분의 한가한 시간을 보냈다. 그러던 중 1944년 그곳에서 시술루의 어린 사촌 여동생을 만난다. 트란스케이 출신의 에블린 메이즈Evelyn Mase라는 이 여성은, 흑인 여성이 오를 수 있는 가장 훌륭한 직업인 간호사가 되기 위한 공부를 위해 요하네스버그에 와 있었다. 에블린은 시어머니들이 바라는 모든 자질을 다 갖추고 있었다. 헌신적이고 부지런하며 좋은 가정주부였던 것이다. 그러나 그녀에게는 정치가 생리에 맞지 않았으며, 이는 몇 년 후 치명적인 결점으로 나타나게 된다. 게다가 그녀는 신앙심이 깊었으나 남편은 그렇지 못했다. 그러나 평화로운 행복과 가족생활이라는 그의 이상은 그녀와 완벽하게 어울렸다. 사생활의 성공은 그에게 항상 매우 중요했지만, 유일하게 아쉬운 점은 정치 활동을 위해 사생활을 희생해야 한다는 것이었다. "나는 가족과 함께하는 생활을 좋아합니다. 내가 시간이 별로 없을 때도 그렇습니다." 에블린과의 사이에서 그는 템비Thembi라는 아들을 낳았다. 이 가족은 오를란도Orlando의 작은 집에서 행복한 나날을 보냈다.

만델라는 동향 사람과 결혼했다. 그는 코사어로는 유창하게 말할 수 있었지만 다른 흑인 종족들의 언어는 잘 몰랐다. 시간이 흐름에 따라, 특히 인종분리 정책으로 다소 통합되기는 했지만 흑인은 크게 아홉 개의 종족으로 나뉘었다. 물론 인종분리 정책이 국가의 안녕을 위해 흑인들 사이의 분열을 더욱 촉진하기도 했지만 말이다. 1944년까지 영어와 아프리칸스어만이 공식어의 지위를 갖고 있었으나, 그 밖에도 10여 개의 언어가 더 쓰였고 가장 널리 통용되는 언어는 줄루어였다. 미래의 '무지개의 나라' 대통령은 솔직히 자기 동족의 언어인 트란스케이의 템부어 외에는 몰랐다. "어렸을 때, 나는 부족들 간의 과격한 경쟁 관계를 생각조차 하지 못했다. 그것은 후일 남아프리카 백인 지도자들에 의해 조장된 것일 뿐, 나는 목격한 적이 없다." 1942년 어느 날 일어난 한 사건이 그에게 혹독한 교훈을 남긴다. 왕들과 족장들은 요하네스버그에서 종종 회합을 가졌는데, 만델라는 이 아름다운 젊은이를 주목하고 있던 레소토lesotho 여왕을 알현할 기회를 얻게 되었다. 그녀는 그에게 먼저 레소토어로 말을 건넸다. "여성들이 내게 관심을 갖는다고 해서 내가 무엇을 할 수 있었겠는가?"라고 반세기 후에 만델라는 한숨을 쉬며 말했다. 그는 여왕 앞에서 비참한 상태로 잠자코 있을 수밖에 없었던 것이다. 다음에 이어진 말은 그의 자만심에 엄청난 타격을 주었다. "그녀는 나를 미심쩍은 듯 바라보더니 영어로 말했다. '자기 나라 사람들의 언어도 모르면서 너는 도대체 어떤 변호사가 되고 싶다는 것이고, 어떤 족장이 되고 싶다는 것이냐?'라고." 그는 이 교훈을 가슴속 깊이 새기고 곧 아프리카의 다양한 방언을 공부하기 시작했다.

모든 정치인은 언젠가는 이 문제와 마주하게 된다. 유권자나 선거인단과 같은 언어를 사용해도 그러하다. 그들에게 이해받기 위해서 어떤 언어를 사용하는 것이 좋을까? 분명 '상투적인 정치적 관용어구'는 페스트를 피하듯 경계해야 한다. 나는 책략가나 대중 선동가 부류의 사람들이 즐겨 쓰는 '솔직히 말한다'는 표현을 그다지 신뢰하지 않는다. 다른 곳에서처럼 여기서도 꾸미지도 말고 복잡해지지도 말고, 솔직해져야 한다. 그러려면 장광설과 내용 없는 말을 피하고 단순해져야 한다. 유권자는 속지 않는다. 만델라는 자신의 진의를 이해시키겠다는 그 일념 하나만으로 대중에게 다가갔다. 사람들은 그가 너무 평범한 문장을 써서 연설한다고, 때로는 위생상의 충고도 마다하지 않는다고 질책했지만, 그는 가능한 한 민중의 언어를 사용해서 말했다.

발을 땅에 딛고 있는 이 이상주의자는 남아프리카 흑인들을 순결한 존재로 정형화하지 않았다. 만델라는 그들의 약점과 한계를 알고 있다. "많은 사람들이 남아프리카 사회에 대해 목가적인 그림들을 그리고 있다"고 그는 지적한다. "핵심적인 부분에 대해서는 나도 동의하지만, 아프리카인이 항상 평등하게 서로를 대한다는 것은 사실이 아니다."[23] 숨어 지내던 시절 하인으로 위장해야 했을 때, 그는 '경멸적인 대우를 받는 하층민'이었다. 장담하건대, 이러한 경멸이 백인들이 보내는 경멸보다 그에게는 더 고통스러웠을 것이다.

그는 어떤 조직으로 향했을까? 남아프리카 공산당 SACP(South Africa Communist Party)과 아프리카 국민회의 중에서 선택이 가능했다. 남아프리카 공산당은 중부 유럽에서 이민 온 유대인들과 영국인들이 창설한 조직이다. 민족자결주의에 대한 1924년 크레믈린 Kremlin의 바람과 바쿠Bakou 회의의 결정에 부응하여,

이 조직은 '흑인 대중을 조직하기'로 결정한다. 3년 후 코민테른Komintern이 '노동자 농민의 정부로 가기 위한 전 단계로서의 독립적인 토착 공화국' 형성을 조직의 목표로 정했다. 이 불가능한 지평에 목표를 정한 당은 『남아프리카 노동자South African Worker』라는 계간지를 내고, 이를 영어 판, 줄루어 판, 코사xhosa어 판, 소토sotho어 판, 츠와나tswana어 판으로 발행하기 시작했다. 그러나 여전히 유럽적이었다. 1949년 당 활동이 금지되기 직전에 전국집행위원회 12명의 간부들 중에는 백인이 6명, 인도인이 3명, 컬러드Coloured[2] 1명, 그리고 흑인이 두 명 있었다.

우리에게 ANC라는 영어식 약자로 익숙한 아프리카 국민회의는 오랜 역사를 갖고 있다. 흑인 조직이 최초로 태동한 것은 1909년으로 거슬러 올라간다. 이해에 처음으로 전국 각지의 아프리카인들이 블룸폰테인Bloemfontein에서 만나 자신들의 상황과 문제에 대해 논의했다. 그리 오래가지 않았던 원주민공회Native Convention를 만든 사람들은 노동자 가운데 소시민에 해당하는 이들이었으며, 그들의 주요한 요구는 케이프의 '백인이 아닌 자들'이 누리고 있는 선거 특구의 특권적 자격을 확대하라는 것이었다.

1912년 1월, 남아프리카 토착인 전국회의SANNC가 창설되었고, 1923년에 아프리카 국민회의로 개칭한다. 이 조직은 아프리카 민족주의가 최초로 구현된 것이었으며 아프리카 대륙에 들어선 최초의 정당이었다. 창립자 중 한 명인 줄루족 변호사, 피클리 카 세메Pikley ka Seme가 성명서를 작성했다. 그는 성명서에서 남아프리카 연방은 창건된 그다음 날부터 "법률에 대해서도 그리고 행정에 대해서도 우리는 의견 한마디 말할 권리를 갖지 못한 연방"이었다고 진술했다. 사실 이 운동은 미국 흑인의 영향을 받고 기독교 포교단체에 의해 양성된 흑인 소시민층 일부를 끌어들였다. 이들 교사들, 목사들, 변호사들은 대화와 말을 믿었다. "그들의 절제와 인내심은 끝도 없었다. 그것은 마치 백인의 궁극적인 공명함에 대한 기독교적인 신뢰 같았다."[24] 오랫동안, 전국회의는 권력과의 모든 공공연한 마찰을 피했고 도의적인 수준에서의 항의로 행동을 제한했다. 영국의 문화적 모델에서 영향받은 이 운동은 왕가들과 아프리카 족장가문들의 대표자들을 상원의 복사본 같은 곳에 모으기까지 이르렀다. 제1차 세계대전이 발발했을 때 아프리카 국민회의는 왕실에 대한 충성을 선언했고, 패전한 독일 식민지들의 귀속이 문제되었을 때 "아프리카로의 제국의 팽창은 대다수 원주민 종족들이 계속해서 바라는 바라고 언명했다."

이 두 조직들 가운데 어떤 것도 넬슨 만델라의 마음을 사로잡지는 못했다. 우리가 위에서 살펴보았듯이, 그는 개인적인 관계를 맺고, 그때그때마다 조언자가 되어주는 사람들과 특별한 관계를 맺는 것을 더 좋아했기 때문이다. 이미 투쟁에 참여하고 있는 사람들은 각자의 입장에서 지성과 전투력을 갖춘 이 젊은 권투 애호가를 자신의 진영으로 끌어들이면 대어를 낚는 것이라고 생각했다. 사람을 골라가며 사귀었던 그는 시델스키의 사촌인 네트 브레그먼Nat Bregman 쪽으로 마음이 기울었다. 네트 브레그먼은 결코 피부색의 차이를 두지 않는 사람 같았다. 그리고 이런 유의 사람들은 그리 많지 않았다. 만델라는 네트가 "나의 첫 백인 친구"라고 말했다. 당시 만델라는 끊임없이 자신의 외모에 대해 고민하고 자신에게 어울리지 않는 복장을 했을까 봐 걱정하는 젊은 흑인이었는데, 네트는 그런 그를 당이 조직한 저녁 파티에 데려갔다. 신참자는 '무지개 나라'보다 몇 십 년 앞선 다소 흐트러진 복합 인종적인 사회를 그곳에서 발견하고는 대경실색했다. 백인, 흑인, 인도인, 컬러드가 피부색의 차이에 전혀 상관없이 활기찬 모습을 하고 하나가 되어 있었던 것이다.

  낙천적인 한 공산주의 운동원과의 첫 만남이 무의미했던 것은 아니다. 정치국 골수분자들과 그들의 한심스러운 독단주의적 태도에 직면했을 때도 만델라는 결코 그를 잊지 않았던 것이다. 또한 이것은 넬슨 만델라가 공산주의자들과의 연대를 끊기를 거부하거나 그들을 비난한 적이 없었다는 사실을 설명해준다. 그의 적들은 거기서 이데올로기적인 자기만족을 찾았지만, 이러한 만델라의 태도는 그에게 처음 손을 내민 사람들에 대한 신뢰로부터 나온 것이었다. 그러나 유럽에서 건너온 마르크스주의에 단숨에 경도되기에는, 이 템부족 족장의 아들은 너무나 아프리카적이었다. 그의 집은 그 안에 있지 않았고, 그는 그것을 본능적으로 느꼈다. 그의 친구들 중 한 사람인 가우어 라데베Gaur Radebe는 젊긴 했지만 아프리카 국민회의의 고참 당원이었다. 만델라는 그의 지식과 강한 신념 그리고 그가 선택한 대의명분에 대한 헌신을 존경하고 있었다. "내게 가장 큰 감명을 주었던 것은 해방투쟁에로의 그의 전적인 참여였다. 그는 오로지 혁명만을 생각하는 것 같았다." 가우어는 친구의 정치 교육을 담당했다. 그는 친구에게 이데올로기 학습에 필요한 책을 빌려주었고 법학과 최종 시험을 위해 필요한 책들도 잊지 않았다. 그는 만델라에게 대화 상대들을 추천해주었고, 사무실에서 샌드위치 하나를 나누어 먹으면서 그를 위해 즉석에서 작은 모임을 열어주기도 했다. 이렇게 해서 만델라는 매일 여러 회합에 참여하면서도 법 공부를 계속할 수 있었다.

가우어를 통해 만델라는 자신보다 몇 살 위인 안톤 렘베데Anton Lembede를 알게 된다. 그는 아프리카 국민회의의 공동 창당 멤버들 중 한 사람이 차린 법률 사무소에서 일하고 있었다. 이 지적인 줄루족 청년은 무지한 농부의 아들로 나탈Natal에서 태어나 오렌지 자유주에서 교사로 있었다. 뿌리에서부터 반항적인 그는 셰익스피어의 모든 저작이 신발 한 켤레의 가치도 없다고 말하면서도 정작 그 긴 문장들을 줄줄 외고 있었다. 바로크적이면서도 서정적인 렘베데는 '지구상 여러 나라 가운데 가장 위대하고 자유로운 아프리카 탄생'의 서곡이 될 대륙의 지나간 위대함을 노래했다. 만델라는 그의 선례를 따르려고 노력했다. 렘베데가 아프리카 국민회의에 가입하도록 결심하게 하기 위해, 월터 시술루는 아프리카 국민회의가 '남아프리카에 변화를 가져오기 위한 수단인 동시에, 흑인의 열망과 희망을 담지하고 있는 조직'이라고 그에게 장담했다. 이러한 목적은 오랫동안 유토피아적 공상으로 남아 있었지만, '인터내셔널가'에서 사람들이 불러대듯이, 1940년대 초반에 세상은 근저부터 변하고 있었다. 공상에 불과했던 것이 희망이 되어가고 있었던 것이다. 미국인들은 반식민주의를 주창하는 중이었고, 대서양 헌장Atlantic Charter은 예속된 민족들에게 희망적인 전망을 제공했다. "몇몇 서양 사람들은 이 헌장을 빈 조개껍데기로 생각했지만 아프리카에 있는 우리들은 그렇지 않았다."[25]

넬슨 만델라가 입당할 즈음에 아프리카 국민회의는 새로이 의장이 된 알프레드 주마Alfred Xuma 박사 덕분에 새로운 개혁을 시작했다. 그 역시 트란스케이 출신이었다. 미국 여성과 결혼한 이 부유한 의사는 가축 떼를 몰고 다니는 아이였을 때부터 자신의 길을 걸었다. 그는 유복한 집에서 살았고 고객도 많았다. 그는 당원 모집 운동을 대대적으로 벌였고, 아프리카 국민회의에서 아무것도 기대하지 않았던 행동파 젊은이들이 관심을 보이기 시작했다.

만델라는 주마 박사에 대해 특별히 매력을 느끼지 못했다. 그의 '거만한 태도가 대중 조직에 맞지 않았을' 뿐만 아니라 이 의사는 자신의 병원과 수입을 우선시했는데, 이러한 태도가 언젠가는 함께 투쟁하는 동지들과 결별하게 하는 이유가 될 것이었다. 마침내 주마 박사는 '장중한 영국적인' 방식을 내세웠다. 그는 위원회, 대표단, 파견단을 증설했고 당국에 대한 질책을 쏟아냈다. 반면 백인 정권은 이 예의 바른 공세에 대해 크게 우려를 나타내지는 않았다. 만델라는 "나 또한 영국 식민주의의 온정주의에 민감한 상태였고, 백인들이 우리를 교양인, 진보주의자, 문명인으로 보아준다는 확신을 바랐다"고 했다.

해방운동이 크리켓 한 판이 아니라는 것을 몇몇 진보적인 친영파에게 설득하기 위해서는 어느 정도 시간이 필요했다. 인민을 설득하는 일도 쉽지 않았는데, 이때의 어려움은 백인에 대한 열등의식과 관련이 있었다. "남아프리카에서 많은 흑인들은 백인을 바꾸기 위한 시도가 모두 무모하고 실패할 수밖에 없다고 생각한다. 백인은 너무나 영리하고 너무나 강하기 때문이다."[26] 그러나 떠오르는 세대는 '엉클 톰의 조카들'로 이루어지지 않았다. 1943년 안톤 렘베데가 이끌고 월터 시술루와 넬슨 만델라가 동참한 소수 젊은 이들이 주마 박사를 방문해, 아프리카 국민회의 내부에 청년연맹을 창건할 것을 그에게 제안했다. 사실 그들은 머릿속으로 대중운동을 시작하려는 의도를 가지고 있었다. 주마 박사는 청년연맹을 받아들였지만 그가 시기상조라고 판단했던 책략에 대해서는 거부했다. 블룸폰테인에서 열린 아프리카 국민회의 회합은 청년연맹의 창설을 허가했다. 대표는 안톤 렘베데였다. 월터 시술루, 넬슨 만델라와 올리버 탐보는 집행위원회에 소속되었다. 이 트리오에 대해서는 나중에 다시 언급할 것이다. 만델라는 포트 헤어에서 올리버를 알게 된 시절부터, 그의 역량과 "상대의 논지를 허무는 데 필요한 냉철하고 논리적인 스타일, 보다 정확히 말하면 법정에서 유용한 명석함"을 높이 평가했다.[27]

아프리카 국민회의 급진파들은 감동적인 첫 선언문을 발간했다. "남아프리카는 복잡한 문제에 직면해 있다. 백인들과 흑인들 간의 접촉은 일련의 갈등을 유발하는 조건들을 만들어냈다." 정확하기보다는 야심 찬 역사적이고 철학적인 고려들이 그 뒤를 이었다. 글은 '1인 1표'라는, 당장은 허황된 듯 보이지만 결국 우세해질 원칙을 명백하고 뚜렷하게 제기했다. 선언문은 이백만의 백인들이 팔백만의 흑인들을 '손쉽게 지배'하고, 영토의 87퍼센트를 소유하는 상황을 비판했다. 마지막으로 '모든 애국청년에게 띄우는, 동참을 촉구하는 외침'은 증오와 배제의 민족주의를 단호히 거부했다. 왜냐하면 '아프리카인들은 문명을 전체 인류의 유산으로 간주하고 문명의 진보에 참여할 권리를 외쳤기 때문이다'. 연맹의 청년들은 선배들의 순응주의를 비판하며 '신탁통치'에 대한 거부를 주장했다. 카피르를 행복하게 만들어줄 수 있다고 자부하는 백인들의 말장난에 대응하여, 그들은 유럽인들이 "신탁통치인의 자격과 역할을 탈취했다"고 주장했다. 그들은 억압 속에서 살아온 아프리카 젊은이들이 그러한 상황에 종지부를 찍을 것을 요청할 시기가 곧 도래할 것이라고 선언했다. "아프리카 국민회의에 진실로 민족적인 성격을 각인"하고, "종속의 표시를 거부하고, 아프리카 국민회의의 전체적인 활동 속에 뚜렷이 나타날 분명히 정의된 목표를 세울" 시기였다.[28] 변화가 필요한 시점이 되었음을 이보다 더 분명히 선인들에게 전할 수는 없을 것이다.

이 젊은이들은 어떠한 전략을 제안했을까? 그들은

투쟁이 궁극적으로 구체적인 성과를 얻어내기 위해서는 선인들을 얽어맨 투쟁의 틀로부터 벗어나야 하고, 신성한 소망과 담론의 세계를 떠나야 한다고 생각했다. 이제 효율성을 입증해야 할 시기였다. 대중운동과 통일성이라는 두 용어가 만델라의 머리에서 떠나지 않았다. 1946년 리프Reef에서 칠만 명의 광부들이 참여했지만 잔혹하게 진압된 파업이 만델라의 뇌리 속에 깊이 남은 것은 바로 이러한 이유에서였다. 파업은 광부조합의 조합장이면서 남아프리카 공산당과 아프리카 국민회의의 일원인 막스J. B. Marks에 의해 조직되었다. 만델라는 공산주의자들의 효율성에 경탄했지만, 결코 그들의 강령에 공감하지 않았고 기회가 주어질 때마다 자신의 소신을 밝혔다.

백인 권력에 맞선 대중운동의 전개에 관한 논의가 시작되자, 주마 박사는 큰 소리로 이의를 제기하며 "감옥에 가고 싶지 않다"고 말했다. 젊은 당원들은 그에게 최후통첩을 보냈다. 아프리카 국민회의는 이 소극적인 당 대표를 축출해야 했기 때문이다. 이것이 블룸폰테인 회의에서 일어난 일이다. 사람들은 서둘러 모로카Moroka 박사와 접촉했다. 역시 의사였던 모로카 박사는 아프리카 국민회의의 멤버는 아니었지만 과도기에 가장 적합한 최고 지도자가 될 사람이었다. 서기장은 월터 시술루였는데, 그는 "내 삶에 정치 외에는 없다"고 습관적으로 말하곤 했다. 아마추어의 시기는 지나갔다. 만델라는 트랜스바알Transvaal의 아프리카 국민회의 집행위원이 되었다. 그러나 그는 블룸폰테인 의회에 갈 수 없었다. 만델라의 고용주들은 관대한 사람들이긴 했지만, 이를 위해 필요한 최소 이틀간의 휴가를 주는 것에는 동의하지 않았기 때문이다. "만일 내가 회의에 갔다면 직업을 잃었을 텐데, 나는 그럴 수 없었다."

그는 깃발을 올렸다. 이 젊은 법률가가 국가의 부당한 법을 비난하리라는 것은 명백했다. 분명 그는 아직 불법적인 일을 저지른 적은 없었지만, 직업적 성공의 길에서 영원히 벗어난 것이다. 권력은 반역의 길에 들어선 한 사람의 도전을 용서하지 않았다. 그는 점점 더 많은 시간을 정치 활동에 할애했고 만남과 토론을 늘려갔다. 1947년 4월, 국왕 조지 6세와 그 가족들의 방문은 남아프리카의 모호한 상황을 분명하게 만들었다. 전국을 특별열차로 순회할 군주가 흑인들과는 악수 한 번 나누지 않을 것이라는 사실이 알려지자, 아프리카 국민회의는 여러 공식 석상에 참석하지 말라는 명령을 내린 것이다. 그런데 아프리카 대중은 영국 군주를 열렬히 환영했고, 미래의 여왕 엘리자베스는 그에 대한 멋진 기억을 갖게 되었다. 아프리카 국민회의가 중대한 영향력을 행사하지 못하고 있음이 분명했다. 또한 전반적인 냉전이라는 상황 속에 몇몇 백인들은, 공산주의자들과 같은 이념을 표방하고 공산주의자들만큼이나 위험한 카피르들을 가혹한 방식으로 귀화시키려 했다.

1948년의 선거는 권력 관계를 구체화할 임무를 떠맡았다. 아프리카인들은 선거권이 없었기 때문에, 백인 정당들 간의 경쟁이 아프리카인의 미래를 결정하게 될 것이다. 당시 남아프리카는 독립의 열기에 휩싸여 불타오르고 있었다. 전쟁 중에 영국을 굳건히 지지했던, 유명한 스머츠Smuts 장군이 이끄는 연합당이, 독일제국에 열렬히 찬동한 다니엘 말란Daniel Malan이 이끄는 새로운 국민당과 백인들의 표를 두고 경합을 벌였다. 만델라에 따르면 국민당은, 영국인들에 대해 그리고 아프리카인에 대해 백인들이 느끼는 쓰라린 고통으로부터 힘을 얻는 당이었다. 이들은 영국인들이 지난 수십 년 동안 자신들을 열등한 존재로 대해왔으며, 아프리카인들이 아프리카너 문화의 번

영과 자존심을 위협하고 있다고 믿고 있기 때문에 그런 감정을 가졌다. 국민당이 승리했다. 당시 하원의원이었던 국민당의 지도자는, 1944년 1월 25일 처음으로 '아파르트헤이트'라는 단어를 남아프리카 국회에서 표명한 인물이다. 그날 그는 "아파르트헤이트의 원칙을 충실히 지켜 백인종의 안전과 기독교 문명을 보장하고 싶다"고 선언했다. 당이 승리를 거두자, 말란은 자유로이 자신의 강령을 실행에 옮겼다. 남아프리카는 인종주의를 세심하고 체계적으로 다듬어나간 세계에서 유일한 국가가 될 것이다.

안티고네는 크레온의 부당한 법령에 대해 "지고한 신들과 함께하는 정의라고 해서 그것이 인간세상에서의 정의로운 법 제정을 보증하는 것은 아니다"[29]라고 외쳤다. 터무니없고 가증스러운 한 체제가 가동되고, 압도적인 다수에 의해 관련 법이 가결되고, 3년 후 이것이 '마지막 해결책'이라 인식한 국제적인 공동체에 의해 수용된다. 바로 이렇게 이해할 수 없는 일이 벌어졌다. 체제에 대한 이러한 열광적인 분위기가 미래의 패배를 예고하는 것일지라도, 이 시기를 '놀라운 10년', '희망과 무한한 가능성의 시대'로 믿고 규정짓기 위해서는 줄루족 저술가인 루이스 은코

시Lewis Nkosi의 무의식적인 관대함이 필요하다.[30]

 분리와 관련해 근간이 된 법은 아프리카인 보호구역을 설정한 1913년 토지령Land Act이었다. 이 정책의 목적은 1922년 정부 조사위원회 보고서에 명시되어 있다. "아프리카인은 백인의 필요에 부응하기 위해서만 도시에 머무를 수 있으며, 그 일을 마치는 즉시 도시를 떠나야 한다."[31] 다음 해 이러한 권고는 원주민 도시 지역 법에 반영되었다. 아프리카인들은 광산 숙소인 컴파운드compounds나 백인 도시와 떨어진 빈민굴locations로 쫓겨났다. 국민당의 승리는 어지러울 정도로 다양한 법과 규칙들을 만들어냈다. 어느 누구도 이러한 법을 모른다 할 수는 없었다. 그러나 은하수처럼 팽창하는 인종주의적인 법들을 어떻게 다 알 수 있겠는가? 인종 문제를 처리하는 남아프리카 기구는 글씨 크기를 줄여서 500쪽의 책 한 권 정도로 그것을 축소하려고 했다. 그러나 소용없는 짓이었다. 법규는 해를 더해감에 따라 계속 늘어만 갔다. 1980년에, 요하네스버그의 한 일간지는 "흑인들을 통제하고 디스리기 위한 녹적으로만 마련된 법규가 거의 1200쪽"에 이른다고 보도했다.

 이렇게 광적으로 법률을 만들어내는 관행은 아주

멀리서, 또 우리가 감히 그렇게 말할 수 있다면 아주 높은 곳에서 왔다. 조셉 드 메스트르Joseph de Maistre라는 프랑스혁명기의 한 주요 비평가는 모든 국가는 닻을 하늘에 내린 배와 같다고 비유적으로 쓴 바 있다. 칼뱅Calvin과 종교개혁의 후손인 보어Boer인들은 그들의 분리정책의 닻을 종교적인 신념 속에 내렸다. 그들은 조물주가 개개인에게 부여한 가능성에 따라 각 종족의 조화로운 발전을 보장함으로써, 신의 의지에 따르고 있다고 믿었다. 네덜란드 개신교에 의하면, 개개의 인종은 각자의 재능에 따라 발전해야 하는 신의 창조물이다. 이러한 조건들 속에서는 혼혈은 어떠한 형태이건 신의 눈에 범죄로 비춰진다. 세기말에 끔찍한 고통을 수반한 영국-보어Anglo-Boer 전쟁은 아프리카너 공동체의 독자적인 정체성을 수립했다. 그러나 결국 하나의 분명한 사실이 필요했다. "하나의 문화적 정체성을 탄생시키기 위해서는 언어, 종교, 역사가 긴밀히 혼합되어야 한다. 이러한 문화적 정체성의 가장 의미심장한 특징들 가운데 하나는 백인이 흑인에 대해 절대적 우위를 누린다는 감정이다. 이것은 백인과 흑인 간의 관계를 설정하기 위해 준비된 아주 엄격한 법령을 입안하도록 만들었다."[32]

나치 인종주의에 대한 승리가 또 다른 내일을 예고하는 이 역사적인 순간에, 왜 남아프리카의 백인들은 일종의 광기를 가지고 우월감을 재확인한 것일까? 아마도 세계대전 직후 보어인이 만들어낸 문화 모델이 근대성의 타격을 받아 흔들렸기 때문일 것이다. 전쟁이 초래한 부의 축적, 산업화, 그리고 도시의 급격한 성장이, 부족장의 아들로 태어난 만델라가 어린 시절 내내 친숙했던 전통 질서를 무너뜨린 것이다. 아프리카너 공동체는 '대이주grand Trek'를 건국 신화로 만들었다. 이는 짐수레의 바퀴가 돌아가는 속도로 이루어진 미지의 땅으로의 이주를 말하며, 『굴러가는 바퀴Turning Wheels』는 이러한 대서사시를 소재로 쓴 대소설의 제목이다. 1948년에 이러한 열광적인 신화에서 살아남은 것은, 가느다란 투창으로 무장한 흑인들의 공격에 맞서기 위해 짐수레를 둥그렇게 세워놓아야 했던 이주민의 국가 정신뿐이었다. "피에트Piete는 손에 장총을 움켜쥐고 있었다. 그는 카피르들을 증오했다. 수천 마리의 짐승을 잡아도 되는 것처럼 카피르는 수백 명을 죽여도 좋다."[33] 아프리카너는 장사와 돈이 승리하는 세상의 상징으로 성경에도 등장하는 황금 송아지에 의해 괴멸되는 느낌을 받았다.

총체적인 혼란에 빠져 있는 농촌 문명과, 그동안 우위를 점하고 있었으나 이제는 위협받는 소수집단에게 신뢰감을 주기 위해서는 아주 긴급하게 새로운 표준을 만들어야 했다. 우리 프랑스인들도 알제리 식민자들이 경험한 비슷한 현상을 알고 있다. 이후로는 아프리카너의 입장이 국가의 정체성과 뒤섞였다. 이 순간부터 "반복되는 주제는 영어 사용자에 대한 아프리카너의 정체성 수호가 아니라, 아프리카 대중에 의해 위협받는 백인들의 불안이 되었다. 혼혈은 절대악이 되었고 흑인에 맞선 투쟁이 최우선 과제로 떠올랐다."[34] 장차 총리가 될 헨드릭 페르부르트Hendrik Verwoerd는 분명한 어조로 말했다. "남아프리카는 백인의 나라이며 백인이 주인으로 남아야 한다."

'검은 위험'에 맞서, 국민당은 낡은 문화 모델을 희화하며 새로이 가다듬었다. 그들은 1880년대 폴 크뤼거Paul Krüger가 만들어낸 아프리카넨덤Afrikanendom이라는 개념을 되살려, 역사의 종교적 해석에 근거한 일종의 국가-기독교주의national-christianism에 입각하여 사회를 세우는 계획을 구상한다. 1665년 이후로 이 나라에 이주해온 아프리카너들 가운데 4분의 3을 재결집하면서, 네덜란드 개신교는 '신의 명령과 말씀은 변하지 않는다'는 사실을 끊임없이 강조했다. 사회질서를 유지하기 위해 세속 권력은 신의 명령을 실행에 옮긴다.

오푸스 데이Opus Dei의 개신교 판인 브루더본트Broederbond는 백인 이데올로기들 가운데 가장 설득력 있는 신념들을 한데 모았다. 1952년 신도 수가 3500명이었는데, 350명의 개신교회 목사, 총리인 요하네스 스트레이돔Johannes Strijdom과 대부분의 정부 인사들이 그 속에 포함되어 있었다. 국민당의 강령 가운데 11항은 경악할 만하다. "그렇지 않으면 우리는 평등정책을 채택해야 한다. 그것은 길게 보면 백인종의 국가적 자살에 해당한다. 우리는 아파르트헤이트의 길에 참여해야 한다. 그 덕분에 각 인종의 성격과 미래는 보호, 보전된다." 자신의 "정체성을 잃을 수도 있다는 병적인 두려움"에 이보다 더 잘 따를 수는 없다.[35] 따라서 비록 소문자 k로 시작되는 카피르라는 단어가 경멸적인 의미를 함축한다 해도, 카피르는 공식적으로 더는 야만인도 하층민도 아니다. 그들은 다만 '다를' 뿐이다. 이 체계를 이론적으로 정립한 헨드릭 페르부르트는 "학교는 경제생활에서 적절한 역할을 수행하도록 반투Bantu인을 준비시켜야 한다. 어린 반투인에게 수학을 가르친들, 그것을 실제로 사용하지 않는다면 무슨 소용이 있단 말인가? 교육체계는 삶이 제공하는 기회에 따라 각자를 교육해야 한다."36) 다음 사실을 고려하면 이 말이 뜻하는 바가 분명해진다. 전후의 성장으로 국제 자본이 활발히 유입되고 나라가 매우 부유해지면서 광산과 농장에서 일할 노동력이 부족해졌다.

아파르트헤이트의 중요 장치들이 10여 년 만에 마련되었다. 인종 간 결혼을 금지하는 최초의 법이 1949년 치러진 투표로 채택되었다. 그 뒤 서로 다른 인종 간의 성관계는 부도덕령을 통해 불법이 되었다. 이러한 사랑의 범죄를 지칭하기 위해 나치들은 '인종적 얼룩'이라는 뜻의 'Rassenschande'라는 단어를 만들어냈다. 체포는 빈번히 이루어졌을 뿐만 아니라, 판사가 현행범을 요구했기 때문에 구경거리가 되기 십상이었다. 급습을 받은 연인들은 7년형을 선고받게 되지만, 만일 피고인이 자신의 상대가 자신과 같은 인종에 속한다고 '이성적으로 판단할' 수 있다면, 정상참작이 가능하다는 법조항을 두고 있었다. 마지막으로 공권력은 이 법령의 목적이 "젊은 아프리카 소녀들을 몇몇 백인들의 잘못된 본능으로부터 보호하기 위한 것이라고" 명시했다.[37] 아프리카너의 '기독교적인 인종주의' 속에는 본능적이고 세속적인 일종의 맹목이 담겨 있으며, 그로 인해 종종 깜짝 놀랄 만한 상황들이 벌어지곤 했다. 따라서 "수많은 백인 교구민들은 아파르트헤이트가 그것을 금하지 않았음에도 불구하고, 흑인 하인들 곁에서 성체배령을 받는 것조차 거부하기도 했다."[38]

이제 신이 서로 섞이는 것을 금했던 이러한 인종 집단들을 주의 깊게 규정하는 일만 남았다. 1950년 인구 규제법Population Registration Act은 남아프리카의 모든 인종 구분 기준을 규정했다. 1952년에는 모든 아프리카 성인에게 통행증의 소지가 의무 사항이 되었다. 이것은 예속의 표시이며, 매 순간 굴욕으로 체험되었다. 다음 해, 편의시설 분리령Separate Amenities Act은 교통수단과 공공장소에서의 흑백 분리를 입법화했고, 반투 교육령Bantu Education Act은 흑인에게 특별교육 프로그램을 부과했다. 원주민 재정착령Native Resettlement Act은 1954년 백인 지역으로 선포된 지역에 거주하는 흑인들을 이주시키는 것을 합법화했으며, 이로써 요하네스버그의 소피아타운Sophiatown이 정식 허가를 받고 파괴되었다. 넬슨 만델라는 육만 거주민의 저항운동을 지도한 주요 인물 가운데 한 사람이었다. 이는 경찰에 의해 신속하게 분쇄되기는 했지만 미래의 저항을 위한 씨앗을 뿌린 사건이기도 했다. 추방자들은 그들과 가까이 살기를 꺼려 하는 백인 도시로부터 20킬로미터 이상 떨어진 곳으로 보내졌다. "그것은 도시 정화 프로그램 차원에서 이루어진 것만은 아니었다. 수년 동안 이 지역들은 아프리카 저항운동의 중심지였으며, 그들의 축출은 국가가 양보하기에는 너무도 중대한 사안이었다."[39]

자신의 큰 구상을 지칠 줄 모르고 실천하면서 국민당은 1957년에 두 가지 원칙을 제안한다. 첫째로 흑인은 동등한 직업에서 백인 대신 복무할 수 없다는 것이었고, 둘째로 흑인은 계서상 백인보다 우위에 있는 자리를 맡을 수 없다는 것이었다. 1958년 스트레이돔이 죽고 헨드릭 페르부르트가 총리가 된다. 네덜란드계 목사의 아들이면서 교수였고, 나치에 동조하여 이름을 날린 한 신문사의 편집인이었던 그는 아파르트헤이트 정책을 완성했다. 그는 프리토리아에 반투스탄Bantustan이라는 흑인 자치령의 창건을 선포했다. 이곳의 거주민들은 그곳에 거주하도록 배정되거나, 노동력의 필요에 따라 이동 배치된 사람들로서 지배종족이 정해준 수준에서 미미하나마 어느 정도 발전도 이룰 수 있었다. 외국의 시선을 고려해 그들은 이러한 강제 이주를 연방화로 위장했다. 피터르 빌렘 보타는 아파르트헤이트가 붕괴되기 몇 년 전에 "스위스와 유고슬라비아가 협력과 조화의 열쇠를 찾아냈다"고 말했다.

남아프리카 인종주의의 병기창은 인종주의의 엄격한 준수를 보증하기 위해 마련된 '금지령'으로 완성된다. 법무부의 간단한 법령만으로도 이러한 조치를 취하는 데는 충분했다. 그러한 처분을 받은 사람은 어떠한 정치 활동도 할 수 없으며, 정해진 구역을 벗어나면 체포되어 재판 없이 구금된다. 만델라가 관찰한 바에 따르면, "이것은 한 개인을 투쟁으로부터 멀어지게 하여 그로 하여금 정치에서 분리되어 주어진 삶을 살도록 하기 위해 마련된 전략이었다." 자신이 대상이 되었던 금지령들 가운데 하나는 "정치적인 모임뿐만 아니라 모든 종류의 회합을 포괄하는 것이었다. 예를 들어 나는 내 아들의 생일잔치에도 참석할 수 없었고, 한 번에 한 사람 이상에게 말할 권리도 갖지 못했다."[40] 만델라는 이러한 금지 처분이 일종의 '심리적인 밀실공포증'을 유발함으로써, 적은

'외부가 아니라 내부에 있는 것'이라고 자신에게 확신시키기에 이른다고 말했다. 이 부분에서 남아프리카가 인종주의적인 탄압에 있어서 각별한 재능을 지녔다는 점을 인정하는 상장을 주어 마땅하다. 금지령은 가공할 효과를 가진 발명품이었던 것이다.

법률은 실제 적용되는 과정 중 원래의 의도에서 괴상하게 일탈했다. 나치가 '영광의 아리아인'을 내세우며 원칙을 양보해야 했던 것처럼 말이다. 따라서 강한 엔화의 대표자들인 일본인 사업가들은 '명예회원 자격의 백인'이었다. 중국인 부모에게서 태어난 남아프리카인은 '비유럽인'이었지만 잠깐 들른 중국인은 '유럽인'이었다. 만델라는 통행증을 소지하고 다닐 필요가 없다는 이유에서, 아프리카인보다는 컬러드로 분류되기를 바랐던 한 사람의 변호인이었을 때를 이렇게 말한다. "증거는 판사의 관심 사안이 아닌 듯했다. 그는 내 고객을 뚫어지게 바라보았고, 등을 재판석 쪽으로 돌려보라고 그에게 무뚝뚝하게 명령했다. 심하게 떨리는 그의 등을 관찰한 뒤에 그는 머리를 끄덕였고 청원을 수락했다. 그 시대에 백인 당국은 축 늘어진 어깨가 컬러드의 신체적 특징 가운데 하나라고 생각했다. 그렇게 한 사람의 삶이 결정되었다."[41)]

 어떠한 하위종에 속하는 인간인가의 여부가 존재를 결정했다. 어떠한 지역에서 거주할 권리를 갖는가, 어떠한 학교에 다니도록 허가받는가, 어떠한 직업에 종사할 수 있는가, 어떠한 사람과 결혼할 수 있도록 허가받는가, 심지어는 어떠한 묘지에 묻힐 수 있는가에 이르기까지. 어떤 사람들은 자신이 분류의 오류로 인한 희생자라고 생각하면서 자살하기도 했다. 그러나 분류는 번복되지 않았다. '백인이 아닌 사람'은 그가 하인이건 대학교수이건 혹은 사제이건 간에, 인종의 바둑판에서 그가 점하는 위치를 바꿀 수 없었다. 개별 회사들이 설치해놓은 교묘한 장치들을 이야기하는 것이 좋겠다. 예를 들어 '중대한 실수'를 범했다고 확인된 남아프리카 라디오국의 흑인 고용인들은 두 가지 제재 가운데 하나를 선택해야 했다. 그들은 일자리를 잃든가 쉠보크sjambok라는 가는 가죽 끈으로 무시무시한 매를 정해진 대수만큼 맞아야 했다. 굴욕보다 비참을 택한 이들도 있었다. 악은 가장 교활한 형태를 띤다. 예를 들면 언론사에서 "아파르트헤이트에 반대한다고 주장하는 신문사들조차 편집국, 식당, 화장실에서 우회적인 방식으로 이러한 사회악을 실행에 옮겼다."[42]

케이프의 상류층 구역에 살고 있던 리타 후플링Rita Hoefling이라는 백인 여성은 치료를 받고 피부색이 눈에 띄게 어두워졌다. 갑자기 그녀는 컬러드로 분류되었고 삶은 송두리째 뒤바뀌었다. 그녀는 "자신이 마치 나병 환자 취급을 받는 것 같았다"고 털어놓았다. 남편과 아들은 소스라치게 놀라 그녀를 떠났다. 사람들은 그녀가 백인들에게만 허용되는 버스에 오르지 못하도록 했고 그녀는 매 순간 차별을 경험해야 했다. 그녀는 "그제서야 아파르트헤이트의 잔혹성을 알게 되었다"고 말했다. 같은 시기에 독일연방공화국의 한 독일인 언론인은 이주민들이 일상생활에서 어떠한 대우를 받는지를 낱낱이 밝히기 위해, 어두운 파운데이션을 얼굴에 바르고 터키인으로 위장한 뒤 한 기업체에 들어갔다. 그곳에서는 우리가 경험해보지 못한 상상하기 어려운 상황이 예전부터 벌어지고 있었다.

단순논리에 빠져서는 안 된다. 모든 백인이 다 인종주의자는 아니며 그들 가운데에도 자유주의자에서 공산주의자에 이르기까지, 훌륭하고 용감한 사람들이 존재했다. 만델라는 자신의 '첫 백인 친구'인 네트와 만난 이후로 이러한 백인들과 종종 마주쳤으며 그들에게 경의를 표하는 것을 잊지 않았다. 예를 들면 영국 국교회의 목자인 스콧Scott 신부는 '아프리카인의 권리에 대한 위대한 수호자'였다. 정부가 요하네스버그 근처에 정착한 불법 거주민들을 내몰기로 결정한 날, 거주민 대표는 신망받는 여러 사람들에게 도움을 요청하는 편지를 보냈다. '겸손하고 나서길 좋아하지 않는' 스콧 신부가 그에게 답장을 보내왔다. "내가 당신들을 도우려면, 나는 당신들 중의 한 사람이어야 합니다."[43] 그러고 나서 그는 불법 거주민들이 사는 곳으로 이사했다. 백인 자유주의자들은 이데올로기의 갑옷을 두른 공산주의자들보다 더 많은 장점을 갖고 있었다. 실제로 그들은 백인 공동체 내에서 공산주의자보다 더한 증오의 대상이었다. 백인들은 '염소처럼 우는 평화주의자들' 혹은 브링크Brink, 쿠체Coetsee나 가디너Gardiner 같은 사람들에 대해서는 '배신자 작가들'이라며 이들에 대한 증오를 드러냈다. 우리도 알제리 사태에서 '친애하는 교수님들'과 '짐꾼'을 겨냥하여 이러한 증오를 키운 적이 있다. 흑인들조차 이들 백인 자유주의자들이 어떤 꿍꿍이가 있을 것이라며 경멸했다. 이러한 상황에서 '카피르의 친구'로 자처하기 위해서는 남다른 용기가 필요했다.

대부분의 흑인들이 백인들은 다 똑같다고 보았으나 백인에 대한 무차별적인 증오에 빠지는 것은 피하려 했다. 만델라는 "나는 아프리카 민족주의의 과격 혁명주의 노선에 공감하고 있었다. 나는 백인이 아니라 인종주의에 대해 분노했다"고 단언한다. 그는 "백인들을 바다에 던져버리고" 싶은 것이 아니라, 그들이 "증기선을 타고 스스로 이 나라를 떠나기를 꿈꾼다"고 농담조로 말했다.[44] 이 말은 백인들이 부조리 직시하려 하지 않았기 때문에, 이들을 설득하는 것이 사실상 불가능하다는 현실 앞에서 만델라가 느끼는 분노를 잘 드러내준다. 그러나 만델라는 청년연맹의 동료 대부분이 품고 있는 폐쇄적인 아프리카 민족주의를 거부했다. 그는 인도인들을 불신의 눈으로 바라보지도 않았고, 공산당과 수입된 유럽의 이데올로기에 대해서 무조건 칼을 빼들지도 않았다.

1950년대 초에 만델라는 드디어 정식 변호사가 된다. 시델스키를 떠난 뒤, 그는 몇몇 백인 변호사 사무실에서 함께 일하다가 올리버 탐보와 함께 남아프리카 사상 최초의 아프리카인만을 위한 법률사무소를 세웠다. 만델라와 탐보는 온종일 줄을 잇는, 억압의 피해자들인 이 사회적 약자들을 변호하려고 애썼다. 수백 년 동안 대대로 살아온 얼마 안 되는 땅덩어리에서 쫓겨난 가족들, 아프리카 맥주의 주조를 금지당한 노부인들. 두 흑인 변호사는 그들 모두의 얘기를 주의 깊게 들어주었고 효과적으로 돕고자 애썼다. "우리는 매일 평범한 아프리카인들이 일상생활에서 당해야 하는 수천 가지의 굴욕을 보고 듣고 알게 되었다."[45]

포위당하고 괴롭힘을 당할 때에는 자신의 주장을 숨기지 않고 맞서 싸우는 것이 중요하다. 법률사무소의 두 운영자 이름을 요하네스버그 중심가의 낡은 건물에 자리한 사무실 창문에 큰 글씨로 썼다. 이 건물에는 아프리카 국민회의 사무실이 위치해 있었으며 서기장인 월터 시술루가 상주했다. 그들의 백인 동료들은 이렇게 죽 늘어서 있는 것에 대해 언짢을 수 있었지만, 만델라는 그들을 비웃었다. 재능 있는 아마추어 권투선수였던 만델라의 몸은 운동으로 단련되어 최고의 상태였다. 권투는 공동체에서 그의 이미지를 드높이는 데 그만이었다. 흑인으로서 미국의 헤비급 세계챔피언이 된 조 루이스Joe Louis의 예는 권투를 명성과 위신을 얻는 하나의 수단으로 만들었다. 오늘날 축구처럼 말이다. 멋쟁이인 만델라는 항상 외모에 신경을 썼다. 백만장자인 해리 오펜하이머Harry Oppenheimer의 옷을 만드는 유행복 디자이너 알프레드 칸Alfred Kahn이, 만델라를 위해 특별히 고안한 아프리카 상징이 수놓인 블레이저 코트를 제작할 정도였다. 만델라는 자신에게 존재하는 힘이 온갖 장애물을 헤치고 모든 반대자들을 설득할 것이라고 조금 지나치게 믿는 경향이 있었다. 사람들은 만델라에게서 '국왕 스타일'을 보았으며 그는 자신의 귀족적인 기질을 바꾸지 않고도 인민의 공감을 얻어냈다. 어느 날 그는 한 당원의 아들에게 자신이 '남아프리카의 초대初代 흑인 대통령'이 될 운명임을 예감하고 있다고 말하기까지 했다.[46]

아프리카 국민회의 내부에서 만델라는 점점 더 중요한 인물로 부상하고 있었다. 아프리카 국민회의는 새로운 정권이 유색인들에게 가하기 시작한 끔찍한 공격을 순조롭게 격퇴하기 위해 어떤 노선을 따라야 할지를 두고 고심했다. 이전 방식으로 이루어지는 청원과 항의는 효율성이 떨어지는 것으로 드러났지만, 그 반대의 전술인 폭력과 총궐기에 의존하는 것은 자살 행위와 다름없다는 것이 어느 모로 보나 명백했다. 아프리카인들은 최고의 수단인 수적인 우위를 어떻게 이용할 수 있을까? '1인 1표'라는 원칙이 언젠가는 그들에게 투표소에서의 승리를 안겨주겠지만, 그 머나먼 승리를 앞당기기 위해 무엇을 할 것인가?

1951년 12월 아프리카 국민회의 회의에서 서기장인 월터 시술루는 3년 전 더번 인도인들이 악독한 법에 반대하기 위해 사용했던 방식을 본떠서 시민 불복종 강령을 제안했다. "인도의 간디가 전개한 비폭력 운동을 본받아 대중운동을 시작할 시기가 온 듯하다"라고 넬슨 만델라는 비망록에 적고 있다. 1950년대 초에 영국의 식민지 상태에서 고국의 해방을 이끈 마하트마 간디의 명성은 남아프리카에서 대단했다. 간디의 아들인 마닐랄 간디Manilal Gandhi는 '인도 여론Indian Opinion'이라는 신문사를 운영하고 있었는데, 인도의 공동체 지도자들 가운데 한 명이었다. 그는 '사티아그라하satyagraha', 즉 비폭력 전략을 점 하나 바꾸어서도 안 되는 유산처럼, 다른 어떤 방법보다도 도덕적으로 우위를 점하는 전략으로 수호했다. 그에게 있어서 비폭력 저항은 기술인 동시에 일종의 정신적인 수행이었다.

넬슨 만델라는 간디를 열렬히 존경했고 그로부터 영감을 받았지만, 그렇다고 해서 맹목적으로 흉내내고 싶어하지는 않았다. 개인적으로 그는 마하트마의 맨발 고행과는 거리가 멀었다. "간디는 옷을 벗어버렸지만 당신은 옷을 좋아하죠"라고 친구인 파티마 미어Fatima Meer가 비꼬듯 만델라에게 말했다. 혹시 만델라는 흑인들보다 훨씬 더 잘 조직된 인도인들이 아프리카 국민회의를 장악하게 될지도 모른다는 두려움을 갖고 있었던 것일까? 그렇지 않다면 그는 간디가 남아프리카에 머무는 동안 아프리카인들보다 인도인들에 대해 훨씬 더 걱정했다는 사실을 알았던 것일까? 이처럼 인도 공동체와의 협력에 대해 반대하는 입장이었지만, 만델라는 그것이 대다수의 바람이라는 것을 알았을 때 이러한 움직임에 동참했다. 조직에 대한 충성이 모든 것에 우선하는 것이다. 어떤 식이든 교조주의에 관심이 없었던 그는 "사람들은 간디처럼 비폭력주의를, 실패하더라도 채택해야 할 전략으로 믿는 듯하다. 그러나 그 전략은 그 정도로 중요하지는 않다"고 생각했다. 그는 '수동적인 저항'이라는 표현 속에 나오는 '수동적'이라는 형용사를 견딜 수 없어 했던 것이다. 청년연맹도 만델라와 비슷하게 해석했다. 사람들은 대중운동을 기획할 것이지만 그것이 비폭력을 정설로 만들지는 못할 것이고, 그러한 책략이 위대한 인도인의 전략을 그대로 따른 것도 아닐 것이다.

이 시기에 만델라는, 위대한 민족에 속한다는 자긍심과 흑인 세계에 대한 서사시적인 찬양에 근거한 아프리카 민족주의는, 앞으로 예고된 대투쟁에서 자신을 사상적으로 무장시키는 데 충분치 않다고 생각하게 되었다. "나는 무엇을 위해서라기보다는 무엇에 대항하여 투쟁하는가를 더 잘 알고 있었다"[47] 마르크스주의자들과의 토론을 통해 만델라는 자신의 부족한 점을 인식하게 되었고, 무엇이든 확실하게 처리하는 그는 "마르크스Karl Heinrich Marx, 엥겔스Engels, 레닌Lenin, 스탈린Stalin, 마오쩌둥毛澤東과 그 밖의 인물들의 전집"을 구입했다. 계급 없는 사회를 꿈꾸며 『자본론』을 읽느라 그는 '녹초'가 되었으며, 주위 사람들은 병적인 굶주림에 시달리는 이 불운한 사람을 동정했다. 몇 가지 본질에서 만델라는 스스로 마르크스주의자라고 느꼈다. 그가 보기에 잉여가치이론은 광산 채굴에 대한 명쾌한 설명처럼 보였다. 그는 공산주의의 목표가 "공유에 기초한 공동체생활이라는

제1막 안티고네

면에서 전통적인 아프리카 사회와 가깝다"고 평가했다. 남아프리카 공산당에 입당할 생각은 단 한순간도 하지 않았지만 스스로 그들의 길동무이기를 바랐고 과거의 적대감을 버렸다.

공산주의로 개종하기에는 시기를 잘못 선택했다. 당국이 1950년 선포했던 공산주의 축출령Suppression of Communism Act은 부화되기도 전인 모든 정치적 반대세력을 짓밟는 장치였다. 만일 "공산주의 목표를 따르는 사람이 있다면" 10년형에 처해질 것이라는 문구는 마구잡이로 해석될 가능성을 열어놓았다. 모든 체제 반대자들은 그들이 스탈린주의자건, 트로츠키주의자건, 자유주의자건, 아프리카인이건, 인도인이건 혹은 컬러드건 간에 조만간 붉은 천을 쓰게 될 것이라는 것을 알고 있었다. 올리버 탐보는 환상을 갖지 않았다. "지금은 남아프리카 공산당 차례이다. 그러나 내일은 우리 모임들 즉 인도 회의와 아프리카 정치연합(APO, 즉 African Politicak Organization. 후에 African People's Organization으로 개칭된다. 컬러드의 권익을 위해 1902년 생성된 정치조직) 아프리카 국민회의의 차례가 될 것이다." 권력은 끊임없이 경직되어갔다. 경찰은 5월 1일 시위행렬에 발포했고 열여덟 명의 사망자를 냈다.

　최초의 시민 불복종 캠페인은 불신임 캠페인이라는 이름으로 1952년 6월 20일, 인도인과 흑인이 함께 주도해 시작될 예정이었다. 예정보다 4일 앞서, 만델라는 더번에서 만여 명의 청중 앞에서 연설했다. 그것은 황홀한 경험이었으며, 이때의 성공이 그에게 새로운 길을 열어주었다. 만델라는 선동적인 웅변가는 아니었지만, 사람들은 그의 친숙하고도 교훈을 주는 스타일을 높게 평가했다. 며칠 후, 그는 일제 단속에서 잡혔으며 마셜 스퀘어Marshall Square의 음습한 장소에서 이틀 밤을 보내야 했다. 이 또한 그에게는 최초의 경험이었다. 그는 간수들의 난폭함을 알게 되었다. 간수들 중 한 사람은, 치료도 받지 못하고 방치된 부상자를 위해 소리를 질렀다고 만델라의 정강이에 발길질을 했다. 만델라가 신체적으로 학대를 받은 것은 처음이었다.

　정부는 시민적 불복종을 "항의의 한 형태가 아니라 범죄"로 규정했다. 정부는 인도인과 아프리카인들이 공동의 전선을 펴는 것에 대해 아주 각별한 주의를 기울였다. 그것은 유색인 공동체의 분열과 적대감을 조장하는 그들의 정책이 실패했음을 보여주는 증거였기 때문이다. 도발과 위협이 가중되었다. 경찰은 아프리카 국민회의 안에 매수한 사람들을 잠입시켰다. 첫번째 구류 기간 동안 만델라는 유치장에서 이상한 사람들을 두 명이나 만났다. 한 사람은 모직 코트를 입고 실크 스카프를 하고 있었다. "도대체 누가 그런 복장으로 감옥에 온단 말인가?" 또 다른 사람은 사복을 입었지만 분명 군인이었다. 흑인공동체 내부에서조차 캠페인을 맹렬하게 비판했고, 몇몇 당원들은 공산주의자들의 영향과 아프리카 국민회의에 대한 인도인의 영향력을 비난했다.

마침내 정권은 전복을 시도한 지도자들을 잡아들이기로 결정한다. 공산주의 금지법 위반 혐의로 아프리카 국민회의의 수뇌부―의장인 모로카 박사, 서기장인 월터 시술루, 그리고 넬슨 만델라―가 여러 인도인 지도자들과 함께 체포되었다. 1952년 9월, 피고인 스물한 명에 대한 재판이 요하네스버그에서 열렸다. 그들의 결의를 보여줄 수 있는 절호의 기회였다. 재판은 순조롭게 시작되었다. 흑인 시위자들과 백인 자유주의자들로 이루어진 인파가 법정으로 몰려들었고 피고인들에게 박수를 보냈다. 그러나 소심한 모로카 박사는 마음속 깊이 잠재해 있는 반공산주의적 신념과 자신의 안위에 대한 걱정 때문에 동지들과의 연대를 저버리고, 자비로 개인 변호사를 선임함으로써 승리할 기회를 놓쳐버렸다. 아프리카 국민회의의 지도자이면서 전국에 걸쳐 시민적인 불복종을 설파했던 지도자가, 흑인과 백인 간의 평등은 허상일 뿐이라고 만방에 선언하기에 이른 것이다.

이에 만델라는 자신의 정치적 신념을 담은 최초의 글을 작성한다. 그는 '조직과 인민의 이득에 앞서 자신의 개인적인 이익을 추구하는 엄청난 죄'를 지은 모로카 박사를 비난했다.[48] 만델라는 이런 치명적인 죄를 절대로 범하지 않을 것이다. 판사는 피고인들에게 '통상적으로 인정되는 공산주의'가 아닌, '법이 규정한 공산주의'라는 죄목으로 유죄를 선고했다. 이로써 이 정직한 판사는 자신이 적용할 수밖에 없었던 법조문에 대해 조심스럽게 거리를 둘 수 있었다. 판사는 피고인들이 '당원들로 하여금 조용히 행동하고 어떠한 이유에서건 폭력은 피하도록 종용한 점'을 인정했다. 피고인들은 2년간의 집행유예와 함께 9개월간의 사회봉사를 선고했다. 공권력이 원했던 바와 비교하면 판결은 놀라울 정도로 '관대한' 것이었다.

불복종 캠페인이 공격을 가한 법령은 조금도 흔들리지 않았지만, 이미 예상되었던 이러한 실패가 거대한 성공으로 이어졌다. 아프리카 국민회의의 결속은 불쌍한 의장을 고립시키면서 더욱 강화되었고 얼마 되지 않아 십만 명의 당원을 거느리게 된 것이다. 이러한 경험에서 만델라는 몇 가지 교훈을 얻었다. 저항운동을 너무 길게 끄는 바람에 어느새 올이 저절로 풀려버렸다. 따라서 파업을 멈출 줄 알아야 한다. 또한 아프리카 국민회의에는 전업으로 일하는 당원이 없었다. 그러나 성공하기 위해서는 이러한 사람들이 필요하다. 마지막으로 감옥이 그의 개인적인 운명 속으로 들어왔다. 이제 감옥은 그와 분리될 수 없는 것이 되어버렸다. 이러한 저항운동 때문에 감옥에 가는 것은 아프리카인들에게는 하나의 명예가 되었다.[49] 따라서 그 논리적인 귀결은, 만델라가 자신에게 주어진 사명에 온전히 헌신해야 한다는 것이었다. "나는 변호사 직분을 수행하면서 동시에 저항운동을 조직하려고 했었다. 그러나 이제는 다르다. 그때의 우리는 아마추어였을 뿐이다."

만델라를 성숙시킨 사건은 소피아타운 거주민의 강제 이주였다. 이곳은 여러 인종이 섞여 거주했고,

요하네스버그의 변두리 지역으로서 중심가와도 가까웠기 때문에 당국에서 더욱 못마땅해하던 곳이다. 저항을 호소하면서 아프리카 국민회의는 신중하지 못한 슬로건을 하나 내놓았다. "우리를 밟고 지나가라." 만델라가 한 연설회에서 "흑인들은 힘을 사용할 준비가 되어 있어야 한다"고 격하게 말한 데 대해 아프리카 국민회의 지도부로부터 질책을 받았다. 당의 노선에 충실하기 위해서는 후퇴해야 했지만, 그렇다고 해서 그가 생각을 바꾼 것은 아니었다. 잔이 채워진 것이다! 에우리피데스Euripides의 메데이아Medeia에 등장하는 코러스는 묻는다. "수치심이 그를 물어뜯고 있는 지금, 이 불굴의 정신을 가진 숭고한 영혼은 어디까지 갈 수 있을 것인가?"

제2막

스파르타쿠스

> 지도자라고? 무슨 말을 하고 있는 것이냐?
> 흑인은 더 이상 지도자를 가질 수 없어.
> 스파르타쿠스는 로마가 아닌 다른 곳에서 쇠사슬을 끊었다.
> 라마르틴느, 「투생—루베르튀르Toussaint—Louverture」

비극 제2막의 커튼이 법정으로 출발하기를 기다리는 몇몇 흑인 지도자들 위로 올라간다. 갑자기 그들 가운데 한 명이 담요를 걸치고 신문을 둘둘 말아 칼처럼 들고, "먹이가 된 새는 적들을 가차 없이 죽인다"는 샤카Chaka를 기리는 시 한 편을 낭독하면서 성큼성큼 걸어간다. 그의 이름은 마사발라타 옝그와Masabalata Yengwa로서, 줄루족 노동자의 아들이고 나탈 지방을 담당하는 아프리카 국민회의 서기이다. 영감이 떠오른 이 시인 주변에서 함성이 터져 나왔다. 보통은 아주 조용한 루툴리Albert Luthuli 대장이 매우 흥분해 일어서시 "이 사람이 바로 샤카다!Ngu shaka lowo!"라며 소리를 내질렀다. 그러고 나서 루툴리는 춤을 추며 영웅의 영광을 노래하기 시작했다. 샤카

(1787~1828)는 군대의 전략과 편성까지도 바꾸어 놓은 나폴레옹 보나파르트Napoleon Bonaparte 같은 인물이다. "백병전으로 적을 괴멸시키기 위해서는" 먼저 적을 포위할 수 있는 반달 모양의 전열을 갖출 필요가 있었다. 이것은 수적인 우위를 가정한 것이다. 샤카도 연령별로 군대를 조직해 몇 달 동안 이러한 종류의 전투 훈련을 실시했다.

이러한 군사적 이상향이 두 세기에 걸쳐 지배를 받고 난 뒤에야 비로소 흑인들의 마음을 사로잡은 것일까? "이제 더는 코사족, 줄루족, 인도인, 아프리카인, 좌파와 우파 책임자들, 종교 혹은 정치 지도자들은 존재하지 않는다. 우리는 모두 우리의 역사, 문화, 조국, 민족에 대한 사랑으로 연결된 민족주의자들일 뿐이다. 매 순간, 무언가가 우리의 마음 아주 깊은 곳에서 꿈틀거리고 있다." 이 '무언가'를 우리는 알아냈다. 그것은 우리의 라마르세이예즈La Marseillaise 속에서도 울려 퍼지고 있다.

어떻게 변호사인 만델라가 압제를 끝내기 위해서는 법복이 아닌 칼을 잡아야 한다고 생각할 수 있었을까? 날로 악화하는 백인의 압제라는 아주 분명한 이유보다 더 깊은 곳에 내재하는 동기를 나는 알고 싶다. 그것은 인간 존엄성의 분출이며, 비인간적인 것과 마주할 때에야 비로소 드러나는 인간 본연의 비타협성이다. 자유, 평등, 우애라는 말은 현관 위에 새겨지기에 앞서 먼저 우리의 가슴속에 각인되었던 것이다.

아프리카 국민회의는 정중한 청원의 시대에는 용인될 수 있었지만, 이제 더는 겁에 질린 명사들의 클럽이 아니었다. 소심한 모로카 박사를 대신하여 알베르트 루툴리 대장이 1952년 조직회의 때 수장에 올랐다. 부족의 고관이자, 그리스도 재림론을 설파하는 전도사의 아들이며 전직 교수였던 그는 "아주 검은 피부에 함박웃음을 웃으며 겸손함과 깊이 있는 자신감까지 갖춘 건장한 남자"였다. 인내심이 많고 도덕의식이 투철한 그는, 해산이라는 다음 단계가 분명히 예정되어 있었을지라도 대담하고 평온하게 싸움을 이끌었다.

1952년 회의에서는 또 다른 결정이 비밀리에 이루어진다. 아프리카 국민회의와 인도 회의가 양측의 지도자들이 지속적으로 접촉할 수 있도록 비밀 조직을 만든 것이다. 넬슨 만델라는 '계획 M'을 수립하는 임무를 맡았다. 만델라는 게릴라, 즉 조직의 비밀 전투

조직의 책임자가 되었다. 만델라는 전국에서 흑인이나 인도인 당원들과 함께 비밀 회합을 가졌다. 그는 군사훈련 프로그램을 부관학교와 인민대학의 중간 수준 정도로 맞추려 했다. 만델라의 머릿속은 자신이 맡은 임무로 가득 차 있었다. 그는 운동선수처럼 스스로 훈련하고 다이어트까지 했으며, 적어도 내가 아는 한, "살을 빼야 하고 적게 먹을 수 있어야 하는" 감옥에서 주는 묽은 죽에 익숙해지려고 노력했던 유일한 야당 정치인이었다.[50] 이러한 감옥 다이어트에는 나쁜 버릇을 고치기 위해 엄마에게 간식을 금지당한 아이처럼 뭔가 측은한 면이 있었다. 나는 나의 영웅에게서 어린아이 같은 측면을 찾아내는 일이 잘못된 일이라고 생각하지 않는다. 한 노인이 놀라울 정도로 청년 같은 면모를 가질 수 있는 비결이 바로 그와 같은 점에 있는 것이다.

이후 그는 정치에 모든 것을 바쳤다. 직업이나 일이 아닌 공공선에 대한 지칠 줄 모르는 정열만이 그에게 남아 있었다. "정치란 운명적인 것"이라고 나폴레옹이 말한 바 있다. 그것은 분명 사실이지만, 개인의 빛나는 모험이 아니라 인민 전체의 운명과 관련된다는 조건하에서만 그렇다. 정치는 경력이 아니라 소명이며 다른 사람의 권리를 인정한다는 조건 아래 이루어지는 삶이다. 아리스토텔레스는 "인간은 벌이나 군집생활을 하는 다른 어떤 동물들보다도 더 사회적이고 공민적인 동물이다. 공통의 이해관계가 존재해야 하며, 그렇지 않다면 그들은 더는 공민이 아니다"라고 그의 저서『정치학Politics』에서 말했다. 모든 이를 위해 헌신하는 삶이 성공을 가져올지 실패를 가져올지, 즉 통치자의 권세를 얻게 될지 아니면 기간 당원으로서의 어두운 삶으로 그칠지는 중요하지 않다. 그런 삶을 선택한 사람은 주위로부터 항상 따스한 눈길을 받을 것이라고 기대해서는 안 된다.

정치를 최우선시하는 이러한 태도는 점점 더 그의 가정을 좀먹어갔다. 그는 밤늦게서야 오를란도에 있는 작은 '성냥갑 같은 집'에 들어갔다. 부부는 어려운 시련을 겪어야 했다. 그는 태어난 지 얼마 안 된 어린 딸을 잃었다. "에블린은 미칠 듯이 고통스러워했다. 내 자신의 고통을 조금이나마 줄이는 유일한 방법은 그녀의 고통을 덜어주려고 애쓰는 길뿐이었다." 부인은 늘 집에 없는 남편에 대해 점점 더 못 견뎌 했다. 그녀는 다양한 기독교 교파가 경쟁하던 남아프리카에서 강력히 퍼져나간 '여호와의 증인' 종파에 몸담았다. "이것은 삶에 대한 불만족에서 나온 결과인지도 모른다." 부인은 한 사람이 정치에 그 정도로까지 열광할 수 있다는 사실을 믿으려 하지 않았다. 그녀는 만델라가 거짓을 말하고 있으며, 그가 분명 다른 여성들을 만나고 다닌다고 생각했다. 부부는 두 아들의 교육에 대해서도 의견 대립이 심했다. 이미 아프리카 국민회의의 선구자가 된 템비와 둘째인 마카토Magkhato가 그들이다. "아내는 아이들이 목사가 되기를 바랐고, 나는 정치에 관심을 가져야 한다고 생각했다." 상황이 점점 더 걷잡을 수 없게 되자, 그들은 이혼 소송에 들어갔다.

공산주의자와 인도인에 대한 반감을 버린 만델라는 아파르트헤이트를 반대하는 모든 이들과 공통된 입장에 서게 되었다. 만델라는 백인 공산주의자가 초안을 잡은 「자유헌장」의 수정 작업에 참여했다. 1955년 6월 26일, 소웨토 부근의 한 운동장에서 열린 천여 명의 대표자 회의에서 헌장의 내용이 승인되었다. 이 시기에 만델라는 또다시 금지 처분을 받은 상태였기 때문에 회합에 참석할 수는 없었지만, 선포된 글을 작성하는 데 상당히 기여했다. "남아프리카는 백인이건 흑인이건 그곳에 사는 사람 모두의 것이다. 어떠한 정부건 그 정부가 인민의 의사에 기반하지 않는다면 그 권위를 오랫동안 정당화할 수 없다." 격렬한 토론 끝에 아프리카 국민회의에 의해 승인된 이 헌장은, 정부에 대해 이데올로기적으로 명확한 반대 입장을 취했다. "아프리카너 정부가 오로지 인종에만 근거한 권력을 강요하던 그 순간에 아프리카 국민회의는 인종주의를 부인하는 강령을 채택한 것이다."[51] 독자들은 반복해서 이루어지는 듯한 이러한 선언과 이 선언이 선포된 의도를 통해 투쟁의 기본 원칙들을 재확인할 수 있다. 바로 이 원칙들이, 아프리카 국민회의가 처음부터 인종적 광신주의와 백인들의 증오심에 반대해왔다는 증거임을 앞으로 있을 재판에서의 구두변론을 통해 확인하게 될 것이다.

지하생활자는 즉석에서 만들어지지 않는다. '계획 M'의 실행을 주장했던 당원들은, 공산주의 동료들이 양지에서 지하로 들어가면서 이미 오래전부터 체득한 경험을 아직 터득하지 못한 것이다. 그들의 대장부터가 그랬다. 만델라에 따르면, "정부의 강철주먹이 덮쳤을 때에도 그들은 대비하지 못하고 있었던" 것이다. 1956년 12월 5일 이른 아침, 이 '주먹'이 반란을 주도하는 변호사 집 문을 거칠게 두드렸다. 그는 갑작스러운 습격에 잠이 깬 아이들을 진정시키고, 경찰들이 체포 영장을 제시하자 잠깐 훑어보았다. "한 단어가 내 눈에 번쩍 띄었다. 반역죄Hogverraad." 법조인으로서 만델라는 그 단어가 무엇을 의미하는지 알고 있었다. 그는 그의, 예의 점잖은 표현들 가운데 하나를 써서 당시를 떠올렸다. "자신이 한 일이 정당하다는 것을 알고 있다 해도 자식들 앞에서 체포되는 것은 결코 기분 좋은 일이 아니다." 요하네스버그의 붉은 벽돌로 지어진 감옥, 마셜 스퀘어는 그가 4년 전 불복종 캠페인 때 며칠 밤을 보냈던 곳이다. 그는 거기서 몇몇 친구들과 재회했다. 그날 밤 넓은 그물망이 쳐져서 144명에 이르는 아프리카 국민회의와 인도 회의 연합의 흑인과 인도인 등 주요 책임자들이 철창에 갇히게 되었다.

    요하네스버그에서는 구속된 사람들이 시내 중심지에 있는 음산한 요새로 이송되었다. 그들은 단숨에 무엇이 자신들을 기다리고 있는지 알게 되었다. 간수들은 그들을 넓은 정원으로 데려가서 옷을 벗게 하고, 발가벗긴 채 벽을 보고 늘어서게 했다. 그러고는 '사람들이 대개 존경과 경의를 가지고 대하는 사제, 교수, 의사, 변호사, 상인, 나이 든 사람들'을 한 시간도 넘게 얼음장 같은 바람을 맞으며 벌벌 떨게 만들었다. 그 장면에 대한 이야기 속에서 만델라는 스스로는 의식하지 못하겠지만 작은 만족감 같은 것을 느꼈던 듯하다. "멋진 몸과 인상적인 체격이 리더가 되기 위해 필수적이라면, 나는 그러한 조건을 갖춘 사람이 거의 없다는 것을 알게 되었다." 그런데 자신이 바로 그러한 신체를 지녔다는 사실을 그가 몰랐을 리는 없으니 말이다. 2주 동안 항의 집회와 회합이 여기저기서 폭증했다. 시위자들이 내건 현수막에는 '우리는 우리의 지도자들과 함께한다'는 말이 씌어 있었다.

우리의 변호사는 교수형을 받아 마땅한 악당이라는 것이 분명했다. 그의 첫번째 요구 사항은 피고인을 격리하기 위해 쇠창살로 제작된 칸을 없애라는 것이었다. 변호사의 말을 빌리면, 피고인들을 '야만적인 동물처럼' 보이게 만든다는 이유에서이다. 이상하게 오늘날까지도 여전히 이탈리아에서 계속되고 있는, 이 시대에 뒤떨어진 관행이 그에게는 받아들일 수 없는 것으로 여겨졌다. "상징적인 면모 외에도, 창살 방은 그곳에 들어올 수 없는 변호사들과 우리가 대화를 나누지 못하도록 만든다." 창살을 없앤 뒤에야 재판이 시작될 수 있었다. 재판은 삼엄한 군사적인 감시를 받으며 진행되었다. 너무나 다행히도 피고인들은 투옥되지 않았다. 그들은 매일 아침 법정에 출두했다. 만델라는 이 시기에 대해 그리 나쁜 기억을 갖고 있는 것 같지는 않다. 커다란 반향을 일으키며 장기간에 걸쳐 이루어진 재판 과정, 법정 근처의 잔디밭 위에서 함께한 점심식사, 그리고 고발 죄목에 정정당당히 맞서기 위해 정교하게 고안된 현명한 전략들, 이 모든 것을 그는 아련하게 기억하고 있는 것이다. 죄목은 시민 불복종 캠페인, 소피아타운의 강제철거에 대한 저항 그리고 「자유헌장」의 작성과 관련된 것이었다.

평생 만델라의 친구로 남을 브람 피셔Bram Fischer와 베르농 베랑주Vernon Berrangé 같은, 유능하고 명성이 높은 변호사들로 꾸려진 변호인단이 변론을 맡아주었다. 검사는 법무부 장관과 국방부 장관을 지냈으며, 아파르트헤이트의 광적인 옹호자인, 그 가공할 오스왈드 피로우Oswald Pirow였다. 반공주의적인 강박관념에 사로잡힌 피로우는 한때 히틀러를 '자기 시대의 가장 위대한 인물'로 생각했다. 넬슨 만델라와 그의 동료들은 정부를 폭력으로 전복하고 공산주의 국가를 건설하기 위한 목적으로 전국적 규모에서 반역과 음모를 계획한 혐의로 기소되었다. 이러한 고발 내용은 다른 무엇보다도 「자유헌장」에 나오는 문구들이 '공산주의적인 성격'을 가지고 있다는 판단에 근거한 것이었다.

넬슨 만델라는 케이프 대학 정치학부장인 앤드류 머레이Andrew Murray가 내세운 '증거들'을 무위로 만들었던 방식에 관해, 법학자의 대단한 책략이었다고 설명했다. 베랑제는 머레이에게 관대하면서도 어렴풋이 사회주의적인 느낌이 나는 몇 문장을 읽어주고는, 이것이 공산주의자들에 의해 쓰인 것 같은지를 물었다. 신중하지 못하게도 베랑제는 추호도 그것을 의심하지 않았다. 그러나 그 문장들은 다니엘 말란과 에이브러햄 링컨Abraham Lincoln을 인용한 것이었다. 최후의 일격을 가하기 위해 변호사는 그에게 또 하나의 문장을 읽어주었다. 이 전문가는 주저하지 않고 '완벽한 공산주의'라고 생각했다. 그런데 이것은 그 자신이 쓴 기사들 가운데 한 부분을 요약한 것이었다. 교수는 치욕 속에서 물러났으며 변호는 '고소 조항을 부인하기 위한 세부적인 싸움'에 들어갔다.

1958년 10월 13일 검찰관은 고소를 취하한다고

선언했다. "우리를 기쁘게 해주기 위한 정부의 음흉한 책략을 우리는 너무나 잘 알고 있었다"고 만델라는 기록하고 있다.[52] 한 달 후에 그는 91명의 피고인들 가운데 아프리카 국민회의 성원으로만 이루어진 30명만이 재판을 받았고, 다른 사람들의 경우는 기소 중지되었다는 것을 알게 된다. 피고인에 대한 새로운 혐의 조항은 너무 피상적인 죄목인 '공산주의'는 떼어내고 곧바로 목표하는 바로 나아갔다. 검사에 따르면, 그들의 글과 논의가 "폭력에 의한 정부 전복을 필연적으로 함축하고 있다"는 것이다. 달리 말하면 재판은 단 하나의 목표, 카푸Capoue 전투사의 무장 반란을 지칭하는 역사가들이 사용하는 용어인 '노예 전쟁'을 막는 일밖에 없었다. 전쟁 준비는 두 방향으로 진행되었다. 백인 정권은 전제 정권이기에 가능한 온갖 무력 수단을 휘둘렀고 그것만으로는 만족하지 못하여 법과 질서의 옹호자라 자처했다. 백인 정권은 적들이 정식 절차를 거쳐 제거되기를 바랐다. 기소장의 단어가 무려 18,000개나 되었던 것이다! '가장 엄정한 법이 가장 부정한 법이다summum jus, summa injuria'(키케로Cicero의 말)라고 로마인들은 말했다. 불의는 법률만능주의가 승리를 거둔 곳에서 절정에 이른다는 이 말은 사실이다.

불의는 아파르트헤이트의 나라에 만연해 있었지만, 그 나라는 앵글로색슨Anglo-Saxon적인 법형식주의Legal Formalism의 천국이기도 했다. 재판의 예비 심사만 해도 거의 매일같이 심리가 이어지면서 1957년 한 해가 전부 소요되었다. 여전히 문제가 된 것은 피고인들이 최고 법정에 소환되어야 하는가를 결정하는 문제였다. 재판은 1959년 중반까지 계속된다. 만델라는 복잡한 재판 과정에서 상처를 받고 이 파란만장한 사건들에 진저리를 쳤다. 그러나 그는 재판의 목적을 가늠하고 동료들에게 설명했다. "나는 우리의 재판이 법적인 문제에 있어서 단순한 갈등 그 이상이라고 말해주었다. 그것은 힘의 시금석이었으며, 도덕적인 사상과 부도덕한 사상 사이의 갈등이었다."

내 생각에는 바로 그 지점에 논쟁의 핵심이 자리한다. 데스몬드 투투가 후일 쓰게 될 것처럼, "아파르트헤이트 시대에 남아프리카 백인들은 합법적인 것은 반드시 도덕적인 것이라고 일반적으로 생각하고 있었다. 우리가 부조리한 법에 순응하면 안 된다고 말하면 그들은 엄청나게 화를 냈다."[53] 본질적인 문제에서 의견의 충돌이 점점 더 커져갔다. 따라서 그

본질을 보장하는 틀은 아무런 하자가 없는 것이어야 했다. 법무부 장관은 "이 재판은 언젠가는 끝날 것이다. 아무리 많은 비용이 들고 아무리 많은 시간이 걸린다 해도 말이다!"라고 말했다. 사실상 대부분의 국민에 대해 독재정치를 실시하던 남아프리카공화국은 세계에 법치국가임을 증명하려 했다. 소련의 스탈린 정권이 '세상에서 가장 민주적인 나라'였던 것처럼 요하네스버그 재판은 우리가 상상할 수 있는 한 가장 세심한 재판이었다. 피고인들은 겉으로 보기에는 모든 보장을 다 받고 있었다. 또한 재판관들도 대부분 정부의 명령하에 있지는 않았다. 그러나 그들은 때로 어쩔 수 없이 법을 부당하게 적용할 수밖에 없었다. 군대와 경찰이 법정을 에워싼 가운데, 재판의 판결은 정권의 몫이었다.

아파르트헤이트의 전야가 시작되었다. 삼백만의 백인이 천삼백만의 아프리카인을 배제한, 악명 높은 총선거가 1958년 4월에 거행되었다. 선거 반대파의 참모는 "국민당은 떠나라!"는 아주 낙관적인 슬로건을 내세우며 3일간의 파업을 선포했다. 이 파업은 결국 흐지부지되고 말았고 주최 측은 현명하게도 파업 첫날 밤에 파업을 철회했다. 만델라는 첫날부터의 취소는 제한적인 실패라고 논평했다. 만일 세번째 날을 기다렸다면 상황은 완전히 대실패였을 것이다. 만델라는 사람들의 노동을 방해하는 파업 현장 감시반을 가동시키는 전략에 대해 의문을 가졌다. 그는 이러한 방법을 좋아하지 않았기 때문에 반대했다. "아프리카 국민회의는 피난처가 되어야지, 감옥이 되어서는 안 된다"는 것이다. 그러나 만델라는 자신의 어조를 조절했으며 때로는 다수파가 소수 반대파에 대해 강제권을 발동할 수 있다고 생각했다. 그는 환상을 품지 않았고 결코 결백주의자도 아니었다. 그는 언젠가는 자신의 형제들과 싸워야 할 날이 올 것이라고 예견했던 것일까?

예비 심사가 진행되는 가운데 중형을 선고받을 수도 있는 막대한 위험 속에서, 피고인에 따르면 '만델라와 탐보 사무소가 악화일로로 치닫는' 와중에 이러한 암울한 분위기가 갑자기 걷히기 시작했다. 싸움도 없고 역정을 부리는 일도 없이 만델라가 에블린과 이혼하고 몇 달이 지난 어느 날, 재판이 잠시 중단되었을 때의 일이다. 만델라는 차를 타고 요하네스버그에 있는 흑인을 위한 대형 병원 앞을 지나갔다. "나는 버스를 기다리는 아주 예쁜 아가씨를 곁눈으로 보았다." 차를 돌리고 싶은 생각이 들 정도로 만델라는 그녀의 아름다움에 강한 인상을 받았다. 몇 주 후 담보 사무소로 들어가면서 그는 그녀와 다시 마주친다. 그녀의 이름은 놈자모 위니프레드 마디키젤라 Nomzamo Winnifred Madikizela였고, 친구들은 그녀를 간단히 위니라고 불렀다. 위니는 병원에서 흑인으로는 최초로 사회복지사로 일했다. 그는 흑인들도 출입이 가능한 한 인도 식당으로 그녀를 데려갔다. "나는 첫눈에 사랑 같은 감정이 찾아올 수 있다는 사실을 믿지 않았는데, 위니 놈자모를 본 바로 그 순간 그녀를 내 아내로 맞이하고 싶다고 확신했다." 만델라가 잘 모르는 듯하다. 이러한 상황을 두고 바로 첫눈에 반했다고 하는 것이다.

놈자모는 '싸우는 여인'이라는 뜻이다. 눈부시게 아름다우면서도 호전적인 이 아마조네스보다 더 그 이름에 걸맞은 사람은 없으리라. 그녀의 조부는 트란스케이에 정착한 나탈의 강력한 우두머리였다. 사랑에 빠졌지만 정직한 만델라는 그녀에게 솔직하게 상황을 털어놓았다. 그녀는 장미꽃이 뿌려진 길을 기대할 수는 없었다. 법률사무소는 곧 파산할 것이고 변호사는 감옥에 갈 판이었다. 그러나 만델라는 그녀에게 청혼했다. 그녀는 단 한순간도 망설이지 않았다. 전투는 그녀의 본령이었고 용기는 그녀가 갖춘 자질 중 하나였으며, 무엇보다도 그녀는 만델라를 사랑했다. 만델라의 기억 속에서 이 마법 같은 고백은 시들지 않았다. "그녀의 지성, 열정, 젊음, 용기, 고집, 빛나는 눈, 나는 그녀를 본 순간에 그것을 느꼈다." 결혼은 약혼녀의 마을에서 6월에 치러졌고 약혼자는 도착 신고를 하기 위해 곧바로 경찰서에 갔다. 장인은 이 결혼을 기뻐하지 않았다. 결혼식 연설에서 그는 딸에게, 그녀가 '싸움과 혼인한 남자'와 결혼하는 것이라고 말했다. 그는 "네 남편이 마술사라면 너는 마녀가 되어야 한다"고 결론을 맺었다.

  기묘한 예지력이었다. 고대 비극에서 '싸우는 여인'은 안티고네와 클리템네스트라Clytemnestra의 중간 정도 되는 모호한 사람일 것이다. 그녀에게 코러스는 이러한 노래를 불러준다. "네 영혼은 무모하고 네 말은 거만하다." 그녀의 남편은 그녀가 무엇을 하든 단 한 번도 그녀를 비난하지 않을 것이다. 만델라는 그들이 사랑했던 것을 태워 없애는 사람이 아니었다. 1958년 2월 위니는 딸을 낳는다. 아이의 이름은 제나니Zenani로 지었는데, 이는 "너는 세상에 무엇을 가져왔느냐?"라는 뜻이다. 그들은 앞으로 이 아이를 제니라고 줄여 부른다. 이름이란 그저 달고 다니는 것이 아니라 그 이름에 어울리는 삶을 살도록 강요한다. '문제를 일으키는 사람'과 '싸우는 여인' 역시 자신들의 이름에 어울리는 사람이 되도록 애썼다. 귀족의 의무라는 것이 있듯, 아프리카도 아프리카답게 처신한다.

신혼여행 다음 날, 만델라는 다시 법정으로 돌아갔다. 진정한 재판이 마침내 1958년 8월 3일, 즉 피고인들을 체포하고 난 뒤 2년 8개월 후에 시작되었다! 검찰당국은 아프리카 국민회의의 호전적인 의도를 수백 장에 걸쳐 증명하기 위해 필사적인 노력을 기울였다. 때로는, 제대로 된 교육을 받지 못했기 때문에 토론 참가자들의 말을 이해하지 못하는 공안부 소속의 흑인 잠입 경찰들이 작성한 회합에 관한 보고서를 증거로 내세우기도 했다. 그들의 어리석은 말은 피고인들 사이에서 주고받는 농담 재료 가운데 하나가 되었다. 검찰관은 트랜스바알에서 아프리카 국민회의 지도자들 가운데 한 명이 행한 연설을 은밀히 녹화한 증거물을 의기양양하게 내놓기도 했다. 만델라가 보기에도 연설자는 필요 이상으로 너무 지나치게 말했다. "당신이 훈련 받은 사람이라고 가정해봅시다. 만일 조직이 당신에게 폭력을 쓰면 안 된다고 한다면, 폭력을 쓰면 안 됩니다. 그러나 누군가 당신에게 폭력을 쓰라고 명령을 내렸다면 그 명령에 따라야 합니다." 변호인단은 이 불행한 문구가 훈련의 필연성에 대한 호소 이상이 아니라고 주장했고, 판사도 이러한 주장에 동조했다. 무시무시한 피로우 검사가 죽었다. 그가 죽은 후로는 기소의 폭력성과 효율성이 줄어들었다. 그러나 만델라는 그의 갑작스러운 죽음을 반가워하기보다는 애도했다. 피로우는 자신이 몸담은 정부의 인종주의에 동조하지 않는 관대한 사람이었으며, 우리 아프리카인들에 대해서 예의 바르게 이야기했기 때문이다.[54]

1960년 3월 드디어 피고인들에게 발언할 기회가 주어졌다. 뛰어난 흑인 의사인 윌슨 콘코Wilson Conco 박사는 증인석에 서서 매우 좋은 인상을 남겼다. 증인과 같은 줄루 지역 출신의, 정직한 케네디Kennedy 판사는 동향에서 이 정도의 '토착민'이 배출된 데 대해 자랑스러움을 감추지 못했다. 그는 "우리 줄루인은 다 저렇다!Sinjalo thina maZoulou"라고 작은 소리로 말했다. 바로 여기서 이 이상한 나라의 모순이 드러난다. 즉 성경이 그릇된 충고를 하며 악마가 선善한 신의 친구인 나라. 그리고 『울어라, 사랑하는 조국아』에서 그려지듯 선의지를 지닌 법관이 "사회가 결함이 있다는 이유로 판사가 법을 왜곡해서는 안 된다. (중략) 적용되어야 할 현행법은 존재한다. 그것을 존중하게 만드는 것이 판사의 신성한 의무이다"[55]라고 주장하며 부조리를 보증하는 나라! 아프리카 국민회의 의장인 루툴리 대장이 변론문을 낭독했다. 그의 강직함, 엄정함과 위엄이 강인한 인상을 남겼다. 그에 대한 반대심문이 3주간 계속되었다. 만델라는 "독실한 기독교인인 그는, 아프리카 국민회의가 얼마나 진정으로 인종 간의 화합을 바라고 있는지를 설명하는 데 이상적인 인물이었다"라고 기록했다. 그는 인간 본연의 선함을 믿었으며, 인간과 민족은 공격을 받으면 방어하기 위해 힘을 행사할 권리가 있다고 지적하며 남아프리카 백인들의 마음도 바뀔 수 있을 것이라고 주장했다. 마지막으로 넬슨 만델라가 "3년간의 침묵과 금지, 정신적인 유배 생활 끝에" 자신의 뜻을 자유롭게 개진할 기회를 허락받았다. 그는 자신의 동지들처럼 아프리카 국민회의는 비폭력을 채택하고 있다고 단언했다. 그러나 비록 이 점에서 달리 표현하지 않았다 해도, 루툴리 대장이 아프리카너의 회개에 관해 갖고 있는 기독교적인 낙관론을 만델라가 공유하고 있지 않다는 것을 우리는 안다. 그는 또한 자신이 공산주의자가 아니라는 사실을 밝히면서도, 타고난 기품 있는 태도로, 당원들 간의 연대감을 약화시키기를 거부했다. "나는 주저하지 않고 공산주의자들이 우리에게 보내준 놀라운 지지를 재확인하는 바이다."[56]

반역죄 재판은 우여곡절 끝에 1961년 3월 29일에 종결된다. 법정은 아프리카 국민회의가 '근본적으로 상이한 국가 형태'를 세우고자 했고, 이를 위해 '불법적인 방법'을 사용했음을 인정하면서도, 검찰당국이 제기한 주요 고발 내용은 받아들이기를 거부했다. "법정에 제시된 모든 증거에 따르면, 본 법정은 아프리카 국민회의가 국가에 대해 직접적인 폭력 행위를 저지르도록 대중을 선동하고, 그러한 조건을 조성했다는 의미에서 국가를 폭력적인 방식으로 전복하기 위한 정책을 획득하고 채택했다는 결론을 내릴 수 없다." 만델라는 법정이야말로 '아프리카인 하나하나의 목소리까지 공평하게 들어주는, 남아프리카에서는 아마도 유일한 장소'일 것이라고 지적했다. 그것은 사실이다. 그러나 역사는 이미 오래전에 정의를 혼란에 빠뜨렸다. 마침내 정의가 선포되는 그 순간 모든 피고인들은 행정부의 독단적인 결정에 따라 감옥에 남았다. 이 '올바르고 정의로운' 판결문이 낭독되는 법정 밖에서 남아프리카는 환호했다.

1959년 8개의 분리된 반투스탄을 만드는 법안인 반투 자치정부안Bantu Self Government Act을 제정함으로써 화약고에 불을 당긴 것은, 잘 알려져 있다시피 백인 정권이었다. "누구도 고의로 심술궂게 구는 것은 아니다"라고 데카르트는 말했다. 아프리카너들은 남아프리카 인구의 70퍼센트를 영토의 13퍼센트에 몰아넣는 결정을 하면서 어느 누구도 고약한 짓을 했다고 생각하지 않았다. 그들은 오히려 흑인들에게 각별한 은혜를 베풀었다고 생각했다. 네덜란드 개신교는 이 조치를 지지했다. 교회의 입장에서는 도시가 부도덕과 타락의 장소이기 때문이다. 헨드릭 페르부르트는, 반투스탄은 흑인을 더는 반란을 일으킬 생각조차 못할 정도로 행복하게 만들어줄 것이라고 진심으로 말했다. 정치적 삶이 내게 가르쳐준 바에 따르면, 반대자의 입장은 그것이 아무리 우리에게 터무니없고 비논리적인 것처럼 보인다 해도, 종종 진심 어린 지지를 받는다.

반투스탄에 의해 시작된 '위대한 아파르트헤이트 grand apartheid'는 조화로운 '개별적인 발전'을 보장하기는커녕 온 나라를 불과 피에 휩싸이게 만들었다. 농촌 지역은 들끓기 시작했고 성난 시위자들은 여당 당원들을 살해했다. 정부는 거친 반응을 보였으며 특히 템부란드Thembuland와 줄루란드Zululand 지역에서 학대를 동반한 체포가 줄을 이었다. 세쿠쿠누랜드Sekhukhunuland에서는 주민들이 세금 파업을 해서 공개적인 반란에 들어갔다. 트란스케이에서는 만델라의 조카인 마탄지마K. D. Matanzima가 만델라의 결혼을 탐탁지 않게 여긴 위니 아버지의 지원을 받아 집권하게 되었다. 아버지와 남편이 서로 대립하는 난국에 처한 젊은 여인은 주저 없이 아프리카 국민회의에 가입했다. 그녀는 통행증에 대한 여성들의 반대시위에 참여한 죄로 경찰서의 감옥과 인연을 맺는다. 어디를 가더라도 흑인이라면 제시하도록 요구되는 이 치욕스러운 문서는, 그들의 분노를 자극하는 무시할 수 없는 부분을 차지했다.

만델라에 따르면, 나라의 분위기는 음울했다. 정부는 단체를 금지했고 장관들은 아프리카 국민회의에 곧 맨손으로 그들을 분쇄하겠다고 경고했다.[57] 따라서 행동의 통일성이 그 어느 때보다도 필요했지만 아프리카 국민회의는 분열되었다. 만델라도 한때 동조했던 '아프리카주의자'들은 아프리카성African personality을 극단적으로 강조함으로써 다른 사상에 대해서는 무조건적으로 거부하는 태도를 보인다. 이 시기는 은크루마Nkrumah가 가나에서 아프리카성을 찬양하는 시대였다. 카부르Cavour는 이탈리아의 통일이라는 목표를 정하며 "이탈리아는 스스로 만들어질 것"이라고 말했다. 아프리카 또한 스스로, 자신만의 수단을 가지고 해방되어야 한다. 공산주의자들의 목적은 또 다르기 때문에, 아프리카는 페스트 같은 그들을 경계해야 한다.

아프리카 국민회의에서 민족적인 배타주의가 득세할 수 없게 되자, 아프리카주의자들은 1959년 4월에 범아프리카 회의Pan-Africanist Congress(PAC)라는 새로운 정당을 만들었다. 당수인 로버트 소부쿼Robert Maugatiso Sobukwe는 서른다섯 살로 만델라보다 여섯 살 어렸고, 만델라를 존경하고 따랐다. 그는 농민 출신의 대학교수로 『맥베스』를 줄루어로 번역했고 사람들은 그를 '선생'이라 불렀다. 그는 '특권적인 지위를 점하는 집단은 절대로 스스로 그것을 포기하지 않기' 때문에, 백인들은 흑인이 내세우는 대의명분에 진심으로 동조할 수 없다고 확신했다. 새로운 정당의 강령은 더할 나위 없이 분명했다. "아프리카인은 그들 나라의 경계 안에 다른 민족의 존재를 용인하지 않을 것이다."[58] 보다 개인적인 비난들이 만델라에게 쏟아졌다. 사람들은 그의 생활 방식을 헐뜯으며 말했다. "만델라와 그의 친구들은 흑인 해방을 위해 현장으로 가서 싸우지 않고 요하네스버그의 다인종 파티에서 백인 여성들과 춤을 춘다." 이러한 불만의 이면에는 '계급적인 비난'이 숨어 있다. 족장의 아들은 민중운동을 이끌기에는 지나치게 부르주아적이고 너무 지적이지 않은가? 당시 유럽의 대학에서는 마오주의에 경도된 학생들이 출신적 특권을 용서받고 민중 속으로 녹아들어가기 위해 최선을 다하며 때로는 공장 노동자, 때로는 농민이 되기까지 했던 시절이었다.

  백인 정권은 적들 사이에서 벌어지는 갈등을 기분 좋게 관망했다. 워싱턴에서는 신세대 반공주의를 높이 평가했다. 범아프리카 회의는 당원의 수도 많았고 그들은 모두 용감했다. 만델라는 그들의 용기에 경의를 표했다. 그러나 안타깝게도 엄청난 결점이 존재했다. 만델라는 이성을 가지고 극단주의자들에 대해 그들의 민중 선동 정책과 정치 강령의 비일관성을 비판하고 그것을 아마추어리즘과 기회주의로 규정했다. 아프리카주의자들은 그들의 순진한 열정 속에서 다음과 같이 선언하기에 이르렀다. "1960년 우리는 자유와 독립을 향한 첫번째 단계를 밟을 것이며 1963년에 최후의 단계에 이를 것이다." 명문화되어 있지도 않고 지키기도 어렵지만, 정치 생활의 소중한 규칙 가운데 하나가 바로 이데올로기적인, 전술적인 분쟁이 개인적인 반감으로 바뀌지 않도록 하라는 것이다. 만델라는 이 점에서 훌륭하다. 그는 반투스탄의 지지자인 조카와 다투는 것을 피한 것처럼, '선생'과도 좋은 관계를 유지한 것이다.

흑인들 사이의 분열은 결국에는 일어나고야 말 일이었던 하나의 드라마를 재촉했다. 아프리카 국민회의를 재빨리 공략하기 위해, 범아프리카 회의는 아프리카 국민회의가 의결한 것보다 열흘 앞서 통행증에 반대하는 캠페인을 벌이기 시작했고, 경솔하게도 "모든 도시와 농촌에서 대규모로 통행증을 반납하고 체포되자"고 촉구했다. 이러한 호소는 처음에는 별다른 반향을 얻지 못하는 듯했다. 그러나 범아프리카 회의는 요하네스버그에서 남쪽으로 50킬로미터 정도 떨어진 샤프빌Sharpeville이라는 작은 마을에서 대규모 집회를 열었다. 1960년 3월 21일 이른 오후, 만 명 정도 되는 시위자들이 경찰서로 몰려가자, 75명의 지역 경찰들은 공포에 휩싸여 총기를 난사했고 두려움에 물러서는 대중을 향해 계속해서 방아쇠를 당겼다. 67명이 사망하고 400명이 부상했으며 수십 명의 여성과 아이들이 그 속에 포함되어 있었다.

샤프빌 학살은 남아프리카 현대사에서 결정적인 전환을 몰고 온 사건이다. 이 사건은 전 세계를 경악하게 만들었고, 백인 지도자들의 호언장담으로 가려졌던 남아프리카의 실제 상황에 대해 인식하게 해주었다. 그들의 최고 우방인 미국 국무부조차 미국 흑인에게 큰 충격을 준 이 학살 사태에 대해 항의했다. 반아파르트헤이트 투쟁가로서 범아프리카 회의와 연대를 끊기란 불가능했다. 이러한 분위기에서 범아프리카 회의는 아프리카 국민회의보다 더 적극적으로 투쟁을 실천에 옮겼고, 아프리카 국민회의가 빠른 속도로 주변화할 우려가 있었기 때문이다. 만델라와 공산주의자인 조 슬로보를 포함한 다른 몇몇 지도자들은 밤을 새우며 어떻게 대응해야 할지를 논의했다.

"어떤 식으로든 우리가 이 사건을 인정해야 하며, 민중에게 분노와 슬픔을 표현할 수단을 주어야 한다는 것을 알고 있었다."[59] 선수를 빼앗기지 않기 위해서 획기적인 조치가 필요했다.

만델라는 처음에는 정부가 양보할 것이라고 믿고 앤서니 샘슨Anthony Sampson[3]에게 낙관적 전망을 이야기한 듯하다.[60] 3월 28일 경찰은 통행증 미 소지자에 대한 체포는 더는 없을 것이라고 발표했다. '애도와 항의의 날'에 아프리카 국민회의 지도자들은 루툴리 대장부터 시작해 자신들의 통행증을 대중 앞에서 불태웠다. 국가에 대한 이 전례 없는 도전의 현장을 찍은 사진들이 전 세계를 순회했다. 수십만의 아프리카인들이 자신들의 지도자들이 보인 예를 좇았다. 폭동이 일어났고 케이프에는 오만 명이 모였다. 정부는 긴급사태를 선포했고 전국에 계엄령을 내렸다. 3월 30일 새벽 1시 30분, 만델라는 현관을 거칠게 두드리는 소리에 잠을 깼다. 그는 그것이 무엇을 의미하는지 알고 있었다. 관내 경찰서에서 일제 단속에 걸린 사람들을 음습하고 비좁은 곳에 몰아넣고 세워두었다. 그러고는 먹을 것도 주지 않고 다음 날 밤, 해충이 득실대는 덮을 거리를 겨우 몇 개 제공했다. 자정경에는 어이없게도 활짝 열어젖힌 감옥 문으로 그들을 끌고 갔다. 그들은 긴급사태를 선포하기 몇 시간 전에 체포되었으며, 따라서 그들의 체포는 아무런 법적 근거가 없는 것이었다. 아무리 법도 없는 국가라 해도, 남아프리카는 명목상 법치국가였고 따라서 그들은 석방되어야 했다. 경찰들은 그들을 밖에서 기다렸고, 채 두 걸음도 걷지 않고 다가와서는 다음과 같은 영장을 읽었다. "나는 긴급사태가 부여한 권한으로 당신들을 체포합니다."

반역죄 재판이 아직 끝나지 않은 상황에서 그들은 프리토리아로 끌려갔다. 그런데도 그들은 수감 여부에 상관없이 판사들 앞에 계속해서 출두해야 했다. 이러한 의무는 완전히 정부의 손에 달려 있는 국가사범에게 있어서 거의 말도 안 되는 상황이긴 했지만 거부할 방법은 없었다. 재판이 속개되었을 때, 법정은 왜 공술을 계속해야 하는 루툴리 대장이 출석하지 않았느냐고 물었다. 그는 전날 밤 체포되었고 나이와 지위에도 불구하고 한 순경에게 학대당하고 있었다. 만델라는 그 소식을 듣고 소스라치게 놀랐다. "지고한 품위를 갖추었고 아주 신실한 기독교인인 이 비할 데 없는 사람을, 심장이 나쁜데도 불구하고 그의 신발 끈도 매어줄 자격이 없는 사람들이 사육장의 동물처럼 대하다니."[61] 전국에 걸쳐 2천 명이 넘는 사람들이, 남성이건 여성이건 어떤 인종이건 간에 반아파르트헤이트운동에 참여하는 사람이면 누구나 같은 운명을 겪었다. 드디어 폭력과 호전적인 기획에 대한 법률적인 궤변은 멀리 사라졌다. 정부는 겁을 먹었고 공격적으로 돌변했다. 아프리카 국민회의와 범아프리카 회의는 4월 8일 불법 집단으로 규정되었다. 앞으로 30년 동안 이 규정은 효력을 지닐 것이다. 이후로 이 정당들이 내세운 목적을 따르는 사람이 있으면 10년형에 처해질 것이다. 군대는 경계 태세에 들어갔고, 영토 내 거점들이 감시되고 예비군이 소집되었다. 노예 전쟁이 시작된 것이다.

아파르트헤이트에 대한 저항세력은 지하 5층 건물에 위치한 가로 2미터, 세로 3미터의 '더럽고, 빛도 거의 들어오지 않고 공기는 더욱 나쁜' 감방에서 노예 취급을 받았다. 늘 중시하는 존엄성의 이름으로, 만델라는 끔찍한 정도가 덜한 생활 조건을 요구하는 그들의 대변인이 되었다. 피부색과 관련된 미묘한 구분은 다른 곳에서보다 감옥에서 훨씬 더 우스꽝스러웠다. 인도인들은 일반 식단보다 빵 100그램과 설탕

반 숟가락을 더 받았다. 피부색의 논리를 기괴할 정도로 밀고 나가기 위해 백인 수감자들은 흰 빵과 흰 설탕을, 컬러드는 갈색 설탕과 검은 빵을 받았다. 모든 사람들이 형편없는 음식에 대해 불평했으며 그 부당함을 법정에 호소하며 법정이 권리를 인정해줄 것을 기대했다. 가히 법률만능주의라고 할 정도였다. 정도 면에서는 앵글로색슨인들을 능가했다.

넬슨 만델라는 자신과 동료들이 감옥에서도 법적 권리를 유지할 수 있어야 한다는 것을 원칙으로 제시했다. 인간의 존엄성은 양도할 수 없는 것이고 시효가 정해져 있지도 않기 때문이다. 남아프리카 정권은 야만적이기는 하지만, 전체주의적인 체제와는 달리 이러한 권리를 공식적으로 내세웠다. 몇몇 백인들은 보다 멀리 나갔다. '타인의 결핍에 예민했던' 사람인 베커Bekker 판사의 부인은 긴급사태 중에 수감자들의 급식을 위한 모금 활동을 조직했다. 이는 당시에 벌어진 여러 기이한 일들 가운데 하나일 뿐이다. 실제로 만델라는 주말마다 요하네스버그에 가도록 허가를 받았다.[62] 비록 그가 시국사범이라 해도 변호사 사무소 일을 정리하는 것은 권리이자 의무이기조차 했다. 또한 올리버 탐보가 비밀리에 남아프리카를 떠났고,

제2막 스파르타쿠스

사무실을 인수한 사람이 이 도주로 인해 벌금을 물게 해서는 안 되기 때문이다. 매주 죄수는 차가운 귀리죽을 팽개쳐버리고 조끼까지 갖추어 양복을 입은 고명한 변호사가 되었다. 남아프리카에서 카프카Franz Kafka와 쿠르틀린Georges Courteline은 사이가 좋았다.⁴

수감자들은 1960년의 상황, 즉 토네이도와 같은 해방의 바람이 유럽 국가들의 식민와 보호령을 강타한 데 근거하여 일종의 낙관론을 지니고 있었다. 앤서니 샘슨에 따르면, '아프리카!'는 들끓는 대륙을 하나로 연대시키는 함성이 되었고, 태어난 아기들은 은크루마Kwame Nkrumah⁵와 케냐타Jomo Kenyatta⁶를 기리기 위해 크와메나 조모Kwame ou Jomo라는 세례명을 갖게 되었다.⁽⁶³⁾ 1960년 크리스마스에 만델라와 위니는 코사족의 한 시인을 기려 둘째 딸을 찐지스와Zindziswa라고 이름 붙이고 줄여서 찐지Zindzi라고 불렀다. 가장 고무적인 신호는 런던에서 왔다. 영국 총리인 해럴드 맥밀런Harold Macmillan이 아파르트헤이트의 반대자들과 마음을 같이한 것이다. 그는 '새로운 바람'에 대해 언급하기도 했고, '게으른 하마가 깨어났다'는 것을 깨달은 듯했다. 아프리카 일주 중에 맥밀런은 아프리카너들의 공화국을 방문하고, 필요한 정도로 신중함을 지키면서도 그들의 정책에 대한 자신의 견해를 모르고 지나치도록 하지는 않았다.

  법정에서 만델라는 자신의 사상, 동기, 사고의 진전에 대해 훌륭한 진술을 했다. 그의 정치적 범주와 포부가 이 정도로 확고히 표현된 적은 없었다. 그는 다인종주의로의 전향을 설명하고 자신은 인민민주주의 사회에서처럼 계급 없는 사회를 꿈꾸지만, 이러한 목표는 남아프리카에서는 거의 비현실적인 것이라고 털어놓았다. "당신은 공산주의자였습니까?"라고 그의 변호사가 물었다. 만델라는 만일 그 질문이 남아프리카 공산당에의 입당이나 마르크스, 엥겔스, 레닌과 스탈린의 이론에 대한 애착을 의미한다면 그렇지 않다고 대답했다.[64] 이것은 사실이다. 그렇지만 이 시기에 중앙위원회 의원이었던 벤 터록Ben Turok은 "그가 우리 당 사람은 아니지만 우리와 아주 가까웠다"고 말했다. 어쨌든, "남아프리카에 붙어다니는 공산주의에 대한 아주 특별한 이 강박관념은 문제의 의미를 왜곡시킨다."[65] 피고인은 그가 상대하는 체제의 비위를 전혀 맞추지 못했다. 만델라에게 있어 이 체제는 그저 순수하게 '파시즘'일 뿐이며, 정부는 주저하지 않고 수백 명의 아프리카인을 학살할 것이었다.

안타깝게도 그는 정확히 파악했다! 적어도 만델라는 자신의 주장을 접고 법정과 타협하려 하지는 않았다. 재판정 앞에서 자유의 투사는 전술가가 되었다. 계엄령이 해제될 것으로 예상되는 시기까지 재판을 연장시키기 위해 그와 동료들이 갖은 수완을 발휘하는 내용을 만델라의 회상록에서 읽을 수 있다. 피고인 각자는 증인으로 자신의 동료 피고인을 거명할 권리를 갖고 있었기 때문에 모든 사람들이 교대로 끝없이 줄을 지어 법정에 나갔다. "이 전술은 아주 재미있었다"고 만델라는 조롱하듯 평했다.[66]

판사들은 마침내 평결을 내렸다. 그들은 검찰이, 아프리카 국민회의가 공산주의 집단이며 폭력 사태를 도발했다는 것을 증명하지 못했다고 인정했다. 만델라는 "판사들은 그들이 가진 편견, 교육, 과거를 뛰어넘었다. 인간 속에 내재한 선한 본성의 빛은 감출 수도 묻어둘 수도 있으나, 예상치 않게 불쑥 튀어나올 수도 있는 것"이라고 적고 있다.[67] 그것은 선함이었을까, 아니면 아주 단순히 명석함이나 직업적인 양심이었을까? 수년 후, '진실과 화해 위원회Truth and Reconciliation Commission'가 가동되었을 때, 고위급 출신의 법관 다섯 명이 "아파르트헤이트는 내재적으로나 실제 적용된 방식으로나 인간의 권리에 대한 심각한 위반이었다"고 인정했다.[68] 그들의 이러한 발견을 어떻게 믿을 수 있을까? 어쨌든 사법기관에 의해 부인되고 모욕당한 백인 정권은 이 사건에서 교훈을 얻었다. "정권은 테러리스트를 보호하고 죄수에게도 권리를 보장해주는, 소위 법률적인 미묘함을 더는 존중하지 않을 것이다."[69] 이 예상치 못한 선고가 있던 날 밤, 동지들은 파티를 벌이며 기뻐했지만, 만델라는 경찰이 급습할지도 모른다는 생각에 자동차가 지나갈 때마다 소스라치게 놀라며 낯선 침대에서 밤새 뒤척였다. 그리고 그 다음 날 아침부터 만델라의 지하생활이 시작되었다. 흑인은 변장하기 쉽다며 익살스레 자화자찬을 하면서 말이다. 그들은 따로 적응할 필요가 없었다. 아파르트헤이트 치하에서는 무엇도 믿을 수 없었기 때문에 그렇게 사는 것이나 '숨어서 사는 것이나 크게 다르지 않았'기 때문이다. 그래도 그의 일상생활이 달라지긴 했다. 이제는 뱃속에 두려움을 담고 있지도 않았고 내일에 대한 불안도 없었다. "나는 야행성이 되었다. 낮에는 내 피신처에서 머물고 밤이 되야만 일하러 나간다. 도피자의 생활이 시작되었다. 우리 체제 저항자들은 끊임없이 옮겨 다니며 밤에는 아무 데서나 잤다." "사랑에 관해서라면, 오, 사랑에 대해서라면 더 이상 얘기하지 마시오! 나는 딱딱한 곳이라면 어디서나 잤다오"라고 소포클레스의 『아이아스』에서 트로이 포위군들 가운데 한 사람이 말했다. 그러나 이 생사를 건 모험 속에는 어둠의 병사가 경탄할 만한 게임 같은 부분이 있었다. "나는 당국에 아주 해롭게, 그리고 사람들이 재미있도록 여기저기에서 나타났다." 어느 날 요하네스버그에서 만델라는 운전기사로 변장하기 위해 긴 망토를 입고 그 직업을 가진 사람들이 쓰는 모자를 썼다. 흑인 경찰관이 다가왔을 때 그는 길을 잃은 척 했다. 그러자 그 경찰은 만델라에게 수갑을 내놓지 않고, 미소를 지으며 엄지손가락을 들어 보이고는, 아프리카 국민회의의 당원이라는 신호를 했다. 물론, 만델라 혼자 이런 위험스러운 이중 게임을 하는 것이 아니었다. 만델라의 동료들 가운데 한 명은 위니에게, 자신들이 적에 맞서 어떤 준비를 하고 있는지에 대해 정기적으로 알려왔다. "마디바가 수요일 저녁 알렉산드라에 오지 않기를 바랍니다. 그날 습격이 있을 겁니다."[70]

'마디바'는 지하 활동의 대부분을 5월 29일에 있을

'가택파업'을 조직하는 데 할애했다. 노동자들이 작업장에서 팔짱을 끼고 있는 것은 불가능했기 때문에, 정권을 곤경에 빠뜨리기 위해서는 출근을 거부하는 방법밖에 없었다. 정부는 경제에 재앙이 될 이 운동을 두려워했다. 정부는 지도자들의 체포로 응수했고 12일간 일종의 구류처분을 내리고, 모든 비폭력적인 행동에 반대하는 아프리카 국민회의를 궁지로 몰기 위해 최선을 다해 파업을 방해했다. 만델라는 "우리는 비판은 받아들일 수 있다. 그러나 사람들에게 일하러 가라고 요구하면서 파업을 무산시키려고 하는 것은, 직접적으로 적의 이익에 봉사하는 것이다"[71]라고 밝혔다. 파업 당일 수천 명의 유색인 노동자가 자신의 생계수단을 잃을 수도 있는 위험을 감수했다. 더번에서 인도인들은 공장에 가지 않았고, 케이프에서는 컬러드들이 집에 머물렀고, 요하네스버그에서는 절반가량의 고용인들이 결근했다. 그러나 집단적인 용기를 보여준 이 놀랄 만한 행동은 셀 수 없을 정도로 많은 개별적인 일화들을 만들어냈지만, 짧게 끝나버렸다. 두번째 날이 되자 아프리카 국민회의의 다른 지도자들이 말하는 의견을 경청한 뒤 만델라는 파업을 종결지었다. 파업에 동조했던 기자들을 비밀리에 만난 자리에서 만델라는 파업은 '엄청난 성공'이었다고 확언했다. 멀리 가지는 못했지만 절반의 실패가 이미 놀라운 결과였다. 정치학자인 톰 로지Tom Lodge가 '놀라울 정도의 참여'라고 말할 만했다.[72) 그러나 더 중요한 것은 다른 부분이다. 이 길은 막다른 골목임을 보여주었다. 몇 년 전, 시민 불복종 캠페인도 전개되기 전부터 좋은 출발을 보였지만 도중에 중단해야 했다. 따라서 또다시 이러한 시도를 한들 무엇 하겠는가. "정부의 반응이 우리의 비폭력 투쟁을 힘으로 분쇄하려는 것이었다면, 우리는 전술을 다시 한 번 생각해봐야 했을 것이다"라고 만델라는 썼다.[73) 그는 그 부분을 이미 오래전부터 재고하고 있었던 것이다.

수세기에 걸친 복종, 개신교와 앵글로색슨의 자유주의로 각인된 정신세계 속에서 폭력에의 의존은 쉽게 결정할 수 있는 문제가 아니었다. 아마도 그 무렵 몇 주 동안 만델라가 고민한 부분이 바로 이 지점이었던 듯하다. 위니의 말에 의하면, 그는 그 생각에 너무나도 깊이 빠져 있어서 그녀의 말에 대답도 하지 않았다고 한다. 비밀 군대를 창건하는 것은 언뜻 보기에 희망 없는 일이었다. 어떻게 백인들의 탱크와

헬리콥터에 맞설 수 있겠는가? 스파르타쿠스 또한 군대와 싸우는 문제에 대해서는 주저할 수밖에 없었다. 무장투쟁은 불가피하게 테러리즘과 무고한 시민과 여성, 어쩌면 아이들의 죽음까지 초래한다. 만델라는 아프리카 국민회의가 비폭력을 견지하는 모임이라고 재판 내내 주장하지 않았던가? 그는 법조인답게 정교하게 설명했다. "당에 있어 비폭력은 거스를 수 없는 원칙으로 쉽게 바꿀 수 있는 전술이 아니다. 그런데 나는 정반대로 생각한다. 내게 있어 비폭력은, 그것이 더는 효과적이지 않을 때는 포기해야 할 전술이었다."[74]

그리하여 1961년 6월, 비밀 회합에서 그는 무장투쟁으로 전환하자고 제안한다. 지하 공산당 서기이자 아프리카 국민회의의 중요 멤버인 모지스 코타네 Moses Kotane[7]는 격렬히 반대했다. 그는 만델라에게 도덕적인 주장을 반론으로 내세우지는 않았다. 도덕적 주장은 '노래하는 내일이 모든 것을 정당화한다'는 입장을 가진 당에서 거의 사용되지 않을 뿐더러, 모지스 코타네는 효율성을 더 중시했다. 그는 만델라가 현재의 사건들로 인해 불안정한 상태에 빠져서 냉정을 잃었다고 비난했다. 그는 "우리가 충분한 상상력과 결단력을 가진다면, 아직도 예전의 방법을 고수할 여지가 있다. 폭력은 우리를 학살로 이끌 뿐이다"라고 단언했다. 넬슨 만델라는 월터 시술루가 자신의 의견에 찬동하지 않는다는 것을 확인하고는 격노했다. 그는 코타네와 하루 종일 머리를 맞대고 논쟁을 벌였다. 그는 코타네에게 아프리카의 속담을 인용해 들려주었다. "맹수가 공격하는 방향을 맨손으로 바꿀 수는 없다." 마침내 모지스 코타네는 아프리카 국민회의 전국 비밀 지도부에서 이 문제를 다시 제기하는 데 동의했다. 폭력에 원칙적으로 반대하는 루툴리 대장 앞에서 만델라는 격분하여 무장투쟁을 옹호했다. 그는 때가 왔다고 말했다. 만일 더 기다린다면 흐름을 주도하지 못하고 흐름에 따라갈 수밖에 없을 것이다. 종교적 토대에 기반을 둔 평화주의와 이익에 보다 더 충실하려는 배려 사이에서 몹시 고민한 루툴리는 오랫동안 주저했다.

앙드레 브링크Andre Brink[8]의 『테러 행위An Act of Terror』에는 한 테러리스트와, 도망 중인 사람을 재워준 한 '자유주의자' 청년이 나눈 대화가 나온다. 이를 통해 우리는 이 중대한 대화의 내용을 추측해볼 수 있다.

"나는 어떻게 폭력이 해결책이 될 수 있다고 상상하는지 이해할 수가 없소!

―당신은 폭력을 배제하면서 우리가 정의에 대해서 계속해서 말할 수 있다고 믿소?

―당신이 내게 결과가 수단을 정당화한다고 말하지 않기를 바랄 뿐이오.

―아니오, 나는 당신을 그런 식으로 모욕하지는 않을 것이오.

―정부가 폭력을 쓴다면 그것은 폭력적인 반응을 요구하는 것이라고 내게 더는 말하지 마시오. 당신이 폭력에 의존한다면 당신의 적만큼이나 당신은 악인이 되지 않겠소?

―삼림지대의 화재와, 화재가 번지는 것을 막기 위해 붙인 맞불 사이에 차이가 있다고 내가 단언한다면 당신은 동의하겠소?

―문제는, 은유는 현실과는 동떨어져 있다는 데 있소. 불은 불이요. 사람들은 다르오. 폭탄을 가지고 당신이 막고자 하는 것이 무엇이든 간에, 분명한 것은 그로 인해 사람들이 죽는다는 것이오!"[75]

만델라는 '사람들의 희생'이 뒤따를 것임을 알고 있었다. 그는 일찍이 1952년에 월터 시술루에게 무장투쟁에 관해 말한 바 있다. 그때 그는 인도식의 평화로운 운동은 몽상적이며 누구도 남아프리카의 간디가 될 수 없음을 깨달았다. 처칠이 말한 피와 땀 그리고 눈물만이 기다리고 있을지도 모른다. 그러나 이 점에 있어서 그는 견해를 바꾸지 않았다. 위대한 정치인은 아무리 고통스럽더라도 자신의 신념이 낳은 결과를 회피하지 않는다. 그는 열정적이되 맹목적이지 않을 수 있는 방법을 알고 있었고, 교활하기는 하되 사기는 아니며, 현실적이되 파렴치하지 않을 수 있었다.

이른 아침에 루툴리는 아프리카 국민회의가 지난 30년간 유지해온 입장을 뒤엎는 데 동의했다. 참석자들 가운데 한 사람은 그러한 조건에서 루툴리가 당 활동의 지도자로 남을 수 있느냐고 물었다. 루툴리는 언짢아하며 이렇게 말했다. "만일 누군가가 내가 평화주의자라고 생각한다면, 내 닭을 훔치러 오는 것이 얼마나 큰 위험을 무릅써야 하는 일인지 가르쳐주리다!" 그러나 그는 보호책을 마련했다. 활동의 중심은 여전히 정치 활동에 있으며 순수 군사 조직은 여타 활동으로부터 분리되어, 이러한 활동이 당의 중심적인 요소가 되지는 못할 것이다. 폭력 행위는 압제자만을 대상으로 할 것이다. 루툴리의 제안은 모든 '유색인'의 비밀 회합에 상정되었고, 간디주의를 포기하기 어려웠던 인도인들은 끊임없이 망설였다. 국내외의 상황이 격렬한 투쟁을 요구했다. 카피르 가운데는 무엇이든 현재 그들의 상황보다는 나을 것이라고 생각하는 사람들이 점점 더 늘어나고 있었다. 사방에서 개인이건 작은 조직이건 무기를 요구했다.

국제적인 상황으로 보건대, 정치적인 측면에서도 이러한 선택은 그리 위험스러워 보이지 않았다. 백인 정권은 고립되어 있었던 것이다. 해럴드 맥밀런은 런던에서 망명 중인 올리버 탐보의 주장에 점점 더 귀를 기울이게 되었다. 남아프리카는 1961년 3월, 영국이 프리토리아에 파견했던 흑인 고위 관리를 페르부르트가 거부한 뒤 영연방을 탈퇴했다. 적어도 도덕적으로—문제가 계속되고 있었기 때문에—아파르트헤이트의 나라는 제민족으로부터 지탄을 받고 있었다. 군사적인 측면에서 그리 가공할 만한 것이 아니더라도, 무장투쟁은 정권에 심각한 문제를 야기할 수 있다.

만델라는 '국민의 창Umkhonto we Sizwe'이라는 이름으로 창설된 비밀 군대의 조직과 지휘를 맡았다. 이 이름은 가느다란 투창으로 무장한 아프리카인들이 백인들의 총에 맞설 용기를 지니고 있다는 뜻이다. 신임 장군은 자신이 맡은 이 새롭고도 기이한 임무에 대해 인식하고 있었다. "군인이었던 적도 싸워본 적도 없고, 적에게 방아쇠도 한 번 당겨본 적 없는 내게 이러한 임무를 맡긴 것이다."[76) 그러나 그것은 그리 중요하지 않았다. 대배우는 어떠한 역할이든 소화해야 했고, 만델라는 곧 별 어려움 없이 스파르타쿠스의 갑옷 속으로 슬그머니 들어갔다. 이 부대는 모든 공동체에서 군인을 맞이하였다. 사령관은 곧 자신의 옛 친구인 백인 공산주의자 조 슬로보와 이미 몇 차례 사보타주를 이끌어본 공산당원들을 끌어들였다. 유럽에서 전투에 참전한 경험이 있는 잭 호지슨 Jack Hodgson이 이 분야의 전문가로 참여했다.

은신처로 인터뷰하러 온 기자 친구에게 만델라가 말했듯이, '정부를 무력화할' 전술을 찾기 위해, 우리의 초보 게릴라병은 법을 공부할 당시 사용했던 논리정연한 열정으로 이 일에 착수했다. 어떻게 게릴라 부대를 조직하고 무기를 갖추어 현장에서 활용할지 익히기 위해 만델라는 폭넓고 꼼꼼하게 자료를 수집했고, 이론적인 지식을 습득하려는 열망에 사로잡혔다. 그는 영국에 맞서 전쟁을 주도한 보어 지도자들의 비망록과, 마오쩌둥, 체 게바라Che Guevara, 카스트로Castro의 저작들에 풍부하게 주석을 달았다. 그의 관심은 당대인에 그치지 않았다. 만델라는 '전쟁은 다른 수단들에 의한 외교의 연장'이라고 한 클라우제비츠Clausewitz의 논문에 매료되었다. 정확히 이런 과정을 거쳐 만델라는 논쟁을 접고 총을 잡았다. 메나헴 베긴Menahem Begin[9]의 한 저작이 유난히도 그의 관심을 끌었다. 만델라는 그 책을 통해 "우리 나라와 비슷하게 산도 없고 숲도 없는 나라에서도 게릴라전을 펼칠 수 있다"는 교훈을 얻었다. 그러고 나서 만델라는 남아프리카공화국의 하부구조, 즉 교통체계와 주요 거점에 대한 지도와 자료들을 모았다.

만델라는 자신이 떠맡은 소규모의 초보적인 군대가 수행할 수 있을 전쟁 유형을 두고 고심했다. 전면전은 분명 불가능했다. 게릴라전을 하기에는 아직 너무 이르다. 사보타주가 인명 손실을 최소화하면서 국가를 괴롭힐 수 있는 방법임이 분명하다. 게다가 그는 인종 간의 화해에 가장 큰 희망을 갖고 있었다. 이러한 문장이 몇 십 년 후에나 쓰여졌다는 점은 알고 있지만, 나는 넬슨 만델라가 이러한 생각을 키워

나갔을 것이라고 믿는다. 이러한 고심이야말로 그의 고매함과 타고난 정직함, 그의 태도 도처에 배어 있는 고귀함에 완벽하게 잘 어울린다. 그리하여 그는 군사기지와 전화선에 대한 '선별적인 기습'을 결정했다. 이런 식으로 사회불안을 조성하는 것은 외국자본의 철수 등 또 다른 이익을 가져올 것이다. 그는 '국민의 창'을 조직하여 전국적인 최고 사령부 하나와, 지역 내의 공격 표적을 선별하는 작업을 맡을 여러 개의 지역 사령부를 두었다.

우수한 학생은 실습을 소홀히 하는 법이 없듯이, 니트로글리세린과 '볼펜 속대'를 이용하여 시한폭탄을 만들었다는 소식을 접한 만델라는, 경솔하긴 했지만 주저 없이 점화장치의 효과를 손수 점검했다. 만델라는 은신처를 자주 바꾸었다. 한 번은 어떤 의사의 집에서 머물렀는데, 밤에는 하인들의 처소에서 자고 방문자가 나타나면 정원사 처신을 했다. 1961년 10월 그는 요하네스버그 북쪽에 위치한 전원풍의 도시 근교 지역인 리보니아에 위치한, 당시 보수공사 중이던 한 농장에 정착했다. 사람들은 하인용의 청색 멜빵바지를 입은 만델라를 아프리카 석공들이 부리는 역내 경비원이라 여겼다. 그들은 만델라에 대해 전혀 몰랐기 때문에 그를 '보이'라고 부르고 심부름을 시키고, 벽토 부스러기를 쓸어내게 하고, 어떤 이들은 그를 노예 취급했다. 인종적인 멸시를 당한 후에, 만델라는 이보다 그리 나을 바 없는 사회적인 멸시를 경험한다. 화가이면서 민주주의자 회의의 당원인 아서 골드레이크Arthur Goldreich[10]는 지하생활자인 만델라의 위장을 돕기 위해 가족과 함께 본체에 머물렀다. 온갖 주의를 기울여 이동하면서 위니와 아이들이 만델라를 방문할 수 있게 해준 것이다. 만델라는 행복한 순간을 맛보았다. 그러나 대부분의 방문객들은 투쟁 동지들이었다. 2주 동안 그는 '탁월한 공산주의 이론가'인 마이클 하멜Michael Harmel과 긴 시간 동안 밤마다 회합했다. 백인은 대낮에 흑인 하인과 대화를 나누지 않기 때문이다.

어느 날 이 지하생활자는 루툴리 의장이 노벨평화상을 수상했다는 소식을 라디오에서 듣는다. 그는 뛸 듯이 기뻤다. 서방에서 루툴리의 투쟁을 인정한 것이다. 그러나 이러한 영광은 좋지 않은 때에 왔다. '국민의 창'이 중앙 전기국과 정부 부처들이 자리한 곳곳에서 화기를 폭파하겠다고 예정한 날이 노벨상 수상자가 귀국한 다음 날이었기 때문이다. 비폭력을 외치는 저명한 변호사에게는 유감스럽게도 일치한 사건이었다. 더군다나 스톡홀름에서의 수여식 직후에 벌어지는 것이다! 12월 16일이라는 날짜를 바꿀 수는 없었다. 이날은 백인들이 1838년 블러드 리버 Blood River 전투에서 괴멸된 줄루족의 대大전사 딩가네Dingane의 패배를 기리는 날이었기 때문이다. 아프리카인의 피로 물든 이 붉은 강은 백인들에게 있어 '신이 자신들의 편이라는 증거'였으므로, 이날이야말로 이러한 생각을 머리에서 지워주기에는 가장 적절한 날이었다. 수천 장의 전단지가 전국에 뿌려졌다. "민족 전체의 삶에서 두 가지 가운데 하나만을 선택해야 하는 순간이 왔다. 복종할 것인가 싸울 것인가. 남아프리카에 바로 그 순간이 온 것이다." 원시적인 화기가 희생자들을 내지 않고 도처에서 터졌다. 그러나 작전이 진행되는 동안 폭탄 설치자들 가운데 한 명이 사고로 죽었다. 그는 노예 전쟁 최초의 사망자였다. 정권은 이러한 일련의 테러 행위를 가증스러운 범죄라며 비난했다. 그러나 동시에 정권은 이 사건에서 우스꽝스러운 불꽃놀이를 본 것처럼 행동했다. 카피르는 아무것도, 심지어는 나쁜 짓도 정확하게 할 줄 모른다고 알려져 있기 때문이다. 그러나 난폭하게 돌아온 반격이 상부에서 이 사태를 심각하게 주시하고 있다는 것을 잘 보여주었다. '국민의 창' 멤버들의 체포를 목표로 하는 특수부가 설치되었다. '그들은 생존에 큰 위협으로 간주되는 것을 뿌리 뽑기 위한 일이라면, 그 누구도 그들을 막을 수 없음을 잘 보여주었다.' 그러나 지배자들은 '자신들이 화산 위에 앉아 있음'을 깨달았다.[77]

우리가 이미 살펴보았듯이, 만델라는 적이 평화주의자로 변모한다든가, 폭력적인 접전을 피할 수 있는 가능성에 대해 어떠한 환상도 없었다. 그러나 '노벨 평화상 수상자'는 그렇지 않았다. 한 은신처에서 만델라를 만났을 때 루툴리는 그에게 신랄한 비난을 퍼부었다. 만델라가 '국민의 창'의 창설에 대해 루툴리에게 전혀 의견을 묻지 않았다는 것이 그 이유였다. 그는 더번에서의 논의도, 평화주의에 대한 거부도, 손에 무기를 들고 닭 도둑을 대하는 방법에 대해 자신이 무어라고 말했는지에 대해서도 모두 잊어버리고 있었다. 스톡홀름의 수상자는 그 어느 때보다도 무장투쟁의 가증스러움에 대해 역설했다. 만델라는 그들의 이야기를 받아들이지 않았고 자신의 뜻을 꺾지도 않았다.

외부의 도움도 중요했다. 아프리카 국민회의에서 만델라가 차지하는 비중은 점점 더 커져갔다. 아프리카 국민회의는 1962년 2월에 열린 아디스─아베바Addis-Abeba 범아프리카 회의에서 대의를 알릴 사람으로 만델라를 지명했다. 이를 통해 만델라는 신생 독립국들로부터 '국민의 창'을 위한 자금과 무기를 지원받고자 했다. 만델라로서는 고국을 떠나는 것이 처음이었다. 만델라를 가장 놀라게 한 것은 탕가니카Tanganyika(탄자니아의 옛 이름)에 잠시 들렀을 때 본 광경이었다. "호텔 테라스에서 우리는 수많은 흑인과 백인들이 유쾌하게 대화를 나누는 것을 보았다. 나는 피부색의 경계가 없는 공공장소를 본 적이 없다. 내가 고국에서 수배 중인 도망자라는 사실도 아무 소용이 없었다. 압제의 무게가 내 어깨를 떠나는 것을 느꼈다."[78]

루툴리 의장의 뒤를 이어, 이번에는 아프리카 해방운동의 거목이자 '부드럽게 말할 줄 아는 현인'인 율리우스 니에레레Julius Kambarage Nyerere[11]가 적절한 시기에 무장투쟁을 다시 개시하라고 만델라에게 충고했다. 이번에도 역시 만델라는 마음을 바꾸지 않았다. 에티오피아Ethiopia에서 열린 총회에서 만델라는 실명을 걸고 연설했다. 그는 투쟁에 도움을 준 나라들에 대해 감사를 표시했고, "사람들이 우리에게서 평화로운 투쟁의 모든 가능성을 빼앗아갔다"고 말하면서 '국민의 창'의 탄생을 생생히 설명했다. 마지막으로 만델라는 자신의 나라로 되돌아갈 것이라고 선언했다. 우레와 같은 박수가 이어졌고 특히 장내에 있었던 프리토리아의 밀고자들의 열렬한 관심을 불러일으켰다.

회의가 끝난 뒤, 만델라는 아프리카 순회 여행을 시작했다. 도처에서 그는 남아프리카 흑인들의 투쟁이 널리 알려져 있음을 기쁜 마음으로 확인했다. 사람들은 그에게 호의를 표시했고 지나가는 길에 만난 국가수반들은 기부금을 맡겨왔다. 그는 '아프리카 문명의 요람'인 이집트와 튀니지, 모로코를 걸어서 여행했다. 모로코에서는 알제리 국경지대로 가서 작전 중인 프랑스 군대를 쌍안경으로 관찰했다. "나는 내가 남아프리카 방어군의 유니폼을 본 줄 알았다." 모로코의 알제리 작전 사령관인 무스타파Mustafa 박사는 무장투쟁을 선택한 그를 격려했다. "그는 우리에게 이러한 종류의 전쟁의 목적은 군사적 승리가 아니라 적을 쓰러뜨릴 경제적, 정치적 힘을 분출하는 것이라고 설명했다."[79] 정확히 바로 이것이 남아프리카가 필요로 하는 것이었다. 만델라는 탐보와 함께 다시 여행을 시작했다. 말리Mali, 세네갈Senegal, 기니Guinee, 그리고 시에라리온Sierra Leone. "세쿠 투레 Sekou Toure[12]는 우리를 감동시켰다. 만델라는 초라한 집에 살고 있었고, 수선을 맡겨야 할 정도의 옷을 입고 있었다." 만델라는 이 여정 속에 짧은 런던 방문을 끼워넣었다. '항상 말로만 듣던 나라를 보고 싶다는 소망'이 그를 런던으로 이끌었다. 드디어 만델라는 에티오피아로 돌아왔다. 만델라는 거기서 군사훈련을 받기로 되어 있었다. 그는 훈련에 아주 열심히 참여했고, 사격 훈련을 받았으며, 박격포의 사용법과 사보타주의 기술을 연마한다. 모든 훈련 가운데 만델라는 행군을 가장 좋아했다. 그는 그곳에서 '깊은 숲과 높은 고원지대로 이루어진 너무나 아름다운 풍경을 발견'했기 때문이다. 매일 오후 4시부터는 대위 한 명이 그에게 '군사학'에 대해 강의했다. 하루는 대위와 함께 저녁을 먹으며 혁명 부대의 성격에 대한 박식한 견해를 들었다. "그 안에서 사람들은 가장 낮은 계급의 군인과 완벽한 평등에 입각해 행동해야 한다"는 것이다. 그들은 무언가를 질문하기 위해 들어온 한 상사 때문에 대화를 중단해야 했다. "대위가 경멸감을 감추지 않고 방해꾼을 바라보고는 대답했다. 자네는 내가 중요한 분과 이야기하고 있는 것이 보이지 않나? 식사를 할 때는 나를 방해해서는 안 된다는 것을 모르나? 얼른 나가게나! 그러고 나서 그는 좀전과 똑같은 대화 톤으로 이야기를 계속했다."

어느 정도의 기술을 연마하고, 대중을 이끄는 효과적인 방법에 대해서 만델라로서는 거의 들을 필요가 없었던 조언을 들은 뒤, 이 지하생활자는 '국민의 창'의 백인 멤버와 함께 다시 국경을 넘었다. "나는 운전사로 가장해 운전대를 잡고 우리는 요하네스버그로 출발했다." 밤에는 조국의 공기를 흠뻑 마실 수 있었다. 그는 다시 쫓겨 다니는 신세가 되었으나 '자신이 태어난 나라와 자신의 운명을 건 나라에 되돌아온 것에 대해 마음속 깊이 안도'하고 있었다.[80] 그는 안전한 망명 생활을 버리면서 마음에 고통을 느끼지는 않았을까? 이스메네Ismene는 안티고네에게 "네가 그렇게 하기로 결심한 이상, 그럼 떠나거라"라고 말한다. "이건 미친 짓이야, 이미 잘 알 거다. 그렇지만 너는 네가 사랑하는 사람들을 사랑할 줄 안다." 만델라는 '국민의 창'의 군제를 정비하기 위해 접촉을 늘렸다. 이 새로운 역할에서 그의 연극인으로서의 기질이 잘 드러난다. 만델라는 지역 사령관 앞에 수염을 기르고 카키색 셔츠와 바지를 입고 나타나서는, "살람Salaam!"이라며 군대식으로 인사했다. 그의 부하들 가운데 한 사람인 로니 카스릴Ronnie Kasrils은 회합에서 "그는 완전히 대장 같았고 전혀 웃지 않았다"고 회고했다. 활동에 참여하던 빌리 나이르Billy Nair도 사보타주에 대한 만델라의 해박함에 깊은 인상을 받았다. 그러나 박학다식함은 그에게 도움이 되지 못했다. 숨어 지내는 장군으로서의 만델라의 경력은 종언을 고하고 있었던 것이다.

제3막

프로메테우스

> 너는 위대하며 네가 직면할 고난은 숭고하다.
> 너의 영광이 하늘에 닿을 것이다.
> __에우리피데스, 『바칸테스Bacchantes』

극예술만큼이나 오래된 관습에 따르면, 한 편의 비극 속에 설정된 막의 길이는 모두 같아야 한다. 그렇지 않다면 우리의 영웅이 체포되는 장면으로 열릴 제3막은 다른 막들보다 훨씬 더 길어져야 할 것이다. 만델라는 27년간이나 죄수로 살게 되기 때문이다. 영원한 고통, 그 속에서 이 은둔자는 자신이 인내심과 용기를 지니고 고통을 견딜 줄 안다는 것을 입증해 보일 것이다. 이는 그의 대다수의 투쟁 동지들도 마찬가지여서 기세가 꺾인 사람은 매우 드물었다. 비극, 넬슨 왕에서 이번 3막이 중요하다면 그것은 또 다른 이유에서이다. 만델라는 이 용광로에서 변모하여 새로운 남아프리카를 구현하게 됨으로써, 각자 고국의 뱃머리를 장식하는 몇몇 위대한 인물들, 즉 투생루베르튀르Toussaint L'ouverture[13], 아타튀르크Kemal Atatürk[14], 링컨, 처칠, 드골Charles de Gaulle, 간디의 반열에 이르게 될 것이기 때문이다.

1962년 8월 5일 일요일, 넬슨 만델라는 요하네스버그의 은신처로 다시 돌아가기 위해 자동차에 오르며 유쾌한 기분을 느꼈다. 그는 전날 밤 "국민의 창" 요원들로 이루어진 지역 모임을 소집했었다. 명령을 하달한 후 만델라는 부하들에게 아프리카 대여행에 관해 이야기했다. 그러고 나서 "현재로서는 '국민의 창'의 활동이 사보타주에 국한되어야 하지만, 바라던 효과로 이어지지 않을 때에는 게릴라전으로 수위를 높여야 한다고 설명했다."[81] 그날 밤 만델라는 주위를 그리 크게 경계했던 것 같지 않다. 이 수배자는 자신들에게 동조하는 언론사 사진기자의 집에서 저녁 모임을 끝냈다. 초대된 사람들 몇몇은 그가 잘 모르는 사람들이었다. 돌아오는 길에도 만델라는 굳이 위장을 하지 않았다. 부관이 운전하고 두 사람은 사보타주에 대한 논의에 빠져 있었다. 그때 갑자기 백인들이 가득 탄 포드 V8 차량이 오른편에서 그들을 추월하더니 강제로 차를 세우게 했다. 만델라는 즉시 자신의 도주 행각이 끝났음을 깨달았다. 가짜 이름을 불러주자 경찰관은 웃음을 터뜨렸다. "아니지. 당신 이름은 넬슨 만델라이고 당신은 세실 윌리엄스Cecil Williams잖소. 당신들 두 사람을 체포하겠소."

배신당한 것일까? 정확히 알 수 없는 일이지만, 나흘 후 『선데이타임스Sunday Times』는 '공산주의자들이 의심을 받고 있다'는 제목으로 추측을 단정 짓고 있다. 공산주의자인 조 슬로보는 "누구인지 확인할 수는 없지만 우리들 안에서 유다의 냄새가 난다"고 확신했다. 사반세기가 흐른 후에, 『뉴욕타임스New York Times』는 CIA지국이 수배자의 사소한 움직임까지 프리토리아 당국에 보고했다고 단언하는 옛 요원의 증언을 인용했다. 이것은 이후 이라크 및 다른 지역에서 그 한계를 드러내게 될 한 기관을 둘러싼 전설인가? 만델라는 그렇게 생각하지 않았다. 남아프리카인들은 우리가 이미 살펴보았듯이, 최소한으로 주의하면서 많은 사람들을 만나온 한 사람의 도주 행각을 끝내기 위해 미국인들의 도움까지 필요로 하지는 않았다.

만델라는 갑작스러운 자유의 상실 앞에서 아연해졌다. 그는 감옥에서의 첫날 밤에 대해 이렇게 말했다. "나는 내가 체포당해 수감되었다는 이 현실에 맞설 준비가 되어 있지 않다는 것을 알았다." 수감자들을 수송하기 위한 경찰차가 요하네스버그 외곽에 다다르자, 만델라를 만나기 위해 운집한 수많은 인파가 당국이 거물을 낚았음을 증명해주었다. 감방에서 만델라는 칸막이 너머로 귀에 익은 기침 소리를 듣고 크게 놀랐다. 그는 이제 막 체포되어온 월터 시술루였다. 두 친구는 서로의 용기를 북돋워주었다. 다음 날 만델라는 평정을 되찾았다. 호의를 갖고 있음이 분명한 한 중인은, 만델라가 마치 뱀과 대면한 몽구스Momgoose(쥐나 뱀을 포획하기 위해 사육하는 인도산 족제비) 같은 눈빛으로 판사를 꿰뚫어보는 것을 목격했다. 그러나 법정은 거주지 명령을 위반하고 1년 이상 농촌을 누빈 이 변호사를 정중하게 맞이하였다. 만델라는 '자신이 그들의 타락한 동료여서가 아니라, 신념을 위해 벌을 받은 평범한 사람이었기 때문에' 판사들조차 불편해했던 것을 기억했다.[82] 전략이 결정되었다. 재판을 진열장처럼 이용할 것, 그리고 '분열 금지'가 그것이었다.

처음 작성된 고소장은 상대적으로 온건한 편이었다. 노동자들의 파업을 부추기고 허가 없이 나라를 떠난 죄를 물었다. 그의 '군사적인' 역할을 모르고 있음이 분명했다. 아프리카너들은 전달에 사보타주에 관한 법안 하나를 통과시켰다. 이 법에 따르면, 발생한 손해가 물질적인 것에 불과하다 해도, 사보타주는 사형을 선고받을 수도 있는 중죄였다. 방청석에서 그는 위니의 '절망적이고 어두운 낯빛'을 보았다. 투사로서 그리고 아내로서의 시험의 날들이 바야흐로 시작된 것이었다. 지나가는 길에 만델라가 건넨 환한 웃음도 그녀에게 힘이 되지 못했다.

만델라가 죄수 호송차에 올랐을 때, 수백 명의 아프리카인들이 "권력은 우리의 것이다!"라고 외치면서 그에게 박수갈채를 보냈다. 만델라의 체포 소식은 전 신문의 주요 기사로 실렸다. 며칠 후, 위니는 트란스바알 청년 인도인 회의의 연례 회담에서 개회사를 부탁받았다. "신문들은 그녀의 아름다움과 우아함에 대해서만 언급했다." 정치적인 면에서나 구경거리 차원에서 명성을 굳건히 한, 빛나는 커플들 중 하나가 여론의 눈앞에서 이렇게 만들어졌다. 만델라는 프리토리아로 이송되었다. 아직은 피의자일 뿐이기 때문에 함부로 취급당하지는 않았다. 그는 스스로 변론을 준비할 수 있었다. 바깥소식은 그에게 용기를 불어넣어주었다. 물밑에서는 아프리카 국민회의가 전단지를 인쇄했다. "수감된 만델라는 족쇄를 찬 인민이다." 신화가 작동했다. 앤서니 샘슨이 관찰한 바에 따르면, "이 전단지는 법 밖에 존재하는 한 사람에 대한 새로운 이미지, 즉 어중간한 타협을 거부하고, 인민의 단결을 홀로 상징하는 투쟁가의 이미지를 세상에 내놓았다." 『아프리카 공산주의자African Communist』라는 불법적인 공산당 기관지 또한 1962년에 다음과 같이 썼다. "새로운 유형의 지도자가 이제 막 남아프리카에 나타났다. 그는 민중투쟁의 통일성, 모든 아프리카인들의 통일성, 모든 민족집단들의 통일성, 자유를 위한 투쟁 속에서 공산주의자와 비공산주의자들의 통일성을 추진하면서 이 숭고한 지위에 올랐다." 이러한 평가는 역사에 남을 것이다.[83]

10월 15일 월요일, 옛 시나고그synagogue(예배나 집회가 열리는 회당會堂을 말함)에서 재판이 열리자, 체포된 반란의 지도자는 역할에 어울리는 복장으로 갈아입었다. 표범 가죽으로 만든 코사 전통복인 카로스였다. 법정에 들어서면서 그는 오른 주먹을 들어올리며 "아만들라Amandla!(힘, 용기라는 뜻. 아프리카 국민회의의 승리를 위한 구호)"라고 외쳤다. 아름다운 위니는 머리를 진주로 장식하고 긴 치마로 된 민속의상을 정식으로 갖춰 입고 관중석에 앉아 있었다. 피고인은 오래전부터 알고 지낸 사람들인 보슈Bosch 검사와 폰 헤이르던von Heerden 판사에게 인사했다. 각자의 역할이 무엇이건 간에 그들은 여전히 동료였던 것이다! 그러나 만델라는 곧 열릴 이 재판이 개인적인 재판이 아니라 국가적인 재판임을 분명히 하고자 했다.

교훈적인 자서전에서처럼, 고전극에 등장하는 영웅이 자신의 의도를 드러내기 위해 과거를 회상하는 위대한 독백의 순간이 그로부터 한 주 후에 왔다. 만델라는 타고난 어투로 다음과 같이 말했다. "수십 년 전 내가 아직 어린아이였을 때, 트란스케이의 마을에서 부족의 연로한 어른들로부터 백인들이 도착하기 전의 시절에 관한 이야기를 들었다." 구두변론을 하면서, 훌륭한 법률가이기도 한 그는 자신을 고발한 사람들이 당연시 여기는 현 상황의 근본적인 모순을 강조했다. "사람들은 내가 인민을 선동해서 나와 우리 인민이 채택 과정에 참여할 수 없었던 법에 대한 반란을 도모했다고 고발했다. …… 내가 왜 이 법정에서 백인 법관 앞에 서야 하고 백인 검사에 맞서 피고인석에 서야 하고 백인 간수들에 의해 호송되어야 하는가? 어찌하여 이 나라에서는 아프리카인 중 그 누구도, 피와 살을 나눈 동족에 의해 재판을 받는 영예를 누릴 수 없다는 말인가?" 공공질서가 타락하면 반란이 이어진다. "한 사람에게 있어 정상적인 삶을 살 수 있는 권리가 거부되면, 그는 법 밖에서 사는 존재가 되기로 선택할 수밖에 없다. 이유는 단 하나, 바로 정부가 법의 이름으로 그를 법 밖에 두겠다고 선언했기 때문이다. 지금 이러한 일이 일어났고 바로 내 경우이다."[84] 그리고 나서 그는 다시 한 번 상황을 멋지게 요약했다. "사고할 줄 아는 아프리카인 전체의 총체적인 삶이, 양심과 법 사이에서 갈등해야 하는 상황에 처했다."

이상하게 받아들여질 수도 있는 주장이긴 하지만, 피고인 만델라는 모든 남아프리카인의 국민공회를 요구했고 이를 거부할 경우 자신은 파업에 호소할 것이라는 편지를 총리에게 보낸 적이 있다고 설명했다. 만델라는 페르부르트가 "국가의 절대 다수에 영향을 미치는 중대한 문제를 제기한 편지에 답하지 않은 것은 잘못이었다"는 사실을 공식 문서로 보내주기를 바랐다. 여기서 만델라의 의도는 원칙의 문제를 공식적으로 제기하려는 것이었다. 어떠한 환상도 갖고 있지 않았던 그는 사회생활을 지배하는 근본법을 상기시키고자 했다. 피통치자는 통치자에게 발언할 권리를 갖는다. 그의 요구가 근거가 있건 없건 간에, 논리적인 설명이 포함된 답변을 받을 수 있어야 한다. 정통성 있는 정권이라면 누구나 결정 사항을 권리의 위임자들에게 설명해야 할 의무가 있다. 그것을 바로 민주주의라 부르는 것이다.

연설은 깊은 인상을 주었다. 보슈 검사조차 "나는 당신을 감옥에 보내라고 법정에 요구해야 하는 고통스러운 역할을 맡게 되었다"고 말하고, 이 범상치 않은 피고인의 역량을 인정했다. 그러나 가장 강한 자가 내세운 대의가 늘 가장 옳은 법이다. 법무부 장관인 존 포르스테르John Vorster의 금지명령 때문에 만델라의 성명서는 언론에 실리지 못했다. 재판 말미에 판사는 자신의 재판에서 기대할 것은 아무것도 없다고—영리하게, 혹은 이 말의 이면에 어떤 비판적인 생각을 가지고—상기시켰다. "우리는 비정상적이고 견디기 어려운 조건들 속에서 살고 있다. 만일 법과 질서가 유지되지 않는다면, 무정부 상태가 될 것이다. 법정은 정치 논리보다는 질서의 유지를 더 중시한다."[85] 이보다 더 분명할 수는 없으리라. 라비슈Labiche의 희극에서처럼, 경관들은 "가시오, 여기 구경거리는 없소!"라고 아주 간단히 말한다. 넬슨 만델라는 반란 선동에 대해서 강제노역 3년을, 당국의 허가 없이 남아프리카를 떠난 것에 대해 2년을 각각 선고받았다.

'음침하고 흉측한 붉은 벽돌로 지어진' 프리토리아 형무소로 즉시 옮겨진 만델라는 아름다운 카로스 의상을 압수당했다. 겉으로는 별것 아닌 듯 보이지만 상징적인 수준에서 중대한 전투가 시작되었다. 이 수감자는 규정으로 정해진 짧은 바지 대신 긴 바지를 요구했다. 그 요구가 받아들여지기까지 3년이 걸렸다. 그는 아마포로 된 짧은 바지를 입은 채 자연 채광, 시계도 없는 곳에서 완벽하게 고립된 상태로 하루에 23시간씩 몇 주 동안 갇혀 있었다. 만델라는, "혼자 갇혀 있기보다는 차라리 매 열두 대를 맞는 편이 더 낫다는 사람들을 나는 알고 있다. 내 감방에 벌레가 있어서 기뻤다"[86)]고 기록하고 있다. 아무것도 달라지지 않았다. 스피츠버그Spitzberg의 감옥에서 거미를 길들였다는 실비오 펠리코Silvio Pellico[15]의 시대와 비교할 때, 크게 달라진 것이 없었다. 만델라는 항의했다. 그리고 뜰에서 다른 죄수들을 만날 수 있도록 허가받았다. 훗날 아주 오랫동안 감옥 생활을 하게 되면서, 그는 감옥이 성격을 시험하는 일종의 용광로 같다고 말한다. "실제로 감옥 생활의 압박감 속에서 어떤 이들은 진정한 용기를 증명해 보이는 반면, 또 어떤 사람들은 겉보기보다 아주 형편없는 사람임을 드러내기도 한다."[87] 그는 범아프리카 회의 의장이면서 '1963년에는 해방'이라는 유명한 슬로건을 만들어낸 적수, 로버트 소부쾌와 이야기를 나눌 수 있었다. 그해가 바로 1963년이긴 했지만, 불행한 예언자를 조롱할 때가 아니었다.

5월의 어느 날 밤, 간수 한 명이 들어와 소지품들을 꾸리게 했다. 그리고 만델라를 다른 동료 죄수들과 함께 사슬로 묶은 뒤, 이 세 사람을 창문도 없는 화물 운송차에 처넣었다. 운송차는 밤새 달려서 다음 날 늦은 오후가 되어서야 케이프에 도착했다. "달리는 차 안에서 사슬로 묶인 사람들이 오물통을 사용하는 것은 결코 쉬운 일이 아니었다." 매우 어려운 상황도 늘 농담으로 넘기던 만델라가 이번에는 심각하게 말했다. 케이프에서 이들은 에스퀴티니Esquithini라는 죄수의 섬으로 가는 배에 태워졌다. 코사인들은 케이프 맞은편에 위치한 띠 모양의 바람 많은 바위섬을 이렇게 불렀다. 영국인들은 1820년대에 거기에 코사 부대장인 마카나Makana를 수감했고, 그는 탈옥하려다가 익사했다. 만델라는 투쟁의 연속에 놓여 있다는 것을 알고 있었기 때문에, 이러한 조치는 그를 더욱 강인하게 만들 뿐이었다. 아마도 그는 섬의 작은 항구를 떠나면서 지나온 문에 새겨진 아프리카너의 경구를 읽었을 것이다. "로벤 아일랜드. 우리는 이곳을 자랑스럽게 사용할 것이다."

로벤 아일랜드는 매력적인 곳이 아니었다. 다음은 이제 막 그곳에 배치받은 한 공무원이 쓴 글이다. "안개 위로 솟은 감옥은 낮은, 아주 낮은 건물들이 서로 얽혀 있어서 어렸을 적에 본 농가 축사들과 비슷하다. 등대만큼이나 눈에 띄는 네 개의 높은 망루가 이곳을 지배하고 있다. 정문 앞에는 제2차 세계대전 때 사용된 두 개의 차축을 가진 대포가 흰색 연석들로 낮게 둘러쳐져 바다 쪽을 향해 포진해 있었다."[88] 사람을 불행하게 만들고야 마는 이곳은 옛날에는 나병 환자 수용소였고, 그 후에는 정신병원으로 쓰였다. 샤프빌 사태 이후 계속해서 체포의 물결이 이어지면서, 형무소가 부족해 고심하던 정부는 섬을 형무소로 개조한다. 그러고는 잔인하고 흉측하다는 점에서 동원 가능한 모든 인력을 그곳에 배정했다.

환영식은 죄수들에게 겁을 주기 위한 목적으로 진행되었다. 간수들은 부두에서부터 고래고래 소리를 질러댔다. "바로 여기가 너희들이 죽어나갈 곳이다! 핫! 핫!" 이 말은 아프리카너들이 가축들을 몰 때 쓰는 말이다. 그들은 도착하는 사람들을 억지로 달리게 했다. 만델라는 거부해야 한다고, 만일 이 첫번째 요구를 받아들인다면 간수들의 손에 넘어갈 것이라고 옆 사람에게 슬쩍 말했다. 그러나 간수들 중 한 사람이 그들에게 소리를 질렀다. "이건 농담이 아니다! 우리는 너희들을 죽일 수도 있다. 너희들의 에미, 마누라, 새끼들은 너희에게 무슨 일이 일어났는지 절대로 알 수 없을 거다! 마지막 경고다! 핫!"

로벤 아일랜드에는 아프리카인들로만 구성된 천여 명의 죄수들이 수용되었다. 죄수로서 그에게 부과된 첫번째 노역—흙으로 운하 메우기—을 하기 위해 만델라는 작은 언덕을 올라가야 했는데, 그곳에서 '섬의 야생적이고도 황홀할 정도로 아름다운 광경'을 바라볼 수 있었다. 그러나 그것을 감상하기 위해 늑장을 부릴 시간이 없었다. 강제 노역은 그 이름값을 했다. 일의 속도가 떨어지자마자 간수는 재빨리 죄수들을 채찍으로 마구 때렸다. "빨리 해! 계속

해!Kom aan Gaan aan! " 말이나 소를 재촉하듯이 야만적으로 굴었다.[89]

이런 방식으로 취급된 사람들은 아프리카 국민회의, 범아프리카 회의, 인도 회의의 지도자들로서, 각자의 공동체에서 지적으로나 도덕적으로 엘리트들이었다. 남아프리카 공산당 지도자들 중 한 사람은 아프리칸스 교수였고, 그는 이 언어를 모국어인 네덜란드어처럼 완벽하게 알고 있었다. "그는 점잖고 아주 멋스럽게 간수들에게 말을 건넸는데, 간수들은 그가 무슨 말을 하는지 알아듣지 못하는 것 같았다." 그를 잔학무도하게 괴롭히는 간수들 가운데 한 명에게 교수는 "무식한 자로다. 너는 너희 족속의 언어도 제대로 말할 줄 모르는구나!"라고 내뱉었다. 만델라도 흉폭한 간수들 중 한 명에게 "나는 짐승이 될 준비가 되어 있지 않다. 당신은 법을 준수해야 한다"고 말했다. 비록 그 섬에서의 첫 체류 기간은 몇 주에 불과했지만, 그 경험이 만델라로 하여금 태도와 원칙을 일치시켜나갈 수 있도록 만들어주었다. "간수들의 태도는 죄수들이 취하는 태도에 의해 결정된다."[90] 모진 고난에도 불구하고 인간으로 대접받아야 한다는 주장을 계속하던 만델라는 사람들이 자신에게 급식을 가져다주는 것을 잊었다는 사실을 알아챘다. 그는 감방 문을 두드렸고 간수가 달려왔다. "간수, 나는 먹을 것을 받지 못했소. ―넌 나를 주인님baas이라고 불러야만 해! 하고 간수가 소리를 질렀다. 그날 밤 나는 굶어야 했다."[91]

다행히도 몇몇 인간적인 사람들이 형무소 행정을 맡기 위해 섬으로 들어왔다. 한 컬러드 간수는 만델라에게 위니의 소식을 전해주고, 커다란 위험을 무릅쓰고 수감자들에게 샌드위치와 담배를 갖다주었다. 만델라와 동료들은 범아프리카 회의의 수많은 젊은 투쟁가들이 수감되었다는 것을 알게 되었다. "아저씨, 아저씨는 어떤 조직 사람인가요?" 하며 그들 중 한 사람이 만델라에게 물었다. 만델라의 대답은 "그들을 경악하게 했다." 사람들은 만델라가 외국 여행을 하는 동안 범아프리카 회의에 가입했다고 들었다고들 했다. 늘 그렇듯이, 만델라는 이 사건으로부터 일반적인 교훈 하나를 얻었다. "정치판에 있는 사람들은 자신들이 얼마나 상황 파악을 못 하고 있는지에 대해 결코 과소평가해서는 안 된다."[92] 이 부분에서 다시 한 번, 내 개인적인 경험도 그의 말에 힘을 실어주었다.

1963년 7월의 어느 날 아침, 리보니아 농장에서 활동하던 옛 '하사관'을 형무소 복도에서 마주치자, 만델라는 이 촌뜨기 도망자가 경찰에 발각되었다는 것을 알았다. 그것은 의심할 여지없이 이제 만델라가 비밀 군사조직의 대장으로 활동했다는 사실이 경찰에 알려졌다는 의미였다. 이틀 후, 형무소 소장실로 소환된 그는 '국민의 창' 부대의 참모진 일부를 만났다. 모두들 '사보타주'로 고발되었고 같은 죄목으로 판결을 받아야 했다. 서서히 만델라는 이 재앙의 전모를 알게 되었다. 7월 11일, 경찰견을 동반한 10여 명의 무장 경찰들이 농장을 덮친다. 무기를 발견하지는 못했지만, 그들은 '남아프리카에서의 게릴라전을 위한 마이부에Mayibuye 작전'과 관련된 수백 장의 문서들을 찾아냈다. 그물망이 던져지자 '국민의 창'의 고위급 사령부가 모두 체포되었다. "이런 상황에서 농장이 더 일찍 발각되지 않은 것이 오히려 이상한 일이었다"고 만델라는 철학자처럼 기록하고 있다.

　선고받은 5년 중 9개월밖에 형을 치르지 못했지만, 상황으로 보아 만델라가 5년형을 다 치를 수 있을 것 같지도 않았다. 그와 석방령 사이에는 교수대가 서 있었던 것이다. 사보타주 주동자들의 변론을 맡았던 브람 피셔는 이러한 결말이 예상된다는 사실을 그들에게 숨기지 않았다. 어느 날 밤 독실한 신자인 척하는 간수 한 명이 만델라의 감방 문을 두드렸다. "만델라, 잠에 대해서는 걱정하지 마라. 너는 오래, 아주 오래 잠들게 될 거니까." 1963년 10월 9일, 프리토리아에서 '전국 고위 사령부와 기타 사람들에 대한 재판'이 열렸다. 이 재판은 역사에 리보니아 재판이라는 이름으로 남았다. 재판정에는 엄청난 인파가 몰려들어 연대감을 표시했고, 따라서 재판정 주위에는 무장한 경찰들로 가득했다. 몇 주 전에 아서 골드레이크와 해럴드 볼페Harold Wolpe가 목사로 변신해 멋지게 도주하는 데 성공했기 때문이다. "이 사건은 정부를 매우 곤혹스럽게 만들었겠지만, 우리들의 사기는 크게 진작됐다"라고 항상 시치미를 떼고 조롱하는 만델라가 논평했다. 사형을 당할지도 모르는 상황에서도 만델라는 전문가로서 이 사건을 맡은 법관들에 대한 평가를 내리는 일을 그만둘 수 없었다. 그는 나로 하여금 극의 배역을 정하는 연출가의 능력을 따져보는 배우를 떠올리게 만든다. 게다가 만델라 스스로 '재판의 연극적인 측면'에 대해서 언급한 바 있다. "콰르투스 드 베트Quartus de Wet 판사는 헐렁한 붉은 법복을 입고 무표정한 얼굴을 하고는, 사람들이 자신을 놀리는 것을 용납하지 않는다. 그러나 그는 '정부의 종복은 아니다'. 검사인 퍼시 유타Percy Yutar 박사는 대머리에 키도 작았지만 멋쟁이였고, 그의 목소리는 화가 나거나 감동을 받으면 날카로워졌다. 그는 극적이고도 과장된 언어를 쓰는 경향이 있었고, 그리 정확한 사람은 아니었다."

검사는 기소장에 이들이 200건도 넘는 사보타주에 가담했다고 기술하면서 피고인들의 의도에 관해 끔찍한 설명을 늘어놓았다. "그들은 게릴라 교육을 받은 수천 명을 무장시켜 봉기의 선봉에 세우려 했으며, 이러한 봉기는 외국 군대의 무장 침투로 이어질 것이다." "아프리카 국민회의와 남아프리카 공산당의 지도하에 국가를 장악하기 위해 임시 혁명 정부를 설치하기로 되어 있었다." '국민의 창'이 지닌 가능성에 대한 이러한 과장된 평가를 접하고 이 부대를 이끈 지도자는 틀림없이 쓴웃음을 지었을 것이다. 그러나 브람은 아주 비관적이었다. 이들 중 몇 명은 사형선고를 받을 것이라고 생각한 것이다.

다음 석 달 동안, 검찰당국은 173명의 증인을 법정에 세우고 수천 건의 문서를 제출했다. 스타 급의 증인이 된, 더번에 거주하는 줄루족 브루노 음톨로 Bruno Mtolo는 '국민의 창'의 나탈 지역을 책임지고 있는 '잘 훈련된 사보타주 조직자'였다. 그는 자신도 모르는 사이에 자신의 활동이 남아프리카 공산당에 의해 지휘된다는 것을 깨닫고 진영을 바꾸었다고 말했다. 음톨로는 "만델라가 우리들이 훌륭한 공산당원이 되어야 한다고 말했다"고 당당하게 증언했다. 만델라는 이 상황을 흉내낼 수조차 없는 점잖은 표현들을 이용하여 논평했다. "그토록 많은 사람들을, 그 중 무고한 사람들이 그토록 많은데도 불구하고 배신하는 것을 나로서는 용서할 수 없었다." 만델라의 유머감각은 잠깐 동안이나마 이처럼 희망이 사라진 상황에 대한 해독제가 되어주었다. 만델라와 그의 동지들은 특수국의 한 어수룩한 사람의 감시를 받았는데, 이 자는 그들이 사형당할 것이라고 믿어 의심치 않았다. 만델라와 동지들은 그에게 소년들처럼 짓궂은 장난을 쳤다. 그들은 남몰래 종이 한 장을 돌리는 시늉을 했고 교도관이 그것을 몰수해서 밖으로 나가 읽었다. 그는 엄청나게 화를 냈다. 그 종이에는 다음과 같이 쓰여 있었다. "너, 스와네포엘이 예쁘게 생겼다고 생각하지 않니?"

만델라는 법률 지식과 평정심, 그리고 타고난 위엄으로 다른 피고인들이나 몇몇 변호사 친구들과의 일상적인 논의를 주도했다. 이제 46세가 된 만델라는 매사 유능함이 더해갔다. 피고인들 중 한 사람인 조엘 조페Joel Joffe는 이렇게 말했다. "만델라는 자연스럽게 우리의 지도자로 부상했다. 그는 지도자에게 필요한 모든 자질을 갖추고 있었다고 생각한다. 매력적인 인간성, 능숙한 말솜씨, 영향력, 평정심, 협상력, 요령, 확고한 신념 등."[93] 1963년 4월 20일 만델라는 비극에 등장하는 위대한 영웅처럼 다시 한 번 감동적인 독백을 한다. 그는 동지들과 힘을 합해 아주 공들여 준비했다. 만델라의 자서전을 집필한 작가는 당시 일을 이렇게 기억한다. 런던『옵서버Observer』지의 통신원이었던 조페는 법정에 입장하는 만델라가 자신을 향해 지은 미소를 보면서 너무나 깊은 인상을 받은 나머지, 그에게 '무의식적으로' 주먹을 들어 대답했다. "이러한 행동은 우리 주위에 있는 경찰들에게 경각심을 불러 일으켰다."[94] 투쟁가도 아닌 한 외국인의 이러한 즉흥적인 몸짓은 이미 만델라의 이미지가 만들어낼 수 있는 커다란 인상에 대해 상세하게 말해준다. 여기서 다시 한 번 연극을 떠올릴 필요가 있다. 자신의 비범한 위상을 당당하게 주장하는 낭만적인 영웅이 되어 무대로 입장했던 순간에 대해, 만델라가 수년 후 언급한 방식이 〈에르나니Hernani〉[16]와 잘 어울리기 때문이다.

"나는 일어나서 법정을 향해 나아갔다. 그리고 천천히 읽어내려가기 시작했다."

"나는 1번 피고인입니다. 나는 법학사를 취득했고, 그 후 요하네스버그에서 수년간 올리버 탐보와 함께 변호사로 일했습니다. 나는 현재 유죄판결을 받은 죄수입니다. 나는 5년형을 치를 겁니다……. 나는 내가 '국민의 창'의 창설에 참여한 사람들 중 한 명임을 시인합니다. 그리고 내가 1962년 8월 체포될 때까지 그 단체에서 중대한 역할을 했다는 것도 인정합니다……."

다음은 결말 부분으로, 여기서 연기자가 승리를 예고하는 부분을 듣게 된다.

"진술을 마치고 난 뒤 나는 그저 앉아 있었다. 나는 청중 쪽을 바라보지 못했다. 그러나 모든 시선이 내게 집중되어 있음을 느꼈다. 한참 동안 침묵이 계속되는 듯했다. 실제로는 30초도 채 안 되었겠지만 말이다. 법정을 나오면서 나는 한 여성의 흐느낌에

제3막 프로메테우스

뒤이어 깊은 한숨 같은 것을 들었다."[95]

　진술은 네 시간 동안 계속되었다. 피델 카스트로의 전기를 감명 깊게 읽은 만델라는 카스트로에게 부끄럽지 않게 행동했다. 유타 검사는 자신에게 피고인을 제지할 수 있는 권리가 없었기 때문에 초조해서 어쩔 줄 몰라 했다. 피고인은 자신의 사보타주 활동에 대해 이의를 달지 않았고, 무장투쟁 외에는 다른 해결책이 없었음을 증명하려 했다. "나는 사보타주가 인종 간의 미래지향적인 관계를 위한, 가장 멋진 희망을 제공할 것이라고 설명했다."[96] 우리는 이 순간 검사의 대머리에 보랏빛이 도는 광경을 상상해볼 수 있다! 분명 이 연설은 법정보다는 역사에 호소한 것이었다. "법정은 아마도 이 점을 납득하기 어렵겠지만, 우리들은 평화로운 해결책을 찾기 위해 최선을 다했습니다. 오래전부터 인민은 폭력을 원했고 백인과 싸울 날에 관해 말해왔지만 말입니다. …… 그러나 1961년 6월 초, 우리는 상황을 심도 있게 연구한 끝에 다음과 같은 결론을 내렸습니다. 우리의 평화적인 요구에 정부가 힘으로 대처하는 상황에서 만일 아프리카의 지도자들이 평화와 비폭력을 계속해서 설파했다면, 그것은 지도자들에게 현실감각과 통찰력이

없다는 증거였을 겁니다."⁹⁷⁾

사회적 관계에 대한 마르크스주의적인 분석에 끌리긴 했지만 만델라는 결코 공산주의자가 아니라는 사실을 분명히 했다. 그러나 만델라는 주저하지 않고 '수십 년 동안 남아프리카에서 아프리카인들을 인간으로 동등하게 대해줄 준비가 된 유일한 정치집단'인 남아프리카 공산당에 대해 존경심을 표했다. 지나치리만큼 완벽하게 예의를 갖춘 만델라의 태도에도 불구하고, 자신들을 끊임없이 인종주의자들로 몰아붙인 데 대해 아프리카너 법관들은 견딜 수 없었을 것이다. "왜 아프리카 정치인들이 그토록 자발적으로 공산주의자들을 친구로 받아들였는지를 이해하기란, 반공산주의적인 편견에 사로잡힌 남아프리카 백인들에게는 아마도 힘든 일이었을 것이다."⁹⁸⁾

나는 이러한 상황 속에서도 우정을 발휘한 만델라에게 다시 한 번 경의를 표한다. 우리가 흔히들 생각하고 말하는 것과는 반대로, 정치적인 삶은 국가라는 '냉혈 괴물'을 차지하기 위한 얼음장 같은 야망들의 충돌로만 이루어진 것은 아니다. 그것은 또 다른 것일 수 있고, 또한 그래야만 한다. 그들의 이기주의와 성공 너머에 존재하는 하나의 이상을 위해 결합한 친구들과 형제들의 공동 작업, 행복한 공모, 풍성한 동지애가 그것이다. 만일 정치적인 삶이 그저 꼴불견일 뿐이라면, 그렇게 살 가치가 있겠는가?

  이 모든 것을 다 고려해볼 때, 사형선고의 그늘에서 행해진 넬슨 만델라의 위대한 연설은 논지가 분명했고 논거는 탄탄했으며, 용감하면서도 증오나 격함이 없는 진술로서 그의 정치 경력을 통틀어 가장 효과적인 연설이었다. 이로 인해 만델라는 아프리카 국민회의 뿐만 아니라 아파르트헤이트에 저항하는, 모든 복합 인종적 반대집단의 대표 주자로 우뚝 서게 되었다. 이전 연설들 속에 나타난 반식민지주의적인 진부한 생각들은, 훨씬 더 깊은 성찰을 통해 생성된 그만의 독특한 분석에 자리를 내주게 되었다.[99] 금지되었음에도 불구하고 그의 진술문은 도처에 게재되었고, 『랜드 데일리 메일The Land Daily Mail』에는 거의 통째로 게재되다시피 했다. 청중석에 있었던 서방 외교관들은 주모자가 남아프리카 공산당의 '조종을 받고 있었다'는 단순한 판단을 재고하게 되었다. "그는 아프리카 전 대륙에서 가장 인기 있는 사람으로 부상하는 중이다. 그 사실 여부가 우리 마음에 들건 아니건 간에 말이다"라고 영국 정보국의 기록에 남아 있다.

변호사들은 그들의 대범한 고객이자 동료인 만델라의 최후진술을 들으며 속으로 십년감수해야 했다. "필요하다면 그것을 위해 죽을 수도 있는 이상이 있습니다." 판사들은 이 최후진술을 도전으로 간주했을까, 아니면 권고로 받아들였을까? 만델라는 아무 생각 없이 이런 이야기를 한 것이 아니었다. 그는 교수형에 처해져 영원히 침묵하게 될 경우에 대비해, 종이 한 장에 밧줄 고리 매듭을 이용하여 하고픈 이야기를 작성했다. "내가 말한 모든 것에 대해 나는 생각했다. …… 이 나라의 수많은 애국자들은 단 하나의 이유 때문에 피를 흘렸다. 그것은 바로 문명의 기준에 따라 대우해달라는 것이었다."[100]

리보니아 재판은 1964년 6월 11일, 공모자들의 농장이 발견된 지 11개월 1일 만에 선고문이 낭독되면서 끝났다. 모든 고소 조항에 대해 피고인들의 유죄가 인정되었다. 남아프리카는 영국 법체계를 채택해 따르고 있었기 때문에, 형을 언도하기 위해서는 법정을 다시 개정해야 했다. 모든 정황으로 보아 사형선고가 예상되었다. 피고인들은 그 경우 항소하지 말자고 결의했다. "항소를 하면 우리가 지닌 도의적인 입지가 약해질 것이라고 생각했다. 사형을 선고받는다

해도, 우리는 언젠가는 반드시 시작될 대중운동을 질곡에 빠뜨리고 싶지는 않았다." 변호사들이 경악하긴 하겠지만, 우리는 이러한 결정에 대해 잠시 경의를 표해야 한다. 그것은 거의 전례를 찾아볼 수 없는 완벽하고도 평온한 영웅적 행동이었다. 여기서 다시 한 번 연극 한 편에 나오는 글귀, "가식이 없는 연극은 말이 없어도 좋다"라는 말이 떠오른다. "나는 세익스피어의 시를 생각했다. 죽음 앞에서 결연決然해지라. 그러면 살고 죽는 문제 앞에서 당신은 보다 여유로워질 수 있을 것이다."[101]

아홉 명의 피고인 가운데 단 한 명만이 무죄였고, 만델라와 시술루를 포함한 아프리카인 여섯 명과 인도인 한 명, 백인 한 명에게는 종신형이 선고되었다. 그들은 온갖 추측을 뒤엎고 목숨을 구한 것이다. 월터 시술루는 방금 면소판결을 받기라도 한 것처럼 기뻐했다. 올리버 탐보는 "나는 리보니아 재판이 진행될 때 전 세계적으로 벌어진 시위가 만델라와 그의 친구들을 사형으로부터 구해냈다고 믿는다"고 말했다.[102] 영국과 미국의 대사들은 협의 끝에 악영향을 미칠 것을 우려해 개입하지 않기로 했다. 항소하지 않겠다는 만델라의 결정은 그의 지위와 위신을 다시

한 번 높여주었다. 서방은 만델라를 백인과 흑인 사이에서 미래의 대화를 주도할 사람으로 바라보기 시작했다. 그는 지도자의 영광과 순교자의 후광을 안고 감옥으로 돌아갔다.[103]

이러한 설명에 덧붙여야 할 유보조건들은 그다지 중요하지 않다. 분명 만델라는 군사 지도자로서는 훌륭한 자질을 보여주지도 못했고, 그가 즉조한 조직도 짜임새를 갖추고 잘 훈련된 세력이라 하기에는 여전히 부족했다. 그러나 이미지가 남았다. "자발적으로 모여든 저항자들의 우두머리, 반역죄로 고발당한 투쟁하는 연설가, 아프리카 전통의상을 즐겨 입는 애국자, 전투복을 입고 피스톨을 찬 게릴라 사령관 등. 이러한 이미지는 실제적이기보다는 상징적인 것이다. 그러나 상징, 모범, 의상, 역할에 임하는 태도는 극적으로 인민의 화신이 되는 데 매우 중요했다"고 앤서니 샘슨은 평가한다.[104]

두 번에 걸친 재판 결과는 이러했다. 만델라는 자유에 대한 확신을 동족들에게 가져다줌으로써, 마치 프로메테우스가 신들에게서 불을 훔쳐온 것처럼 숭고한 범죄를 저지른 것이다. 이제 형벌을 받는 일만이 남아 있었다. 동지들과 함께 그는 프리토리아에서 로벤 아일랜드로 이송되었다. 그런데 이상하게도 비행기에 탑승하기 전 호송관들이 다른 사람들은 그대로 둔 채 만델라의 수갑을 풀어주었다. 만델라를 호송한 대위는 그에게 호의적이었고, 5년형 이상은 살지 않을 것이라고 말해주었다. "당신의 딸들이 당신을 기다리고 있을 겁니다." 백인들 가운데 몇몇 사람들은 만델라가 문젯거리이긴 하지만 동시에 해결책이 되리라는 것을 예감했던 것일까? 2년 후 만델라는 예전보다 더욱 가혹해진 남아프리카의 악명 높은 섬으로 되돌아왔다.

27년간의 '어두운 날들'이—만델라는 과장을 싫어한다—이제 막 시작되었다. 그토록 긴 세월은 글로 풀어내기에는 적당하지 않다. 끝없이 연속되는 똑같은 날들로부터 우리는 무대장치와 영원의 폭발에서 발생한 잔재들만을 붙잡을 수 있을 뿐이다. 정치범만 수용하는 B동 건물에서 30개의 정방형 감방들은 각각 문이 두 개씩 있었다. 복도 쪽으로 면한 한쪽 문은 철창이 달려 있었고, 내정 쪽으로 향한 또 다른 문은 아주 단단한 나무로 만들어져 있었다. 대략 가로, 세로 3미터 정도 되는 감방에는 복도 쪽으로 작은 채광창이 나 있었다. 오른쪽에서 네번째 감방은 만델라가 있던 곳이다. 그곳에는 466/64라는 번호패가 붙어 있다. 그곳에 수감된 죄수가 1964년에 466번째로 등록된 사람이라는 뜻이다. 감방은 내정 쪽을 향해 지어져 전망이 좋지 않았다. 침대로 사용하는 사이잘을 넣은 매트는 낮에는 3장의 얇은 회색 덮개와 함께 돌돌 말아 오른편 구석에 놓아두어야 했다. 반대쪽 구석에는 화장실로 사용하는 오물통이 놓여 있었다. 오물통의 덮개는 뒤집으면 대야가 되었다.

수감자들은 5시 30분에 기상했다. 그들은 매일 두 사람씩 수갑이 채워진 채 채석장으로 끌려갔다. 관용적인 표현을 쓰자면, 그들이 '자갈을 깨는' 이곳은 단테의 지옥도에 나오는 무시무시한 화로 같았다. 반짝반짝 빛나는 하얀 조각돌에 반사되는 햇빛은 눈을 태웠고 고통스러운 결막염을 일으켰다. 그러나 만델라는 사기를 꺾는 감금 생활보다는 야외에서의 이러한 활동을 훨씬 더 좋아했다. 일단 갱도에 도착하면 죄수를 묶은 사슬은 풀리고, 간수들이 속도를 내라고 고함을 질렀다. 정오가 되면 사람들이 쌀죽과 스프로 된 식사를 가져왔다. 한 주에 한 번씩 있는 행사로 종교적인 전례가 있었다. "아프리카너들은 자신들의 종교를 중요하게 생각했기 때문에" 죄수들을 강제로

라도 참여시켰다. 죄수들은 이를 두고 다음과 같이 빈정거렸다. "그들은 우리에게 주일 예배의 은혜를 누리지 못하게 하면 자신들의 영혼이 위험에 빠진다고 여기는 것 같다." 그러나 첫 두 해 동안, 이 행사를 하는 동안에도 죄수들은 자신의 감방을 떠날 권리가 없었다. 목사가 복도 끝에서 의식을 집전했고 설교가 복도를 통해 들려왔다.

만델라는 첫번째 복역 기간에 만들어낸 방어체제를 다시 가동했다. 우선 아무리 사소한 일이라 해도 굴종을 뜻하는 행동을 해서는 안 된다고 지시했다. 또한 간수들이 요구하는 것처럼 그들을 주인님(bass)이라고 부르면 절대로 안 된다고 명령을 내렸다. "그들은 '주인님'이 아니지 않은가." 감히 그 정도로까지 불손한 언행을 할 수 없었던 몇몇 수감자들은, 그들을 비방의 표현인 'bastard(서자)'의 첫번째 음절에 해당하는 'bas'로 부르며 궁지에서 빠져나갔다. 1964년 10월, 만델라의 변호사들 중에 한 사람인 조르주 비조Georges Bizos가 방문을 허가받고 만델라를 찾아왔을 때, 그는 이 수감자가 반바지와 샌들 차림의 초라한 복장으로 여덟 명의 무장한 간수들에 둘러싸인 채 걸어오는 것을 보았다. 그러나 이 가난한 영웅은 평온한 걸음으로 머리를 꼿꼿이 세우고 걸었다. 만델라는 자신을 데려온 사람들을 손짓으로 지칭하며 친구에게 말을 건넸다. "조르주, 내 수석 경호원들을 소개하겠네."

이러한 단조로운 생활은 일상적으로 일어나는 가학 취미가 담긴 사건들로 인해 깨지곤 했다. 채석장에서 돌아올 때 죄수들은 아주 좁은 길을 따라 걸어야 했다. 총으로 무장한 간수들이 앞장서고, 독일산 감시견을 동반한 감시인들이 행렬의 맨 뒤에서 따라왔다. 이때 벌이는 게임 중 하나는 수갑을 찬 죄수들에게 오솔길을 따라 뛰라고 명령하는 것이다. 물론 그들 중 한 명은 꼭 넘어졌고 그와 함께하는 다른 사람들도 넘어뜨린다. 그러면 개가 그들을 공격하고 물어뜯어 피를 흘리게 했다. 죄수가 마실 것을 요구하는 것을 참을 수 없었던 간수 클라인한스Kleinhans는 그 죄수에게 구멍을 파게 했다. 그러고는 다른 죄수들에게 그를 거기에 묻으라고 명령했다. 그리고 나서 간수는 키득거리면서 죄수의 얼굴에 소변을 보았다. "목마르지, 검둥아? 아, 그렇지, 내 새끼 돼지! 네가 마시고 있는 것은 세상에서 가장 좋은 위스키란다!"[105] 간수들의 언어야말로 진짜 더러운 오물들의 목록이었다. "망할 놈의 카피르 새끼들! 게으른 얼간이들! 호래자식들! 더러운 니그로들!" 1965년 교도 당국은 정치범들과, 이들을 학대하고 모욕하던 일반 사범들을 작업 시간 중에 한데 섞어놓았다. 그러나 지도부는 곧 이러한 결정을 철회해야 했다. 도둑과 범법자들에게 '나쁜 영향'을 끼칠 것을 두려워한 사람들은 또다시 일반 사범과 그들을 격리시킨 것이다. 반대로 정치인들은 과거에 어떠한 운동에 소속되어 있었는지에 대한 고려 없이 섞어두었다. 범아프리카 회의 출신의 죄수들 가운데 한 명이 재치 있게 표현했듯이, 독은 병 하나에 한꺼번에 모아두는 것이 더 나았기 때문이다.

1966년 12월 새 간수가 섬에 도착했다. 제임스 그레고리James Gregory는 인종주의자도 아니었고 어린 시절을 줄루인들 사이에서 보냈기에 줄루어를 완벽하게 구사했다. 그는 수감자들의 편지를 읽고 검열하는 일을 맡았다. 입에 칼을 문 테러리스트들을 만날 줄 알았던 그레고리는 내정에서 둥글게 돌고 있는 카피르를 보고 감동받았다. "나는 만델라에게서 눈을 뗄 수가 없었다. 만델라는 어느 누구보다도 올바르고 위대해 보였다. 보잘것없는 죄수복을 걸치고 있다 해도 이 사람은 달랐다. 대장이라는 것이 한눈에 드러났다. 그들은 정면이나 땅에 시선을 고정시킨 채 걸으면서 차례차례 이 고매한 사람들에게 와서 말을 걸었다. 그는 듣고 있다가 고갯짓을 하거나 심각한 얼굴로 대답했고, 잠시 이야기를 나눈 뒤 다음 사람이 그에게 다가왔다."[106]

새로 온 간수가 놀랄 일은 아직 더 남아 있었다. 그날 밤 근무였던 그는 만델라와 시술루의 감방 근처를 지나가면서 예의 바르게 저녁 인사를 나누는 소리를 들었는데, 그들이 나누는 대화에 그는 아연실색했다. "나는 불평이나 끝없는 욕설을 들을 것이라고 기대했다. 그런데 그 사람들은 종교, 물리학, 화학, 사회 문제, 문학, 예술에 관해 이야기하고 있었던 것이다."[107] 제임스 그레고리의 증언이 담긴 이 책에는 만델라의 '백인 친구'라는, 즉 '자신'이 이 유명한 죄수의 절친한 친구라는 데 대해 느끼는 일종의 자기만족적인 황홀감이 배어 있다. 이 책의 또 다른 문제는 보다 심각했다. 사실 간수는 자신이 들었던 이야기를 발설해서는 안 된다. 그런데도 저자는 만델라가 면회객과 나눈 이야기를 여과 없이 적었던 것이다. 만델라의 가족들은 분개하여, 그들의 가장에게 이 책을 압수하라고 요청했다. 성품이 너그러운 만델라는 이를 거부하고, 이 선한 의지를 가진 간수가 자신에게 보여준 우정만을 기억하고자 했다. 만델라는 이 간수를 독립기념일 파티에 초대했고, 그의 경솔한 언행이나 허풍에 대해서는 일절 언급조차 하지 않았다.

징계교본인 〈정관 B〉는 나달이 늘어나 두께를 더해갔다. 수감자들이 도착했을 때, 그들은 A에서 D까지의 네 단계에서 가장 낮은 등급으로 분류되었다. 6개월마다 한 번씩 회의가 열려 그들을 그 단계에 계속 둘 것인지 아니면 단계를 상향 조정할 것인지의 여부가 논의되었다. A는 불가능했다. 수감자들을 체계적으로 D에 묶어두고, C로 올라가고 싶어하는 그들의 희망을 약점으로 삼아 계속해서 협박하고자 했기 때문이다. 정치범의 경우 일반 사범보다 훨씬 더 학대받았다. "정치범은 여섯 달 동안 단 한 번의 방문과 한 통의 편지만을 허락받았다. 가혹하고 인색한 검열이 편지 글귀들을 마구잡이로 삭제했고, 때로는 편지를 몰수하기도 했다. 그들을 가족과 세상으로부터 격리시키고, 그들에게 중요하고 그들을 지탱할 수 있는 관계를 단절시켜야 했기 때문이다."[108]

이 닫힌 세상에서의 유일한 즐거움은 함께 투쟁하

고 고생한 동지들이 늘 곁에 있다는 점이었다. 잡다한 집단이 강제로 함께 거주하면서 감정을 자극하는 일이 수도 없이 일어났음에도 불구하고, 이 그룹은 강한 연대감을 보였다. 1994년에 촬영된 한 다큐멘터리에서 만델라는 이 점에 대해 이렇게 설명했다. "우리에게 중요한 문제는 우리를 로벤 아일랜드로 유배시킨 그 이념들이 수그러들지 않을 것이라는 사실이다. 이러한 이유로 우리는 한 인간이 법정에서 겪을 수 있는 가장 고된 시련들 중 하나를 견뎌낼 수 있었다."[109] 위엄을 잃지 않고 목표를 지켜내기 위한 형제공동체가 천천히 조직되었으며, 감옥에 있는 아프리카 국민회의는 살아남아 완성되어갔다. 아프리카 국민회의는 조직에서 가장 고명한 책임자들로 구성된 최고 사령부를 섬에서 갖추게 된 것이다. 만델라, 월터 시술루, 고반 음베키Govan Mbeki[17] 그리고 레이몬드 음흘라바Raymond Mhlaba[18]가 그들이다. 이들이 모두 코사인이라는 사실이 만델라를 조금 불편하게 했다. 그러나 그는 그저 같은 종족이라는 이유만으로 투쟁가를 이 작은 그룹에 합류시킨 것은 아니었다. "우리들은 죄수들의 항의, 파업, 편지, 음식 같은 문제들 즉, 감옥의 일상생활과 관련된 모든 것에 대해 결정을 내렸다. 가능하다면 우리는 성원들 전체의 중지를 모으려 했지만, 그것은 너무 위험했고 따라서 그런 경우는 거의 드물었다. 어쩔 수 없이 최고 참모부가 결정을 내렸고, 그 결정이 모두에게 통보되었다."[110] 섬에서 흑인 죄수들은 정치범들의 섹션 B를 '대장 주변makulukutu'이라고 불렀으며 모두들 이 말이 무엇을 뜻하는지 알고 있었다.

그러나 공통의 불행이 의견차를 제거하지는 못했다. 범아프리카 회의 소속 수감자들은 아프리카 국민회의 소속의 신참들이 도착하는 것을 보면서 "그들의 영역에 대한 잠식"이 일어날 것을 우려했다. 이번만큼은 분노를 참지 않은 만델라의 표현을 빌리면, "파렴치하게도 반공산주의, 반인도인"으로 남아 있는 그들은 공통의 모임에 참여하기를 거부했다. 자율성 수호에 대한 그들의 고민은 때때로 우스꽝스러웠다. 변덕스러운 형무소 행정조치에 따라 아프리카 국민회의의 대장이 한동안 동료들로부터 격리되어 따로 일하고 먹어야 했을 때, "이 새로운 규칙은 범아프리카 회의 성원들 사이에 일종의 동요를 자아냈다. 며칠 후 그들은 자신들의 지도자인 제프 모토펭Zeph Mothopeng 또한 격리되어야 한다고 결정하고, 순전히 자신들의 주도하에 그를 나와 마찬가지로 다른 사람들과 따로 일하고 먹게 했다."[111] 어느 날 수감자들이 건물 지붕 밑에서 일하던 중, 아래쪽에서 만델라가 그의 동지들 가운데 한 사람과 대화 중인 것을 보았다. 그들 중 한 사람이 만델라에게 고함을 질렀다. "영감탱이Mdala, 왜 코사인에게만 말을 거는 거요?" 만델라는 이렇게 대답했다. "당신들이 어떻게 차별이라는 문제를 가지고 나를 비난할 수 있소? 우리는 다 같은 인민일 뿐이오." 그러나 이 사건 이후, 만델라는 다른 종족 사람들과 이야기를 나누는 모습을 보여주려고 노력했다.

몇 가지 외부 소식이 해협을 건너왔다. 1967년 루툴리 대장의 죽음은 그들에게 '커다란 상실감'을 남겼고, 그들은 그를 기억하기 위해 조촐한 의식을 마련한다. 그들은 '국민의 창' 초창기에 조직된 부대들이 적에 맞서 전투를 벌였다는 사실을 아주 늦게나마 알게 되었다. 1967년, '국민의 창' 분견대들이 남아프리카로 오는 도중에 짐바브웨의 로데지Rhodesie로 침투했다가 괴멸당해 흩어졌다. "우리 군대는 승리를 거두지는 못했지만, 우리는 '국민의 창' 조직이 적과의 전투에서 주도권을 쥐고 있다는 사실을 조용히 축하했다. 그것은 투쟁의 전환점이었다."[112] 죄수들은 바나나 보트Banana Boat라는 곡에 자신들의 주장을 가사로 붙여 노래했다.

　　우리에게 바주카포와 수류탄을 주시오.
　　카스트로처럼 나라를 탈취합시다!

　마침내 가족의 방문을 받을 수 있게 되었을 때, 만델라는 그동안 훌쩍 커버린 아이들을 가까스로 알아볼 수 있었다. 어머니는 갑자기 '너무나 연로하고 여위어' 보였다. 여동생인 마벨Mabel은 변함이 없었다. 그들은 머나먼 트란스케이에서 왔다. 당국은 그들의 긴 여행을 감안해, 규칙으로 정해진 30분에 15분을 더 허락하는 호의를 베풀었다. 만델라는 첫 부인과의 사이에서 얻은 마카토와 마키에게 그들이 공부를 계속하기를 바란다고 말했다. 만델라는 어쩌면 이번이 마지막으로 어머니를 보는 것이 될지도 모른다고 느꼈다. 그 예감은 틀리지 않았다. 그로부터 몇 주 후 전보가 도착한 것이다. 어머니의 장례식에 다녀오고 싶다는 그의 요청은 거부당했다. 부족의 관례를 지키지 못했다는 사실이 그의 슬픔을 한층 더하게 했다.

1969년 5월 12일 이른 아침, 만델라의 올랜도 집에서 '싸우는 여인'이 체포되었고, 1967년 법에 의거한 행정부의 결정에 따라 수감되었다. 만델라는 이번에는 감정을 숨길 수 없었다. "위니 또한 감옥에 가게 되었다는 사실을 알게 된 것보다 더 괴로운 일은 없었다. 나는 좋은 표정을 유지하기가 힘들었다." 형무소를 책임지는 장군이 만델라가 아내에게 편지를 쓰는 것을 허락했지만, 만델라는 장군의 제안에 대해서 어떠한 의향도 표시하지 않았다. 만델라는 자신의 편지로 수취인인 아내의 심기를 불편하게 할 의도로 이러한 '호의'를 베풀었음을 눈치챈 것이다. 이후 그는 어떠한 환상도 품지 않았다. 그리고 얼마 지나지 않아 최후의 일격이 가해진다. 만델라는 장남인 템비가 트란스케이에서 교통사고로 사망했다는 소식을 접했다. 그는 스물다섯 살이었고 두 명의 어린아이들이 있었다. 만델라는 평생을 살면서 이 시기가 가장 '정신적으로 고통스러운' 시기였다고 고백한다. 독수리의 부리가 프로메테우스에게서 처음으로 탄식을 끌어냈다.

  그러나 곧 맑은 날씨가 예고되었다. 정치범들이 '결국에는 섬의 분위기 변화를 이끌어낼 작은 승리들'을 거두면서, 수감 조건이 한동안 개선된 것이다. 물론 그러한 진전이 여전히 미미한 수준에 머물렀고, 또 상황이 언제 바뀔지 모르는 일이긴 했지만 말이다. "우리는 단지 바위가 다시 굴러 떨어지는 것을 보려고 언덕 위로 끌어올렸다"고 그리스 신화를 정말로 좋아하는 넬슨 시지프Nelson Sisyphe(저자가 넬슨 만델라를 그리스 신화 속 인물 시지프에 비유한 것)는 적고 있다. 마침내 카피르들은 입소 첫날부터 요구해 온 긴 바지와 사복을 받았다. "이 유니폼은 우리에게 아주 잘 어울렸다. 우리는 그것을 세탁해 입을 권리도 누리게 되었다. 아프리카인 죄수들도 때때로 아침에 빵을 받았다." 그리고 목사가 내정에서 설교했으며, "훌륭한 설교"를 한 위고 목사는 아프리카 합창곡을 높이 평가하는 음악 애호가였다.

자유 시간이면 죄수들은 카드놀이를 하거나 장기를 두었고, 연극 동호회를 만들 수도 있었다. 만델라는 소포클레스를 읽었다. "누군가 안티고네를 선택했을 때, 나는 내가 도와줄 수 있는 것들을 제안했다. 나는 사랑하는 도시국가의 왕좌를 차지하기 위해 내란을 도모하는 늙은 왕, 크레온 역을 하겠다고 나섰다. 연극 초반부까지 크레온은 진지하고 애국심도 강하다. 그의 초기 연설들은 지혜로 가득 차 있다. 그는 경험이 권력의 바탕이 되어야 하며, 인민에 대한 의무가 개인들에 대한 충성보다 앞선다고 제시했다." 오래전부터 넬슨 만델라를 사로잡아온 것은 반란이나 무장투쟁의 정통성이 아니라, '권력의 함정' 문제였다. 내면 깊숙한 곳에서 그는 자신이 권력을 행사하게 될 것이라는 사실을 확신하고 있었다. 자신의 운명을 생각하면서 만델라는 소포클레스를 인용했다. "한 사람의 영혼, 감정, 의도를 그가 권력의 시련을 겪어본 자도 아니고 법을 제정해본 사람도 아닌데 어떻게 판단할 수 있는가?"[113] 그는 이 교훈을 되새기며 연극에 관해 이야기했다. "크레온은 안티고네의 말을 듣지 않을 것이다. 그는 자신의 마음속에 있는 악마를 제외한 어느 누구의 말도 듣지 않기 때문이다. 그의 고집불통과 맹목은, 연민으로 정의를 조절해야 하는 수장에게 어울리지 않는다."

자신이 기질적으로 독재에 빠지기 쉬울 것이라고 생각했던 것일까? 만델라는 늘 낭랑하고 관록 있는 음성으로 반대자를 짓누르려는 자신의 천성을 누르기 위해 애썼다. 그의 동료 수감자들 가운데 몇몇은 만델라가 내면적으로는 부족장과 민주적인 지도자가 어떻게 다른지를 결코 구별하지 못할 것이라고 장담하며 그의 결점을 지적했다. 예를 들어 피킬레 밤Fikile Bam[19]은 "만델라는 전통적인 족장들로부터 느낄 수 있을 법한 오만함을 가진 자다. 이러한 거만한 태도가 야기했을지도 모르는 여러 문제들로부터 그를 구한 사람은 시술루였다"고 말한다.[114] 정치 생활에서 얻은 경험 덕분에 나는 그 상황을 이해할 수 있다. 사실 지도자가 되었을 때, 다수결의 원칙이 강요하는 바를 따르기는 쉽지 않다. 그릇된 결정임을 알면서도, 다수의 의견이라는 이유만으로 그 결정에 따르는 것은 쉬운 일이 아니다. 그것이 민주주의의 커다란 위험들 가운데 하나이다. 만델라는 이러한 점에서 자신의 본성을 애써 억제했다. 기질적으로 그는 스스로 '그 누구보다도 똑똑한', '정예 우수 학생'이라고 느꼈다. 우리는 이러한 종류의 확신이 한 공인에게서 어떤 식으로 나타나는지를 알고 있다.

정치범들만 수감된 QHS(집중 감시 지역)의 동료들을 대할 때 만델라는 차별을 두지 않았다. 그는 모든 사람에게 말했고 또 이야기를 들어주었다. 만델라는 에디 다니엘Eddie Daniel의 사기를 높여줄 궁리를 했다. 그는 지난날 해군으로 복무하다가 백인 좌파들과 함께 사보타주에 참여해 15년형을 선고받은 흰 피부의 컬러드였다. 이 '거의 백인'은 아프리카인들 사이에서 끔찍할 정도의 외로움을 느꼈으며 풀이 죽은 상태였다. 에디 다니엘은 그 시절의 넬슨 만델라를 이렇게 회고한다. "만델라가 '나를 넬슨이라고 불러!'라고 말을 건넸을 때, 그것은 내가 감옥에서 들은 최초의 다정한 말이었다. 내가 풀이 죽어 있을 때 그의 힘이 슬며시 내게 다가왔다. 우리는 미래를 알 수 없다. 그러나 만델라만은 그것을 알 수 있다."[115]

사람들은 만델라가 마치 영국인과 같은 냉정함을 과시하는 데 명예를 건다고 말한다. 그러나 1968년 어느 날, 악의적인 간수들이 책과 노트를 몰수해갔다는 죄수들의 불만을 전하는 만델라에게 대위가 욕을 하며 대꾸하자, 만델라는 격한 감정을 드러내고 만다. 그 장면을 목격한, 만델라의 친구이자 트로츠키 투쟁가인 네빌 알렉산더Neville Alexander는 이렇게 이야기한다. "그것은 정말로 놀라운 광경이었다. 어느 누구도 만델라가 사람들 앞에서 평정심을 잃는 것을 본 적이 없었으니 말이다. 버럭 화를 냈을 때, 만델라는 너무나도 인상적인 사람이 되어 있었다. 그런데 사실, 그는 그때조차도 자신을 통제하고 있었다." 만델라는 친구에게 분노는 위장이었으며 그 장면을 세심하게 연출했노라고 슬쩍 털어놓은 것이다. 연극이었다! 그러나 만델라가 정말 분을 참지 못할 때도 있었다. '남편을 면회하러 오는 것이 사실은 언론의 주목을 받기 위한 것'이라는 이유에서 위니의 방문이 거부되었다는 소식을 들었을 때, 그는 진정제를 처방받아야 할 정도로 분노했다.[116]

1970년의 형무소 소장은 '친절하고 악의가 없는' 반 아르데Van Aarde 대령이었다. 당국이 사태를 다시 장악해야 한다고 결정한 것에 비해, 이 사람은 아마도 지나치게 호인이었던 듯하다. 당국은 그를 대신해 피에트 바덴호르스트Piet Badenhorst 대령을 임명한다. 부유한 가문 출신인 이 대령은 취미나 적성 면에서 모두 타고난 간수이자 감시인이었다. 이런 행동이 결국 그를 자신의 직위에서 밀려나게 만들겠지만 말이다. 그는 나사를 다시 조일 임무를 부여받아 기쁘게 수행했다. "우리는 대령의 지배가 어떤 결과를 낳을지 겪어보지 않고도 알 수 있었다. 공부 시간과 자유 시간을 허가한 수많은 규정들이 폐기되었다. 간수들은 대령에 의해 선발된 사람들로 전임되고 교체되었다. 그들은 우리의 감방을 뒤졌고 책과 종이를 몰수했으며, 예고도 없이 식사를 빼앗았다. 또 채석장으로 가는 길에서 우리를 몰아댔다."

학대가 늘어났다. 실례로, 1971년 5월 28일 밤, 정치범들은 거칠게 잠에서 깨워졌다. 간수들은 그들에게 옷을 벗고, 감옥과 면해 있는 정원 쪽 벽을 등지고 일렬로 서라고 명령했다. 너무도 추웠던 그 밤에 그들은 간수들의 욕설을 들으며 추위에 떨어야 했다. 그들은 가학증으로 악명 높은 푸리에와 같은 종류의 사람에게서 지배를 받고 있었다. 여러 수감자들이 야만적으로 구타당했고 그 중 한 사람은 심장 발작을 일으켜 기절했다. 이러한 잔혹함이 어떤 결과를 초래할 수 있는지 우리는 절대로 모를 것이다. 대령이 그 도를 더해감에 따라 프리토리아가 들끓었고, 이 유감스러운 소문의 진위를 파악하기 위해 고위급 조사 위원들이 파견되었다. 물론 만델라가 수감자들의 대변인으로 나섰다. 대령을 '우둔하고 난폭한 군대 깡패'로 간주한 제임스 그레고리가 그 장면을 목격했다. "만델라는 똑바로 서 있었다. 그의 목소리는 늘 그렇듯 느리고 낮았지만, 그의 단호함과 평정심은 모든 사람을 놀라게 했다. 만델라는 반복된 도발과 형벌, 무저항자에 대한 폭력, 간수들의 수많은 악랄한 행동들을 죽 늘어놓았다. 마지막으로 그는 바덴호르스트 쪽으로 몸을 돌려서, 항의가 터져 나와도 대령은 조사를 거부하고 어떤 이야기도 듣지 않았다고 밝혔다. 바덴호르스트는 격분했고 판사들 앞이라는 사실도 잊은 채 고함을 질러댔다.

"만델라 네가 그걸, 일반 사범들을 학대하는 장면을 네 눈으로 봤나?"

"물론 아닙니다. 우리는 격리되어 있었으니까요. 그렇지만 나는 당신이 우리에게 가한 학대 행위는 잘 알고 있습니다. 단 한순간도 그 일이 사실임을 의심해본 적이 없습니다."

바덴호르스트는 얼굴이 새빨개져 분노로 땀을 흘렸고, 아마도 그 유명한 '네 어미는 구린내 나는 얼간이다jou ma se moer!'라는 욕설을 내뱉었던 것 같다. 그는 만델라에게 다가와서 한 손가락으로 그의 뺨을 꾹 눌렀다.

"닥쳐라, 만델라!"

그가 쉰 소리를 내며 말했다.

"잘 알지도 못하면서 계속 지껄인다면 너는 곤란에 빠지게 될 거야. 내가 무슨 말을 하는지 알지?"

이 협박을 무시하면서 만델라는 그로부터 빠져나

와 재판관들 쪽을 향했다.

"여러분……."

그는 평온하게 말했다.

"여러분은 우리의 소장이 어떤 종류의 인간이라는 것을 충분히 파악하셨을 겁니다. 나를 여러분 앞에서 이렇게 대할 수 있다면, 다른 때 이 섬에서 어떤 일이 일어났는지를, 여러분은 충분히 상상하실 수 있을 겁니다."[117]

판관 중 한 사람이 "죄수의 말이 맞소"하며 인정했다. 만델라도 당시 상황에 대해 증언하며, 그레고리의 말이 모두 사실이라고 인정한 뒤 몇 마디를 덧붙였다. "다음 몇 달 동안, 바덴호르스트는 손이 묶인 듯했다. 혹독한 조치는 줄어들었고 판관들이 방문하고 난 뒤 석 달 후, 우리는 그가 전출될 것이라는 소식을 들었다."[118] 가학증이 있거나 폭력적인 간수들은 그들의 대장과 함께 사라졌다. 후임으로 빌렘스 Willemse 대령이 왔다. 그는 아마도 지시를 받은 듯 정치범들과의 화해를 모색했다. 만델라는 빌렘스가 내놓은 타협안을 물리치지 않고 합의했다. "우리는 일하는 모습을 보여주겠지만 대신 우리 방식으로 일하겠다고 했다. 바로 이것이 우리가 요구했던 것이고,

빌렘스는 그에 대해 더는 불평하지 않았다."[119]

이제 수감자들에게 채석장 일보다는 좀더 수월한 일이 주어졌다. 물론 그 또한 간단한 일은 아니었지만 말이다. 그것은 모래사장에서 해조류를 모으는 일이었다. 모아진 해조류는 말리고 압축하여 일본에 비료로 수출했다. 해조류 채취자들은 굴과 전복을 따서 형무소의 생활을 향상시킬 수 있었다. 그들은 거리낌 없이 해조류를 사용했다. 그들 중 한 사람이 요리사로 승진되어 해조류로 탕을 끓였는데, 간수들도 죄수들과 함께 나누어 먹었다. 이러한 일은 빌렘스 대령이 형무소를 맡은 이후의 관계 변화를 정확히 보여준다. 이 일을 알게 된 교도관도 그 혼합물을 맛보고는 만족스럽게 "아주 좋아!smaalik"라고 말한 것이다. 그러나 이보다 죄수들이 훨씬 더 좋아했던 것은 바로 다음과 같은 이유에서였다. "너무나 아름다운 풍경을 감상할 수 있는 기쁨이었다. 우리는 예망으로 물고기들을 낚아 올리는 배들과 물고기를 잡아채는 갈매기, 파도에서 노는 바다표범들을 바라보았다. 여름의 바다는 경탄스럽지만 겨울에는 벵겔라 한류가 물속에서 걷는 것을 고문으로 바꾸어놓았다."[120]

아주 가깝지만 또한 별만큼 먼 대륙에서는 나날이

투쟁이 격렬해졌다. 점점 더 많은 '국민의 창' 투사들이 무기를 손에 쥔 채 체포되어 섬으로 보내졌다. 그들은 최고 지휘관에게 자신들의 투쟁에 대해 보고했다. 인근 독립국가들에서의 투쟁 상황이 그리 순조롭지 못하다는 말을 전해 들은 만델라는 올리버 탐보에게 편지를 써서 다시 이 일을 맡아달라고 부탁했다. 최고 사령부 요원들은 젊은 투사들의 교육에 힘을 쏟았다. 비망록의 예의 바른 완곡어법 이면에서 우리는 반란을 시도조차 하지 못한 채 감옥으로 보내진 이 아이들이 솔직히 골칫거리였음을 느낄 수 있다. 그러나 그것이 중요한 문제는 아니다. 정치 활동의 황금률 가운데 하나는 자라나는 세대들로부터 단절되지 말아야 한다는 것이다. 그들이 아무리 과격하고, 단순하고, 단호하다 해도 그렇다. 우리는 미래에 살아갈 사람들 없이는 그 미래를 건설하지 못하기 때문이다.

비밀 최고 사령부는 그 점을 알고 있었다. 이 머리만 뜨겁고 무식한 젊은 수감자들에게 '신중하고 관대한' 월터 시술루가 아프리카 국민회의 역사를 가르쳤다. 그들은 1912년부터 활동이 있어왔다는 사실을 들으며 놀라워했다. 이 한담 수준에 그쳤던 시간이 차차 정식 과정으로 바뀌었다. A 프로그램. 인도 회의의 한 지도자가 인도 공동체의 투쟁 역사에 대해 가르쳤고 컬러드에 대해서도 마찬가지의 교육이 진행되었다. 학생들의 정치·경제·입문 교육을 맡은 만델라는 흔히 잊어버리기 쉬운 진리 하나를 발견한다. 교육은 단지 교육 받는 자에게만 이익이 되는 것은 아니었다. "이 사람들은 정식 교육은 거의 받지 않았지만 세계와 그 내부의 고난에 대해서는 많이 알고 있다." 그러나 그의 진정한 소명은 교육이 아니었다. 만델라는 항소하기를 원하는 유죄 선고를 받은 사람들에게 법률 조언을 하는 데 특별한 기쁨을 느꼈다. "그들이 나를 보러 왔다. 그들이 변호사에게 이야기하는 것은 이번이 처음이었다." 성직자가 언제나 성직자인 것처럼, 감옥에서건 재판정에서건 만델라는 영원한 변호사였다. 물론 죄수에게 부과된 수많은 일이 법조인의 일을 방해했다. "옛 만델라—탐보 사무소에서라면 30분 이상 걸리지 않을 상담이 섬에서는 1년 혹은 그 이상이 필요할 수 있었다."

한없이 느리게 몇 년이 지나갔다. 이후 섬에 대규모로 밀려들어온 정치범들이 절도로 수감된 일반 사범들을 대체해 주방에서 일하면서 사람들은 더 잘 먹게 되었다. 적십자와 국제 여론의 압력으로 체제의 야만성은 줄어들었다. 그러나 그러한 변화가 얼마나 더디게 이루어졌던가! 아프리카인, 인도인, 컬러드가 같은 메뉴의 식사를 할 수 있게 되기까지는 1979년까지 기다려야 했다. 이러한 양보는 인색할 정도로 드물게 얻은 결과였다. 아프리카인에게 약간의 설탕을 주기 위해 다른 이들의 몫을 줄인 것이다. 다음 해에는 두 개의 보수적인 일간지를 들여왔다. 그나마도 죄수들에게 배포되기 전 무수히 삭제되었다. 그러나 독수리는 여전히, 가끔씩 부리로 광포하게 쪼아댔다. 만델라의 친구인 파티마 미어가 만델라가 벌을 받은 날 방문하는 바람에, '널빤지에 꽂힌 나비처럼 끔찍하게 수척해진' 만델라를 목격했다. 사랑하는 사람들과 만날 수 없는 고문, 알아보지 못할 정도로 커버린 아이들, 홀로 잠자리에 드는 아내가 죄수들을 초췌하게 만들었다. 그들 중 한 명이 『고도를 기다리며En Atterdant Golot』를 예로 들면서, "그 부랑자는 우리에게 아무런 희망이 없는데도 희망하는 법을 가르치고 싶었던 걸까요?"라고 만델라에게 물었다.

죄수들이 함께 읽던 책은 셰익스피어의 작품이었는데, 정치범들은 작품 속의 긴 문장들을 모두 다 외울 정도였다. "우리는 습관적으로 『코리올란Coriolan』,

제3막 프로메테우스

『율리우스 카이사르Julius Cesar』, 『헨리 5세Henri V』에서 가장 투쟁적인 대사들을 암송했다"고 네빌 알렉산더가 회상했다. 죄수들은 헨리 5세의 서막이 일깨운, '꿈을 통한 해방'을 연극으로 옮겼다. "우리가 상상한 바를 작품으로 만들 수 있도록 허락해주십시오. 지금 벽으로 둘러쳐진 이곳에 강력한 군주국들이 세워져 있다고 가정해보십시오. 우리의 서투름을 당신의 상상력으로 채우고 상상의 군대를 만들어보십시오!" 시간을 죽이기 위해, 그들은 가상의 탈옥을 꾸며보기도 했다. 그것 중 하나는 1974년에 감행되기도 했다. 치과 의사의 치료를 받기 위해 케이프로 이송될 때 세 사람은 도망칠 수 있을 것 같았다. 치과 병원이 위치한 1층 창문을 통해 도로로 뛰어내리면 되었던 것이다. 마침내 그 순간이 왔을 때, 이상하게도 행인 하나 없이 길이 텅 비어 있었다. 결전에 나선 세 명의 후보들은 함정을 눈치챘다. 그대로 감행했다면, 그들은 아마도 '도주 시도 중에' 암살당했을 것이다. 만델라의 완벽한 치아 상태가 치과 의사를 놀라게 했을 뿐 별다른 일은 일어나지 않았다. 생일을 축하하기 위해 그들은 음식을 한데 모아놓고, 빵 한 조각을 케이크 대신 그날의 주인공에게 주었다.

사람들이 큰 의미를 부여하는 50회 생일을, 1968년에 만델라는 그런 식으로 보냈다. 그의 측근들은 60회 생일은 기념할 만한 방식으로 축하되어야 한다고 결정했다. 월터 시술루가 한 가지 생각을 해냈다. 이 날 만델라가 비망록을 쓰고 그것을 젊은 투쟁가들의 교육을 위해 외부로 내보내자는 것이었다. "그 아이디어가 마음에 들었고 나는 그 일에 착수했다." 만델라는 밤마다 글을 썼다. 그러나 곧 하나의 문제가 제기되었다. 이 비밀문서를 어디에 숨긴단 말인가? 어려움이 없지 않았지만 그들은 그것을 땅에 묻었다. 그런데 벽을 하나 건설하기 위해 정원에 수도 없이 곡괭이질을 해댔던 그날, 이 짐을 옮겼어야 했는데 그러지 못했다. 하루는 소장이 저자를 소환했다. "만델라, 우리는 당신의 문서를 발견했소." 소장은 만델라가 불법적으로 글을 쓰기 위해 학습할 특권을 남용했다고 확신했고 4년간 공부를 금했다.

1976년 언뜻 보기엔 별일 아닌 듯하지만 내게는 미래에 일어날 격동을 암시하는 것 같은 사건이 발생했다. 교도소를 총 관할하는 장관인 정부의 중요 인사 지미 크루거Jimmy Kruger가 넬슨 만델라를 방문한 것이다. 당시 프리토리아는 여전히 반투스탄 카드로 장난을 치고 있었고, 이 장치에서 여주인 격인 트란스케이는 만델라의 조카인 마탄지마가 통치하고 있었다. 우리가 앞서 살펴보았듯, 마탄지마는 삼촌과는 달리 흑인 해방을 믿지 않았고 독재자 기질이 강했다. 만델라가 '트란스케이 정부'의 정통성을 진정으로 인정하고 그곳에 정착하고 싶어했다면, 그의 수감 기간은 '상당히 줄어들었을' 것이다. 이 기묘한 교섭을 제안받은 만델라는 자신은 반투스탄 정책에 반대한다는 입장을 정중히 밝혔다. 만델라의 정중함을 오해한 크루거는 한 달 뒤 같은 제안을 가지고 만델라를 다시 만났고 똑같이 거절당했다. 그것은 '변절자만이 받아들일 수 있는 것이었기 때문이다.'[121] 그러나 이 사실은 별로 중요한 문제는 아니다. 이제 정부는 '정식 교섭 상대'가 어디 있는지를 알게 된 것이다.

만델라는 언젠가는 정부가 자신을 필요로 할 것이라고 예견했던 것일까? 긴장은 나날이 고조되어갔다. 1976년 6월 소웨토 학생들의 유혈폭동이 발생했다. 주피터가 아파르트헤이트 정부의 몰락을 바라고 그들의 이성을 빼앗아버린 듯한 일이 발생했다. 정부가 흑인 학교에서 아프리칸스 교육을 의무화하려고 결심한 것이다. 젊은이들은 곧 그러한 결정이 어떤 결과를 가져올지를 간파했다. 세계적인 성격이 없는 언어, 즉 영어와는 달리 넓은 세계로 가는 길을 차단하는 방언의 게토 속에 그들을 가두려는 것이었다. 그리하며 주인인 보어인들과의 관계를 통해서만 정의되는 카피르의 미래를 규정한 것이다. 그들로서는 도저히 참을 수 없는 일이었다. 읍내 학생들이 거리로 나왔을 때, 학교에 다니지 않는 수천 명의 젊은이들까지 그들을 지지하기 위해 몰려들었다. 경찰이 발포하기 시작했고 헥토르 피터센Hector Pietersen이라는 열세 살 된 남자아이가 죽었다. 격분한 아이들이 두 명의 백인들을 폭행했다. 이후 소웨토는 소요의 규모 면에서 샤프빌 학살을 넘어서고, 전 세계 언론에 사진과 주요 기삿거리를 제공하면서 전장戰場으로 바뀌었다. 폭동은 케이프타운으로 번졌다. 그해 말, 소요 사태로 수백 명의 사망자가 발생했다. 수감자들은, 가담자 중 한 명이 엄청난 고문을 당한 끝에 유죄 선고를 받고 형무소에 들어온 8월에야 소웨토 사건에 대한 소식을 들었다. 만델라는 전에 느낀 '혁명적 분노의 기운'을 이 '흑인의식운동Black Consciousness Movement' 속에서 감지했다. 그것은 조직이 아니라 하나의 정신이었으며 또한 짓밟아버릴 수도 없었다.

주모자는 나탈 대학교 의과대학 학생인 스티브 비코Steve Biko였다. 그는 흑인들에게서 '열등감'을 없애 결국 '남이 아닌 자기 자신에 의해 스스로를 정의하도록 하는' 꿈을 갖고 있었다. 미국 흑인운동에서처럼, 비코에게도 '검다'라는 형용사는 자부심의 대상이 되어야 했다. 흑인의식운동은 두 보이스W. E. Du Bois[20]로부터 엘드리지 클리버Eldridge Cleaver[21], 프란츠 파농Franz Fanon[22]과 에이메 세사르Aime Cesaire[23]에 이르기까지, 여러 아메리카 흑인들이 내세운 구호였다. 이 운동은 마침내 젊은이들 사이에서 아프리카 국민회의, 범아프리카 회의, 그리고 그 밖의 금지된 단체들이 채워주지 못한 빈 공간을 메워주었다. 만델라는 이 사건의 영향과 그로부터 끌어낼 수 있는 몫을 서둘러 예측했다. 무엇보다도 투쟁가들을 격려해야 했다. 그는 투쟁가에게 석방된 한 죄수를 통해 열정적인 청원문을 전달했다. "총을 위해 사는 사람은 총으로 망할 것이오! 뭉치시오! 모이시오! 싸우시오! 우리는 진퇴양난에 빠진 아파르트헤이트를 단결된 대중운동과 무장투쟁으로 괴멸해야 합니다."[122]

가을이 되어 유죄 선고를 받은 젊은이들이 로벤 아

일랜드로 몰려드는 것을 보면서 만델라는 아프리카 국민회의에 입당하라고 권유하지 않도록 자제했다. 그는 심지어 가장 열렬하게 운동을 주도하는 젊은이들 가운데 하나인 패트릭 '테러' 레코타Patrick Lekota가 지하 아프리카 국민회의에 입당하는 것조차 거부했다. '테러'—그는 이 별명을 축구경기에서 얻었다—는 터치라인에서 슛을 날렸고 공공연하게 입당을 알렸다. '정치에 대한 혐오를 지닌' 그의 동료들은 쇠스랑으로 그를 공격해 상해를 입혔다. 만델라는 레코타가 고소하려는 것을 말렸다. 적들이 아프리카인들 사이의 반목을 알아서는 안 되기 때문이다. "나는 이 젊은이들이, 아프리카 국민회의가 서로 다른 수많은 생각과 감성들을 수용할 수 있는 광범한 운동이라는 것을 알아주기 바랐다." 내 생각에 이는 모든 정당에 적용할 수 있는 교훈으로, 오직 '군화들'만이 '획일적인 생각'을 자랑스러워할 것이다. 갑자기 몇몇 폭행자들을 포함해서 수십 명의 흑인의식운동 멤버들이 아프리카 국민회의에 가담했다. 그리고 곧 레코타는 다른 죄수들에게 아프리카 국민회의의 정략을 가르쳤다.[123] 그러나 모든 것이 다 완벽하지는 않았다. 아프리카 국민회의, 범아프리카 회의, 그리고 흑인의식운동의 투쟁가들 사이에 싸움이 벌어져 서로 반목하게 된 것이다. 단합을 옹호하며 정직한 조정자로서의 역할을 해야 할 이유가 생겼다. 설령 그것이 만델라를 그의 '몇몇 동료들로부터 멀어지게 할 위험'이 있다 해도 말이다. 만일 이러한 훌륭한 정치적 모범에서 여러 교훈을 이끌어내는 것이 독자를 지루하게 할지도 모른다는 두려움만 없었다면, 나는 이런 식으로 늦장을 부렸을 것이다.

다음 해 정치범들은 드디어 육체노동을 면제받는다. 만델라는 "드디어 책을 읽고 편지를 쓰고, 친구들과 이야기하고 다른 수감자의 변론문을 쓰며 하루를 보낼 수 있게 되었다"고 쓰고 있다. 적십자는 배구 장비와 탁구 테이블을 제공하고 테니스 코트도 설치했다. 당국은 멀찍이 떨어진 벽 가까이로 좁은 잔디밭을 만드는 것을 허가하고 씨앗도 제공했다. 미래의, 남아프리카의 해방자는 떨 듯이 기뻐하며 토마토와 양파를 심었다. 그는 위니에게 '특히나 아름다운 토마토 한 그루'와 시들어버린 또 한 그루에 대해 두 통의 편지를 쓴다. 이것이 그들 부부가 장차 겪게 될 위험을 자신도 모르는 사이에 암시했다는 것을 훗날 깨닫게 될 것이다. "몇 가지 측면에서 나는 이 정원을 내 삶의 한 상징으로 보게 되었소. 지도자는 씨앗을 뿌리고 돌보고 생산물을 수확하는 사람이오. 정원수처럼 정치 지도자는 그가 기르는 것에 책임을 져야 한다는 말이오. 자신의 일에 주의를 기울여야 하며 잡초를 뽑아내고, 잘 자라지 못할 것은 제거하고 나머지를 보살펴야 하오."[124)] 원예와 비교한 까닭은 그만한 가치가 있어서이다. 이는 그의 정치적 행동 속에 나타나는 열정과 진중함을 연상시킨다.

생애 처음으로 만델라는 소설을 읽을 결심을 하게 된다. 의심 많은 형무소 당국은 제목에 '붉은'이나 '전쟁'이라는 단어가 나오는 책들은 우선적으로 배제했다. 『빨강모자』와 『세계대전』이 금서목록에 들어 있었다. 그러나 『전쟁과 평화』는 허락되었다. 만델라의 가슴속에 살고 있는 지칠 줄 모르는 벌이 톨스토이로부터 꿀을 따게 된다. 만델라는 쿠투조프Koutouzov 장군[24]이 "자기 나라 사람들에 대해서 마음속 깊이 이해"했기 때문에 나폴레옹을 물리칠 수 있었다는 대목에서 깊은 감명을 받았다. 국민을 잘 이끌기 위해서는 국민을 '완벽하게' 이해해야 했다. 굳이 러시아 작가가 아니었어도 만델라는 이 사실을 알았겠지만 말이다.

제3막 프로메테우스 227

작가이자 투쟁가인 타미 음크와나지Thami Mkhwanazi 가 이 시기의 만델라를 묘사하고 있는 바에 따르면, 만델라는 이미 머리카락이 희끗했고 느릿느릿 걸었으며, 일종의 명상에 잠겨 멍하니 앞을 바라보곤 했다. 그런 명상에서 빠져나오는 순간은 '이미 오래전에 약속하고' 공손하게 면담을 청한 동지들과 이야기를 나눌 때뿐이었다. 만델라는 그들을 상담하고 자그마한 글씨로 메모를 적는 데 거의 모든 시간을 할애했다. 그의 감방에는 법률 문서 파일, 책 상자, 다른 죄수의 작품인 자그마한 조각상 하나가 항상 완벽하게 정리되어 있었고, 벽에는 『내셔널 지오그래픽National Geographic』에서 오려낸 부족 의상을 입은 아프리카 여인의 사진이 붙어 있었다. 그는 이 사진이 위니의 질투심을 불러일으키기 위한 것이라고 말했다. 이러한 농담에 숨겨진 것이 혹시 자신의 질투심은 아니었을까? 간수들은 그를 '만델라' 때로는 '만델라 씨'라고 불렀지만 수감자들은 그에게 마디바라는 칭호를 붙여가며 말을 건넸다.[125]

만델라의 품위는 주변 사람들을 감화시켰다. 그들은 끝없는 집단생활에 괴로워했다. 그들 중 한 사람의 기록이다. "매일 같은 얼굴을 보면서 사는 것은 심리적으로 해로운 영향을 미친다. 신경은 극도로 날카로워져 있었다. 바깥에서의 삶에 대한 이야기는 이미 오래전에 바닥을 드러냈고, 상상할 수 있는 농담도 모두 다 말해버렸다."[126] 그러나 말다툼하는 일은 드물었고 설사 있다 해도 금세 화해가 이루어져, 결속감과 우정이 깨지는 일은 없었다. 간수들에게 이 고결한 카피르들은 이상한 구경거리였다. 제임스 그레고리의 말에 의하면 소수 백인들의 공동체는 그들과는 정반대였기 때문이다. "섬은 험담의 왕국이다. 실제 일어난 일들에 중상모략이 보태졌다. 몇몇 간수들은 자신들의 아내들을 창녀처럼 묘사했다. 왜 어리석게도 스스로 창녀의 남편이 되고자 하는 것일까? 요금이 정해지는 것이 바로 바에서 맥주를 마시는 시간이기 때문이다."[127] 아프리카너 말에 'baaskap'이라는 단어가 있다. 즉 가혹한 시험에 처한 흑인과 대비하여 백인들이 누리는 모든 영역에서의 자연적 우위를 가리키는 말인데, 바로 이것이 그 단어의 의미였다.

새롭게 가슴을 찔러오는 걱정이 생겼다. 소웨토 반란이 발생하고 두 달이 지난 뒤 위니가 국내 안전법 위반으로 체포되었고, 혐의도 없이 투옥되더니 역시

나 아무런 설명도 없이 석방되었다. 백인 정권은 그녀가 소웨토로 돌아가는 것을 금하고 둘째딸인 찐지와 함께 브래드포트Brandfort 마을로 강제 이주시켰다. 너무나도 형편없는 곳이었다. 위니는 친구에게 보내는 편지에 그곳을 '작은 시베리아'라고 표현할 정도였다. 집은 누추했고 경찰은 그녀를 집요하게 괴롭혔다. 그러나 아프리카의 라 파시오나리아La Pasionaria[25]는 자신의 놀라운 에너지를 전혀 잃지 않았다. 그녀는 인근 백인 거주 지역에서까지 친구들을 사귀었으며 특유의 매력과 위엄과 미소 덕분에 피에트 데 발Piet de Waal 변호사와 친분을 쌓는다. 1980년에 그는, 법무부 장관인 코비 쿠체Kobie Coetsee에게, 만델라는 몇몇 사람의 말처럼 광적으로 증오를 품은 사람이 아니라 이성적인 사람이라는 사실을 납득시키는 중요한 역할을 하게 된다. 후일 쿠체가 털어놓은 바에 따르면, "모든 것이 시작된 곳이 바로 여기라고 말할 수 있다."[128] 위니는 어린이집을 차렸고 병원 개설을 위한 기금을 모았으며, 어머니를 닮은 찐지는 열일곱 살이 되자마자 소망을 시로 표현할 줄 아는 소녀로 인정받는다. 그녀는 그 시로 미국에서 상을 받기도 했다.

거의 2년 동안 만델라는 스스로 '그립고도 꿈같은'

이라고 표현한 시기를 보내는 중이었다. 이것은 심리적인 우울 상태를 지칭하기 위해 사용한 조심스러운 표현이었을까? 이때는 양심을 시험하는 시기였다. 그는 고달프게 살아가는 가족들, 그리고 많은 도움을 받았는데도 감사의 말 한마디 제대로 전하지 못한 이들에게 죄의식을 느꼈다. 만델라는 석방되었는데도 아무도, 정말 아무도 그를 기다리지 않는 악몽을 끊임없이 꾸었다. "그때 나는 소웨토를 향해 걸었다. 드디어 내 집을 보았는데 그곳은 텅 비어 있었다. 문이라는 문은 모두, 창문도 모두 열린 채 안에는 아무도 없었다." 이 꿈속에서 젊고 매력적이면서도 혈기 넘치는 아내와 영문도 모른 채 헤어진 한 남자의, 현기증 날 만한 비통함을 읽을 수 있다. 그는 다른 사람의 품속에 있는 그녀를 상상한 것일까? 만델라는 아내에게 또 다른 꿈에 대해 이야기했다. "방 안이 친척들과 친구들로 가득했는데 당신이 내 아들 마카토와 함께 침대에서 쉬고 있었어. 당신은 젊어 보였소. 당신은 벽 쪽에서 자고 있더군."[129] 만델라를 안심시키는 꿈이었지만 사실 이 꿈에는 두려운 경쟁자의 그림자가 압도하고 있었다. 비록 무의식의 계략에 의해 이 장면이 '벽'과 근친상간이 적용되지 않는 상대에 의해 이중으로 가려졌다 할지라도 말이다. 만델라는 잠이 오지 않는 밤이면 몇 번이나 다른 사람의 품에 있는 위니를 상상했던 걸까? 그는 이러한 비밀스러운 고문을 고백하기에는 너무나 점잖았지만 우리는 그의 글 행간에서 그러한 부분을 어렵지 않게 읽어낼 수 있다.

1977년 9월, 흑인의식운동의 창시자인 스티브 비코는 전 세계가 격분할 만한 방식으로 고문당한 뒤 암살된다. 미국이 술렁였고 부통령인 먼데일Walter Mondale은 "미국이 남아프리카를 구하기 위해 개입하리라고 착각하지 말라"는 말로 아파르트헤이트 체제에 대해 경고했다.[130] 유엔은 역사상 처음으로 무기 통상금지령을 내렸다. 다음 해 프리토리아는 속박의 끈을 조금 늦춘다. 누가 감히 자신의 최대 적들에게 영사기 한 대와 몇 편의 영화를 제공하는 체제를 비인간적이라고 말할 수 있겠는가? 만델라와 그의 동지들에 있어서 이것은 '극히 예외적인 기분 전환 거리'였다. 〈지옥의 천사Hell's Angel〉라는 다큐멘터리는 열렬한 논쟁을 불러왔다. 몇몇 관객은 그들을 "탈사회적이고 탈도덕적인 집단"이라고 생각했고 다른 사람들은 특별한 종류의 자유투사들이라고 생각했다. 만델라는 〈지옥의 천사〉의 팬은 아니었다. 그러나 기성 질서에 대한 야만적이고 즉흥적인 이들의 반란은, 소웨토 아이들의 반란과 마찬가지의 문제를 제기했다. "우리의 투쟁이 더는 혁명적이지 않다는 것을 알아야 한다. 나는 17년 이상 감옥에 있었다. 우리가 떠나온 세상은 오래전부터 더 이상 존재하지 않는다. 위험은 바로 우리의 생각이 굳어져버렸다는 데 있다."[131]

다행스럽게도 모든 것에 정통하기를 바라는 그의 바람, 새로운 입소자들과의 대화, 젊은이들과의 자연스러운 접촉은 이러한 위험을 피할 수 있게 해주었다. 게다가 그들은 이제 세상과 철저하게 단절되어 있지도 않았다. 형무소 내의 방송이 여러 정보들을 모아 재소자들에게 알려주었다. 이 정보들은 분명 검열을 거친 것이긴 하겠지만, 죄수들은 존 포르스테르가 피터르 빌렘 보타에게 자리를 내준 사실을 알았고, 백인 정권의 승리에 대한 공식 성명의 몇 마디 문구를 통해 아프리카 해방전쟁이 확대되고 있으며 그 속에서 흑인들이 패배만을 경험하는 것은 아니라는 것을 알게 되었다. 바람은 바뀌었다. 1980년 3월 『요하네스버그 선데이 포스트Johannesburg Sunday Post』는 표제에 "만델라를 석방하시오!"라는 구호를 거대한 글씨로 실었다. 신문은 청원을 냈고 오랫동안 상상할 수도 없었던 대규모 공공 토론을 열었다. 만델라는 뉴델리에서 네루Nehru 인권상을 수상하게 되었고, 올리버 탐보가 그를 대신해 시상식에 올랐다. 다음 해 런던 학생들은 세계에서 가장 유명한 죄수를 대학 사무국장의 명예직 후보 명단에 올렸다. 그리고 거의, 자칫하면 만델라가 뽑힐 뻔했다!

드디어 1982년 3월 31일 넬슨 만델라는 자신의 감방에서 참모진들을 전원 대동한 형무소장의 놀라운 방문을 받는다. 만델라가 기억하는 바로는 이런 일은 일어난 적이 없었다. 그들은 만델라에게 세 명의 주요 동지들인 월터 시술루, '캐시'라고 불리는 아메드 카스라다Ahmed Kathrada[26], 레이몬드 음흘라바와 함께 이감된다고 통보했다. 어디로? 그들에게는 그것을 말해줄 의무는 없었다. "나는 혼란스러웠고, 걱정스러웠다. 그것이 무슨 말인가? 나는 이 섬에서 18년을 지내왔는데, 이처럼 갑작스럽게 떠나야만 한다니!" 아주 멀리서 한 줄기 작은 빛이 어둠 속에서 나타나기 시작했다는 것을 그가 어떻게 알았겠는가? 『트로이 전쟁은 일어나지 않을 것이다Tiger at the Gates』에 쓰여 있듯이, 이것을 서광이라 부른다.

제4막

프로스페로

> 네 원한을 고집해보았자 무슨 소용이 있느냐?
> 너의 파괴된 조국이 네게 무슨 도움이 되겠느냐?
> 소포클레스, 「콜로노스의 오이디푸스Oedipus Coloneus」

앙드레 브링크는 『어둠을 바라보며』라는 아름답고 애수 어린 소설에서, 가난한 가정에서 태어난 한 아프리카 아이가 그의 자질을 주목한 주인에 의해 학교에 보내지는 상황을 상상했다. 만델라가 그랬듯이 황홀한 마음으로 셰익스피어를 발견한 이 소년은 특히 『태풍The Tempest』에 매료된다. 선생님은 이 작품을 어느 정도 이해한 학생들이 학년말 파티에서 상연하도록 했고, 소년은 프로스페로 역을 맡게 되었다. 자신의 초라한 오두막으로 돌아온 아이는 어머니에게 배우가 되고 싶다고 말한다. 어머니는 아이에게 대답한다. "너는 빛 속에 서려고 애쓰는구나. 하지만 우리는 그 밖에 있어야 하는 사람들이야. 거긴 우리 자리가 아니란다. 조물주께서 우리를 어둠 속에 살도록 만드셨단다. 우리는 밤의 새들이야."[132]

　프로스페로는 마법의 섬을 황폐화하려는 야만적인 칼리반을 무찌른 마법의 왕자이다. 민족을 어둠으로부터 벗어나게 하려는 사람이 바로 이 프로스페로이다. 그는 위대한 정치가로서의 타고난 자질과 마법을 사용하여 그 역할을 성공리에 수행할 것이다. 여러 해를 숨어 지낸 은둔자 만델라는, 독일인들에게 있어 언젠가는 동굴에서 나올 바르베루스Barberousse 황제처럼, 그리고 시아파들이 항상 말에 안장을 얹고 기다리는 "숨겨진 이맘Imàm(이슬람교 교단의 지도자를 상징하는 단어)"처럼, 마음속에는 남았으나 눈에는 보이지 않는 사람이 되어버렸기 때문이다. 만델라는 악몽에 시달렸고 1987년 피터르 빌렘 보타에게 보내는 비망록에 선명하게 표현했다. "나는 한편에는 흑인, 다른 한편에는 백인이 적대적인 두 진영으로 나뉘어 대량 학살을 자행하는 남아프리카의, 유령 같은 모습에 시달렸다." 그것이 아파르트헤이트의 나라에 예정된 미래였으며, 따라서 핏물을 뒤집어쓰는 것을 피할 수 있으리라고 생각하는 언론인이나 정치가를 찾기는 쉽지 않았다.

　어휘는 사회의 발전이나 상황을 표시하는 데 한 치

의 어긋남도 없다. 이 시기에 위협적인 뜻을 내포하는 단어들이 점점 더 많이 사용되었다. 아프리카너 지도자들은 논변과 선언 속에서 새로운 단어들을 사용했다. 제거하다eliminate, 빼앗다uithaal, 숙청하다uitwis, 사라지게 하다verwyder, 관용적이지 않은 방법들onkonvensionele metods.[133] 전에는 가혹했을 뿐인 탄압이 이제 광폭한 의미가 되었다. 쾨베트 반폭동 분견대[27]나 군대에 소속된 32대대, 101대대 같은 정규군이 그 사실을 증명했다. 피터르 빌렘 보타가 몸소 주재한 국가안전회의The State Securify가 탄압을 지휘했다. 고문은 일상적인 것이 되어버렸다. 『어둠을 바라보며Looking on Darkness』라는 책 속에는 한 고문 경찰관의 말이 담겨 있다. '당신은 왜 그다지도 삶을 복잡하게 만드는 거냐?'라며 그들 중 한 사람이 깊은 동정심을 가지고 내게 물었다. '당신이 생각하기에 우리가 재미있어서 이런 일을 하는 것 같나? 이것도 다른 일들처럼 그저 직업일 뿐이야.'[134] 특수요원들이 외국에 있는 도망자들을 처치했다. 마푸토Maputo(모잠비크의 수도)에서 망명 생활을 하던, 만델라의 절친한 친구이자 백인 공산주의자인 루스 피르스트Luth First[28]는 함정에 불과한 편지 한 통에 희생되었다. 아파르트헤이트에 대한 투쟁에 가담했던 성직자 프랑크 히카네Frank Chikane[29]는 건강이 점점 더 나빠졌는데, 그는 자신의 병이 새로운 옷 한 벌을 구입하면서 시작되었다는 사실을 알아차렸다. 위스콘신 대학에 교수로 재직 중인 그의 아내를 방문한 독물학 대가가 이 옷의 옷감에서 천천히 진행되는 독극물을 발견했다. 남아프리카 도처에 존재하는 공안경찰들이 그를 어느 누구에게도 보고하지 않은 채 체포하고 구속했다. 공안경찰이 주기적으로 체포한 사람들 중 한 사람은 체포당할 때마다 "이 나라는 바로 우리가 지배한다"라는 말을 듣곤 했다고 증언한다.[135] 체포된 아프리카인들 가운데 몇몇은 '전향자'가 되었다. 아스카리스askaris(유럽 사람에 의해 훈련받은 아프리카 원주민 병兵)라고 불리는 그들은 자신들의 옛 동지들에게 엄청난 피해를 주었다.

평화가 찾아온 뒤 '진실과 화해 위원회의 청문회'는 이 살육의 나날에 대해 명백히 밝혀냈다. 나는 데스몬드 투투의 책에 실린 몇몇 일화를 소개하려 한다. 비록 실제 벌어진 일의 극히 일부에 불과할 뿐이지만 말이다. 경찰 소속의 여러 결사대 사령부가 프리토리아 근처의 블라크플라스Vlakplaas에 소재해 있었으며,

'악의 화신'이라는 별명을 지닌 외젠 데 코크Eugene De Kock가 지휘하고 있었다. 그의 부관 한 사람이, 정치 활동가들을 능란하게 변호해 체제의 골칫거리가 된 더번의 저명한 변호사 그리피스 므셴제Griffiths Mxenge가 어떻게 제거되었는지 말해주었다. "결정은 포트나탈Port Natal 공안경찰서의 반 데르 호벤Van der Hoven 장군이 내렸습니다. 그는 법에 따라 행동하는 사람을 체포하는 것은 어렵다고 내게 말했죠." 그들은 그 임무를 수행하기 위해 흑인 경찰관들을 선발한다. 그 중 한 사람인 조 마마셀라Joe Mamasela는 "암살자의 본능을 가진 너무도 유능한 녀석"이었기 때문에 대장들의 칭찬을 받는 인물이었다. 므셴제 변호사는 칼과, 자동차 바퀴를 떼내는 도구로 여러 차례 공격을 받고 살해당했다. 이 암살은 강도 사건으로 위장되었고 그의 시신을 검시한 의사는 45군데에 이르는 상처를 찾아냈다. 뒤에 마마셀라는 8명의 흑인 젊은이들을 설득해서 '게릴라 훈련'에 참가하게 만드는 데 성공한다. 그는 이들에게 특수국에 의해 변조된, 좀나사를 풀면 바로 터지는 수류탄을 제공했다. 너무나 순진하게도 이 선동가를 친구들에게 소개한 젊은 여성 투쟁가가 그의 협력자로 의심받았다. 그녀는 끔찍한 '목걸이'

고문(목에 끼운 타이어에 불을 지르는)을 당한 최초의 여성이 되었다. 이 야만적인 고문이 흑인들 사이에 점차 더 자주 사용되면서 전 세계 여론을 공포에 떨게 했고, 몇몇 사람들로 하여금 "탄압을 받는 사람들도 압제자들보다 나을 바가 없다"고 생각하게 만들었다. 데스몬드 투투는 이에 대해 다음과 같이 지적했다. "평범한 사람들, 젊은 사람들조차 너무나 끔찍한 이 같은 행동들에 대해 혐오감을 느낄 수 있다는 사실을 강조하고 싶다."

다섯 명의 경찰들은 프리토리아 지역에서 벌어졌던 12명의 암살을 떠올렸다. 그들은 테러리스트에게 행한 고문과 시신을 처리한 방식 등을 상세하게 묘사했다. "혐의자에게 전기 충격을 가하는 것은 너무나 흔한 일이라며 경찰관들 가운데 한 명이 무덤덤한 어투로 이렇게 말했다. '우리는 세폴로Sefolo를 다른 두 사람들에게 썼던 것과 같은 방식으로, 노란색 로빈 휴대용 발전기를 가지고 심문했다. 심문이 끝나갈 때쯤, 그는 결국 자신이 비트반크Witbanc에 있던 아프리카 국민회의 지도자 중 하나라고 자백했다.'" 심문에 참여했던 특무상사 파울 반 부렌Paul Van Vuuren에게는 '전기 기술자'라는 별명이 붙어 있었다. 이 추악한 짓들에 대한 몇 가지 세부적인 설명은 믿기 어려울 정도이다. 케이프타운 동쪽 지방의 시즈웨 콘딜레 Sizwe Kondile라는 젊은이가 머리에 총을 맞고 살해되었는데, 그 자체로는 아주 관대한 절차였다. 놀랄 만한 일은 그다음에 일어났다. 경찰 팀은 시신을 나무와 타이어 더미 위에 던진 뒤 휘발유를 뿌리고 불을 질렀다. "그러는 동안 우리는 그 불 근처에서 술을 마시고 바비큐를 즐겼다. 시신이 완전히 재로 변하기까지 7시간이 소요되었다. 커다란 살덩어리들, 특히 엉덩이, 넓적다리는 밤새 여러 차례 뒤집어주어야 했다. 아침에 뼈 같은 큰 덩어리들이 남아 있지 않은지 확인하기 위해 잿더미를 뒤진 후, 우리는 각자 갈 곳으로 흩어졌다." 구역질이 치밀어 오르는 것을 느끼며 데스몬드 투투는 지적했다. "우리는 한 인간을 죽여서 장작더미에 던지고, 그 시신이 타는 동안 바로 옆에서 먹는 즐거움을 느낄 수 있다는 것을 깨달으며 철저한 무력감을 느낀다. 도대체 그들에게 무슨 일이 일어났기에, 이토록 비인간적이 될 수 있었던 것일까?"[136]

그들에게 일어난 일은 간단하다. 아파르트헤이트 체제가 집단적인 정신착란을 불러와 그들은 정상적인 규범들을 상실한 것이다. 자신들의 흥망이 걸려 있다고 판단한 백인들 사이에서 끔찍한 불안감이 구체화하는 중이었다. 한편 여전히 양심이 모든 것을 정당화하기도 한다. 프랑크 히카네 박사가 자신이 담당하고 있는 사도신앙선교회Apostolic Faith Mission의 한 백인 신도에 의해 심문과 고문을 당했는데, 하루는 그 경찰관이 '일'을 마치자마자 고문실에서 곧장 하나님의 전례실로 향하기도 했다.[137] 반대 진영에서도 우리는 마찬가지로 포학한 행위를 찾아볼 수 있다. '배신자'에게 '목걸이'를 채우는 끔찍한 처벌이 계속되었다. 아프리카 국민회의도 82명의 요원들을 외국의 주둔지에서 약식으로 숙청했음을 인정했다.

넬슨 만델라와 동지들은 이제 텔레비전과 라디오, 신문을 접할 수 있었다. 그들은 케이프타운에서 남동쪽으로 몇 킬로미터 떨어진 폴스무어의 '최고 감시 감옥' 꼭대기 층에 마련된 공동실에서 조국이 침몰해 가는 광경을 직접 참관할 수 있었다. 석회가 하얗게 칠해진 큰 방의 창문을 통해 그들은 한 조각의 하늘을 감상했다. 네 사람은 스물여섯 명의 동지들을 잃은 것에 대해 안타까워했다. 만델라는 "이것 또한 감옥의 비열한 처분 가운데 하나이다. 죄수들의 우정이나 충성심으로 얽힌 관계는 당국에게는 전혀 중요하지 않다"고 적고 있다.[138] 바위에 묶여 세찬 바람에 시달리는 프로메테우스의 이미지를 파괴하려는 것이었을까? "로벤 아일랜드는 신화가 되었고 그로 인해 투쟁이 강화되었다. 우리를 이송하면서 당국은 로벤 아일랜드로부터 그러한 의미를 제거하고자 했다." 이유는 간단했다. 당국은 이제 아프리카 국민회의 지도자를 손안에 둘 참이었다. 비록 아직 소수이지만 고위급의 몇몇 대담한 인사들이 협상을 생각하기 시작했기 때문이다. 보어인들은 1851년에 이미 적군인 영국인들과 마주한 선례가 있다. 프레토리우스Andre Pretorius는 자기 진영 극단주의자들의 완고한 고집을 꺾고 1851년 스미스 총독과 협상을 벌여서 다음 해 초에 남아프리카공화국의 기초가 될 샌드 유역 협약을 맺은 것이다.

폴스무어의 죄수들은 이제 하루에 세 번 옥수수 죽을 먹지 않아도 되었다. 그들은 몇 해 만에 처음으로 고기와 야채를 다시 먹을 수 있었고, 식사는 갑자기 '잔치 음식'처럼 느껴졌다. 이 시멘트 세계 속에서 화단을 가꿀 수는 없었지만, 당국에서 만델라에게 섬에서보다 더 큰 정원을 가꿀 수 있도록 커다란 화분을 허가해주었다. 또한 그에게 씨앗과 '질 좋은 비료'까지(이 얼마나 멋진 일인가!) 제공했다. 그 이상 무엇을 더 바라겠는가! 만델라는 살아 있는 전설이 되었고 그와 관련된 모든 것이 과장되고 왜곡되었다. 만델라가 신발이 너무 작다고 불평하면 사람들은 그가 얼마 전 발가락 하나를 절단했다고 이야기했고, 결국 아내가 방문했을 때 만델라는 그녀를 안심시키기 위해 유리창을 통해 맨발을 보여주어야 했다. 그들은 런던의 주간지인 『타임Time』을 포함해 모든 신문을 볼 수 있었다. 형무소 소장인 먼로Munro 장군은 '정확하고 서글서글한 사람'이었다. 면회실은 보다 근대적으로 변모했고 철창이 아니라 커다란 유리창이 설치되어 방문자의 상반신까지도 볼 수 있었다. 부인이 남편을 방문할 때 그들을 감시하는 사람은 제임스 그레고리였는데, 이 '선한 간수'는 위니에게 예의 바르고 정중하게 말을 건넸다. "시간이 다 됐소" 하며 소리를 지르는 대신, 그는 "만델라 부인, 이제 5분밖에 남지 않았습니다"라고 말했다. 인간적인 대접을 받다니 이 얼마나 귀하고도 놀라운 일인가! 하루는 제임스 그레고리가 위니에게 문을 건너올 수 있도록 허락해주었고 그녀는 남편의 품에 안겼다. "그것은 내가 수천 번이나 꿈꿔온 순간이었습니다. 내 아내의 손을 만져보지 못한 지 21년이나 됐죠."

남아프리카공화국은 '공산주의자들의 위험'에 맞서 생존을 위해 싸워왔다고 믿었다. 그러나 사실상 남아프리카공화국은 경찰국가로 변해 있었다. 체포자가 너무 많아서―여섯 달 만에 25,000명―외신 기자들은 취재가 가능한 아프리카 지도자들을 단 한 명도 찾아낼 수 없을 정도였다. 그들은 모두 감옥에 있거나 지하생활을 하고 있었던 것이다. 『랜드 데일리 메일』은 1980년에 "혁명전쟁이 시작되었다"고 평했다. 1985년부터 경찰은 1년에 230건 이상의 '테러 활동'을 국내에서 적발했다. 『대이주 The Great Migration』라는 소설에 나오는 보어인 현자 피에트Piete의 예언이 실현되는 중이었다. "이 카피르들은 상처 입은 물소 같다. 당신들이 그를 쫓는 동안, 그는 멀어졌다가 되돌아온다. 당신은 물소의 뒤에서 쫓는 것이 아니라 결국 그의 뿔 끝에 서 있게 될 것이다."[139) 1983년에 테러의 물결은 오늘날 우리가 흔히 보는 그 무시무시한 형태를 갖추게 되었다. 폭탄을 실은 최초의 자동차가 프리토리아의 최중심가에서 터졌다. 그것은 군대 교육 센터를 겨냥했지만 19명의 사망자와 200명

이상의 부상자를 냈다. 시민들의 학살은 만델라에게 '격렬한 공포'를 불러일으켰지만 그는 오래전부터 그것을 기대해왔다고 고백했다. 이러한 분위기는 경제활동에 불리하게 작용했기 때문에 금 시세가 폭락하기 시작했다.

1983년 11월에 피터르 빌렘 보타는 국민투표를 실시하여 인도인과 컬러드도 각각 원을 구성할 수 있도록 하여 3원을 가진 의회 체제를 출범시켰다. 물론 인도인들과 컬러드가 내린 결정에 대해 백인들이 거부권을 행사할 수 있도록 했다. 만델라는 분개했다. 저들은 이 함정에 속아 넘어갈 정도로 민중이 어리석다고 믿은 것일까? 이 계획은 결국 무산되고 말았다. 1984년 데스몬드 투투는 노벨평화상을 받았다. 정권은 반대자를 찾아내 분열시키려고 했다. 1984년 말, 1985년 초, 장관 한 명을 포함한 관료들이 은밀히 폴스무어 감옥을 방문했다. "만델라, 우리가 당신과는 협력할 수 있지만 당신의 동료들과는 아니오. 합리적으로 생각해보시오!" 만델라는 경청했지만 그 게임에 말려들 생각은 없었다. 이 게임이 속임수라는 것을 잘 알고 있었기 때문이다. "나는 이 제안에 대해 어떠한 반응도 보이지 않았다. 정부가 나를 공격하는 대신 나에게 말을 한다는 그 단순한 사실을 협상의 서곡이라고 생각하면서 말이다."[140] 정권은 '비열한 아파르트헤이트'를 완화하는 양보를 해야 했다. 만델라는 "내 야망은 백인 여성과 결혼하는 것도 아니고 백인들을 위한 수영장에서 수영하는 것도 아니오"라고 대답했다. 협상자들은 그 말을 잘 새겨들었다.

1985년 1월 31일 의회에서 피터르 빌렘 보타는, 만일 만델라가 "폭력을 정치수단으로 이용하기를 무조건 포기한다면" 석방하자고 제안하며 파란을 일으켰다. 이러한 제안은 모든 정치범들에게로 확대되었다. 그는 이 비극의 책임을 떨쳐버리면서 다음과 같이 말을 맺었다. "만델라의 석방을 막는 것은 남아프리카 정부가 아니라 바로 그 자신이오!" 책략들을 잇는 하얀 실은 케이블보다 더 굵었다. 격분의 시간을 보낸 뒤 만델라는 신중하게 처신하기로 결심했다. 그는 정치적 답변을 할 수 있게 해달라고 요구했다. 만델라는 일석이조를 노렸다. 그럴 리는 없겠지만 동족들이 의심하는 경우 그의 충성심을 확인시키고, "만일 정부가 우스꽝스러운 일을 그만둔다면 협상의 길이 열릴 것이라는 사실"을 정부에 알리는 것이었다.

1985년 2월 10일 일요일, 만델라의 답변이 소웨토 경기장을 가득 매운 인파 앞에서 딸 찐지에 의해 낭독되었다. 잠시 '발표자'의 기량과 연출 솜씨를 음미해보자. 백인 정권으로 인해, 아버지가 멀쩡히 살아 있는데도 고아 취급을 받은 어린 소녀의 감동적인 목소리를 타고, 20여 년 동안 침묵해야 했던 한 남자의 첫번째 말이 흘러나왔다. "내 아버지가 말씀하셨습니다. 나는 정부가 내 석방에 내건 조건을 듣고 경악했다 …… 내 아버지가 말씀하셨습니다. 나는 폭력적인 사람이 아닙니다. 다른 모든 저항의 수단이 우리에게 금지되어 있었기 때문에 나는 무장투쟁으로 돌아선 겁니다. …… 폭력을 포기해야 할 사람은 바로 보타입니다. 제발 그가 아파르트헤이트를 해체하기를! 민중이 자신을 통치할 사람을 스스로 선택하도록, 자유로운 정치 활동을 보장하기를! 내게는 자유가 소중합니다. 그러나 나는 여러분의 자유가 더 중요하다고 생각합니다."[141] 맹렬한 비난의 말은 어린 소녀의 입을 거쳐가면서 상처 입은 노래로 이어졌다. 그 효과는 경이로웠다. 인파는 오랫동안 침묵하다가 모두 일어나 감동적인 아프리카 찬가 〈Nkosi Sikekel'i Africa〉를 불렀다. 고집스러운 총리 피터르 빌렘 보타는 자신의 방식대로 대응했다. 그는 이름은 같지만 서글서글하고 명석하며 흔히 '거봉'이라 불리는 룰프 보타Roelf Botha 외교부 장관과는 전혀 다른 사람이었다. 피터르 빌렘 보타는 텔레비전에서 "만델라는 다시 한 번 그의 뻣뻣함과 호전적인 성격을 증명해 보였다. 만델라는 우리가 제안한 평화의 과정을 받아들이기를 거부한다"고 말했다. 대중은 사실에 대한 이러한 해석을 받아들였다.

같은 해 5월, 브레이튼 브레이튼바하는 파리에서 위니에게 편지를 썼다. "계절이 지날 때마다 그는 무엇을 생각합니까? 그는 어떤 책을 읽습니까? 감옥에서 그를 만난 사람들을 통해 우리는 그가 변하지 않았다는 것을 알고 있습니다. 당신의 남편은 틀림없이 분노와 쓰라림을 느끼고 있을 겁니다. 지도자로서의 그의 자질은 인간의 존엄성을 한층 고양시키는 데 기여했습니다. 역사를 회피할 수 없는 것처럼, 그들은 만델라를 더는 파괴할 수 없습니다. 만일 우리 남아프리카인들이 현재의 소수 정권이 강제한 야만적인 상태로부터 빠져나올 수 있는 최소한의 희망을 갖고 있다면, 그것은 바로 당신과 넬슨 만델라 같은 사람들 덕분입니다."

마을에서는 경찰과 군대가, 소수 정권에 도전하고

두려워하지 않는 젊은이들을 사살했다. 1984년 9월부터 1985년 12월 말까지 사망자는 700명을 넘어섰다. 샤프빌 학살 25주년 기념식에서 질서 유지군이 평화적인 시위대에 발포하여 20명의 사망자와 수많은 사상자를 냈다. 거의 모든 지역에서 긴급사태가 선포되었다. 사업가들은 혼란을 좋아하지 않는다. 상업회의소 연합 연례회의에서 정부에 "비록 그 중 몇 사람은 현재 수감된 상태이긴 하지만, 흑인 지도자들과의 협상을 개시하도록" 요청하는 해결안을 가결시켰다. 이 "몇몇 사람들"이라는 말은 무엇보다도 만델라를 겨냥한 것이다. 이제 전 세계가 만델라에게 우선순위가 있음을 인정하고 있었다. 마이크 타이슨은 세계 챔피언 타이틀을 획득할 때 착용한 장갑을 만델라에게 보냈다. 이 장갑은 명예박사 학위모보다 훨씬 더 만델라를 감동시켰다. 폴스무어의 감리교 목사인 더들리 무어Dudley Moore는 그의 서명이 새겨진 『랜드 데일리 메일』에 실린 편지에서 만델라를 칭송하는 어조로 묘사하고 있다. "나는 우리나라 사람들이 이 사람에 관해 무엇인가를 알아야만 한다고 믿는다."

만델라는 혈뇨를 보았으며 전립선 수술을 해야 했다. 좋은 병원, 다시 말해 백인들에게만 허용되는 병원에서 그를 받아주었다. 만델라는 예순여섯 살이었다. 끝없는 시련이 그의 넘치는 활력을 소진시켰을까? 사람들은 암을 의심했고 온 나라가 숨을 죽였다. '자신의' 죄수를 한 발자국도 떠나지 않았던 제임스 그레고리는 먼로 장군이 이런 말을 하는 것을 들었다. "그레그, 만일 그가 앞으로 몇 주 혹은 몇 달 안에 죽는다면, 온 나라가 무정부 상태에 빠지게 될 것이고 흐르는 강에서 피로 목욕하는 것에 버금가는 효과를 낼 것이오!"[142] 실제로는 아무 일도 일어나지 않았다. 환자는 건강했고 외과수술은 사고 없이 진행되었다.

수술을 마치고 병원 복도를 천천히 걷던 만델라는 사람들을 만날 때마다 미소를 지었다. '훌륭한 간수'에 따르면, "사실 그가 감옥의 간수, 경찰관, 판사, 기자, 정치가가 아닌 평범한 백인들 앞에 선 것은 이번이 처음이었다. 그의 자상함, 회진 때 보여준 예의 바른 태도는 의료진 전체를 매료시켰다. 입원하고 첫 주를 보낸 후, 나는 그의 방에서 웃음소리를 들었다. 그가 옆 침대 사람들과 창문 너머 공원의 산디빌과 우거진 숲의 정경을 감상하면서 다정하게 농담을 주고받고 있었던 것이다."[143] 법무부 장관인 쿠체가 예고도 없이 '마치 오랜 친구를 방문하는 것처럼' 찾아왔다. "그는 친절하고, 성격이 좋아 보였다. 우리는 농담까지 주고받았다." 기분이 좋아진 환자는 장관에게 간호사들을 칭찬을 곁들여 소개했다. 그레고리는 그에 대해 아연해했다. "나는 만델라의 행동을 경탄에 마지않아 바라보고 있었다. 침착한 태도와 자제력으로 그는 잠깐 사이에 상황을 휘어잡고, 모든 사람들로 하여금 그가 지시하는 대로 자기 역할을 하도록 만든 것이다. 잘못을 저지른 손님들을 맞이하는 주인처럼 말이다. 정말이지 놀라운 재능이다!"[144]

밖에서는 수십 명의 사진기자들이 꼼짝 않고 서서 기다리고 있었다. 먼로가 직접 찾아와 재소자를 비밀 문을 통해 자신의 개인 차로 안내했다. 이 어리둥절할 정도의 배려에 대해 만델라는 그의 스타일대로 겸손하게 표현했다. "장성들은 대개 죄수를 배웅하는 데까지 신경 쓰지 않는다." 만델라는 이에 대해 어떻게 생각해야 할지를 너무나 잘 알고 있었다. 폴스모어로 돌아온 그는 사람들이 자신을 위해 1층에 작은 아파트를 준비해놓은 것을 알게 되었다. 곰팡이 냄새가 나고 빛이 그리 잘 드는 곳은 아니었지만, '감옥의 기준에서 볼 때 정말이지 궁전'이었다. 이제 한

치도 의심의 여지가 없었다. 협상으로 향하고 있는 중인 것이다.

언제? 어떻게? 넬슨 만델라가 이러한 이중적으로 불확실한 상황을 관리하는 방식 속에서, 나는 그가 지닌 정치적인 자질의 가장 멋진 예증 가운데 하나를 보았다. 우리 같으면, 양보로 이어지는 전진과 협박을 곁들인 약조가 적들의 고도의 전략으로부터 나온 것인지 아니면 우유부단함에서 출발한 것인지를 절대로 알지 못한다. 그러나 만델라는 처음부터 끝까지 외교의 달인이자, 강철 신경을 지닌 정치가처럼 행동했다. 몇 주가 아무것도 달라지지 않는 듯 지나갔다. 분명 상층부의 사람들은 서두르고 있다는 인상을 주고 싶어하지 않았다. 교도소 체제의 변화만이, 혜택을 받는 이에게 자신이 귀한 '실질적인 협상 대상자'임을 확신시켜주었다. 아주 특별한 이 수감자에게 아무것도 거절하지 말라는 명령이 떨어진 것이다.

늘 한발 앞서가는 쿠체 장관은 현재 이 나라가 어떠한 상황인지 만델라가 둘러보도록 하는 것이 좋겠다고 결정했다. 정부는 창문을 짙게 물들이고 방탄시설이 된 두 대의 메르세데스를 제공했다. 차에 탄 사람이 알려지지 않는 것이 중요한 문제였기 때문이었다. 경찰 표지를 뗀 경찰차들이 그가 지나가는 길마다 순찰했다. 만델라는 에어콘 시설에 대해 흡족해했고, "길가를 따라가며 보이는 모든 것, 백인, 흑인, 옷, 모자, 집, 꽃 등 지난 20년 동안 그가 빼앗긴 모든 것을 뚫어지게 바라보았다."[145] 그는 감옥으로부터 200킬로미터 정도까지 멀리 가보았다. 어느 날 먼로 장군은 만델라에게 필요한 것이 있는지를 물었다. 늘 멋쟁이었던 만델라는 어느 잡지 광고에서 보았던 '팬틴 블루'라는 헤어로션을 요구했다. 불행히도 오래전부터 이 색상은 더는 생산되지 않았지만, 만델라는 초록색이나 노란색은 거절했다. 그레고리는 4일 동안이나 전화를 두드려 결국 벽촌의 한 가게 구석에 잊혀진 채 놓여 있는 낡은 상자를 찾아냈다. 만델라는 그레고리에게 "당신을 힘들게 해서 미안합니다만, 장군은 지킬 수 있는 것만을 약속해야 합니다"라고 말했다. 교도 행정을 훈계하는 이 얼마나 부드러운 방식인가! 그 일화는 외부로 흘러나갔음에 틀림없다. 갑자기 팬틴 블루에 대한 수요가 늘어나서 다시 이 제품이 제조되었으니 말이다.

두 명의 적수가 절대로 화해할 수 없는 위치에서 출발했다. 프리토리아 입장에서는 반란자들은 '공산주의자들'이었다. '아프리카 문명의 마지막 요새'에 대한 '최후의 공격'을 감행하는 테러리스트인 공산주의자들과 대화를 시도하는 것은 말도 안 되는 일이었다. 그러나 1985년 4월에 정부는 결국 반투스탄이 자신들을 궁지로 몰아넣었음을 인정했다. 반투스탄의 이른바 독립이 국제공동체에 의해 인정받지도 못했으며, 그렇다고 해서 결코 수백만 명의 흑인 거주자들로 하여금 도시를 떠나도록 하지도 못했기 때문이다. 1985년 4월 30일 국민당 회의에서 보타는 반투스탄 '시민들'을 남아프리카 전체에 다시 통합시킬 것을 제안했다. 엄청난 후퇴였다. 완전히 무너지기에 앞서, 허구가 이미 조금씩 무너져내리고 있었다.

  넬슨 만델라는 오래전부터 조국이 평화로운 해결이나 피로 뒤범벅이 되어 좌초하는 것 외에는 어떠한 선택의 여지도 없음을 알고 있었다. 룰프 보타가 비유적인 표현을 써서 말했듯이, 얼룩말을 쏠 때 검은 줄 부분에 쏠지 흰 줄 부분에 쏠지의 여부는 정말이지 중요하지 않다. 몇몇 흑인들의 복수욕은 몇몇 백인들의 광적인 고집만큼이나 위험하다. 앤서니 샘슨은 1985년 8월, 비상사태를 선포하고 난 뒤 한 달이 지나, 당시 분위기를 이렇게 적고 있다. "소웨토에서 흑인 활동가들과 이야기를 나누면서, 나는 정신 상태가 근본적으로 달라진 것을 느꼈다. 학생들과 그들의 부모들은 이제 승리에 대해 확신하고 있는 듯했고, 권력의 협력자들은 경기에서 지고 있는 말의 역할을 할 생각에 두려워하는 듯 보였다."[146] 그러나 백인 정권에 경종을 울리는 우울한 소식은 증권거래소와 은행가에서 왔다. 내부적인 평화가 회복되지 않으면 경제가 붕괴할지도 모른다는 것이었다. 사업가들은 성경에 근거한 흑인에 대한 백인의 우위 주장에는 개의치 않았다. 일련의 사업가들은 주저 없이 수감 중인 올리버 탐보와 아프리카 국민회의 지도부를 방문했다. 모든 이들이 대화를 함께한 이들의 자질과 이야기의 온건함에 대해 놀라워하며 돌아왔다. 탐보는 그들에게 "나는 욕조에 떨어진 벌레를 그냥 내보낼 정도로 폭력을 증오한다"고 설명했다.

1985년 10월, 영연방 회원국들은 대처Margaret Thatcher가 동의하든 안 하든 간에, 프리토리아에 나이지리아의 오바산조Olusegun Obasanjo[30]가 이끄는 '명사들의 사절단'을 보내기로 결정했다. 이들의 예방을 받기에 앞서 만델라는, 나날이 간수에서 부유한 고객에 대한 친절정신으로 가득한 호텔 지배인으로 바뀌어가는 먼로 장군의 방문을 받았다. 이번에는 그가 재단사를 대동했다. 수감자가 죄수 복장을 하고 있다는 것이 말도 안 되었기 때문이다. "재단사는 마법사여야 했다. 다음 날 나는 줄무늬가 있는 더할 나위 없이 딱 맞는 양복을 입었다. 사람들은 내게 와이셔츠와 넥타이, 구두, 양말, 속옷을 주었다." 먼로가 감탄하며 약간의 빈정거림도 없이 말했다. "만델라, 당신은 죄수라기보다는 총리 같소." 그러고 나서 이렇게 잘 빼입은 우리의 영웅 앞에 '걸출한' 인물들로 이루어진 한 그룹이 나타났다. 그들은 이 멋진 죄수가 공산주의자인지, 그의 천성이 폭력적인지를 알고 싶어했다. 두 가지의 여부가 마가렛 대처나 로널드 레이건이 아파르트헤이트 정권에 대한 제재조치를 거부하면서 거론한 이유였기 때문이다.

넉 달 후, 영연방의 사절단은 무시할 수 없을 정도의 성과를 냈지만, 매들은 잠을 자고 있지 않았다. 남아프리카 군대는 이웃 나라에 있는 아프리카 국민회의의 후방 기지들에 대한 일련의 급습을 시도했던 것이다. 분개한 위원회는 짐을 꾸렸다. 보타는 쇄국을 바란 것일까 아니면 극단주의자에게 대처하지 못해 끌려가고 있는 것일까? 쿠체는 어느 날 보타가 한 이야기에 대해 이렇게 말했다. "우리는 막다른 골목에 몰려 있소. 우리가 여기서 빠져나갈 수 있는 길을 찾도록 하시오."[147]

며칠이 지나고 또 몇 주가 지났다. 1986년, 상황은 계속해서 악화되고 있었다. 아프리카 국민회의는 "국가를 통치 불능의 상태로 만들라"고 외쳤고, 이러한 호소는 그들이 바라는 것보다 훨씬 효과적으로 스며드는 중이었다. 결정이 집단의 동의하에 이루어져야 한다는 불가침의 규칙을 위반하는 한이 있더라도, 앞으로 나아가야 했다. 만델라는 비난의 위험을 감수해야 했다. 인종주의에 물들어 있는 적과, 같은 테이블에 앉는다는 생각만으로도 그의 동족 대부분에게는 견딜 수 없는 일이었기 때문이다. "내 4층 동지들이 나의 계획을 비난하고 그것을 사전에 무위로 돌릴 것"이라고 만델라는 생각했다. 그러나 그는 리쉴리외[31]처럼 "항상, 어디서나, 어떤 문제에 대해서든 협상해야 한다"는 사실을 알고 있었다. 또한 "책임자는 무리 앞에서 걸어가야 하며, 자기 자신을 믿고 새로운 방향으로 나아가야 하는 순간들"이 있다는 것도 알고 있었다.[148] 바로 그 순간이 왔다. 따라서 그는 로벤 아일랜드의 옛 소장, 이제 교정국장이 된 빌렘스 장군에게 급히 만나자는 편지를 보냈다. 고위 관리가 달려왔고 만델라는 그에게 쿠체를 만나고 싶다는 의사를 전했다. 말이 떨어지자마자 일이 성사되었다. 그는 표지 없는 경찰차를 타고 장관실로 안내되어 3시간가량 접견이 이루어졌는데, 상대방은 만델라의 '진지함과 선의'에 대해 깊은 감명을 받았다. 다음 단계는 무엇일까? 당연히 보타를 만나는 것이다.

장관은 메모를 했고 만델라는 그의 4층 교도소로 되돌아왔다. 그는 아마도 처음으로 독방에 갇혀 있다는 사실에 감사했을 것이다. 따로 있으니 질문을 받을 위험이 없었던 것이다. "때로는 동지들에게 완전히 성사된 정책을 내놓을 필요가 있다." 오직 아주 위대한 사람들에게만 해당되는 위험스러운 경구이지만, 그가 바로 그들 가운데 하나였다. 게다가 그는 출구를 마련해두었다. 실패할 경우 아프리카 국민회의는 너무 오랜 수감 생활로 총기가 흐려진 '노인네'를 비난할 것이다.

만델라의 평생 가장 곤란했을 결단이 며칠 동안 계속된 고독한 고민의 와중에서 이루어졌다. 나는 끈의 양쪽 끝을 잡는 것, 즉 남몰래 적과 협상하는 것과 단호한 태도를 유지하는 것이 얼마나 어려웠을

지 잘 알고 있다. 탁월한 정치인만이 그렇게 할 수 있다. 만델라는 특히나 더 노출된 위치에서 그를 동료들과 떼놓으려는 정부와 홀로 맞서고 있었다. 게다가 그는 여론조사의 결과에 대해서도 전혀 몰랐고, 조국의 미래를 두고 루사카Lusaka(잠비아의 수도), 프리토리아 혹은 런던에서 진행 중인 대화들에 대해서도 희미한 윤곽조차 그리고 있지 못했다. 한 걸음이라도 잘못 디디는 날에는 그의 지도력이 허물어져버릴 수 있었다.

보타는 답을 보내오지 않았다. 체념하기 시작한 걸까 아니면 끝까지 탄압하기로 결심했을까? 파우스트처럼 두 영혼이 그의 마음속에 자리했다고 말할 수 있을 것이다. 때로는 오만하고 때로는 매우 타협적인 보타는 높아져가는 압력에 굴복했으며, 자신에게 불리한 때라는 것을 느끼고 있었다. 보어인답게 고집스러웠던 보타는 자신을 설득하려 하면 더욱 완강해졌다. 결국 보타는 자신이 동원할 수 있는 부대의 10분의 1도 전투에 동원하지 않았다고 만델라에게 대답했다. 이것은 사실이다. 그러나 승리는 큰 전투들과는 상관없이 이루어진다는 것을 그도 잘 알고 있었다. 사실 보타는 아프리카인들의 분열에 기대를 걸었다. 세계의 모든 보수주의자들은 반투스탄 체제를 받아들인 부텔레지 대장에게 기대했다. 줄루 지도자는 이중 플레이를 하고 있었다. 공식적으로 부텔레지는 만델라를 지지했지만, 개인적으로는 만델라의 석방을 경계했던 것이다. 심지어 그는 아프리카 국민회의를 격퇴하고자 하는 목적 하나만을 위해 조직원 몇몇이 비밀 부대에서 남아프리카 군사훈련까지 받도록 허락했다. 간단히 말해, 점잖은 듯 폭력을 통탄하면서도 불에 기름을 붓고 있었던 것이다. 보타는 1987년 5월 선거 결과에 용기를 얻었다. 국민당이 승리를 거둔 것이다. 유권자들의 82퍼센트가 우파와 극우파에 표를 던졌다. 데스몬드 투투는 "남아프리카는 역사상 가장 암울했던 시기인 암흑기로 들어갔다"고 언급했다. 성직자는 구세주에 기대야 했고, 절망은 죄악이라는 사실을 상기해야 했을 것이다.

 7월 새로운 영국 대사가 프리토리아에 임명되었다. 로빈 렌위크Robin Renwick는 대처 총리의 강경주의와는 거리가 먼 능란하고 유화적인 인물이었다. 그는 보타를 설득하여 그 유명한 죄수를 석방하도록 설득하려 했지만 역시 벽에 부딪혔다. 그러나 만델라는 신체적으로 정신적으로 건강한 상태를 유지할 수 있도록 특별히 배려를 받았다. 물론 그가 수감된 아담하고 작은 방이 폐결핵을 유발할 수 있으리라는 사실은 간과되었지만 말이다. 그들은 세상에서 가장 유명한 이 수감자가 도시를 산책할 수 있도록 했다. 그때 만델라는 자신이 찍은 가장 최근 사진이 1962년에 현상된 것이라는 사실을 잊은 채, 거리에서 아무도 자신을 알아보지 못한다는 것을 알고 깜짝 놀랐다.

마침내 체념한 보타는 수많은 방책들을 마련한 채 하나의 구체적인 제안을 하기에 이르렀다. 즉 넬슨 만델라와 비밀리에 협상하기 위해 '4인 위원회'를 구성한 것이다. 이 작은 그룹에서 두 명의 고위 교정국 공무원들이 영리한 역할을 담당했다. 즉 언론 쪽으로 이 소식이 흘러들어갈 경우, 수감자들의 상태 개선에 대해 대화를 나누었다고 주장할 수 있었던 것이다. 진짜 협상자는 남아프리카의 CIA라고 할 수 있는 국가정보부National Intelligence Service(NIS)의 젊고 유능한 수장, 닐 버나드Niel Barnard였다. 지위상 많은 정보를 가진 버나드는 평소 사적인 장소에서 '등을 돌리기에 앞서' 아프리카 국민회의와 합의점을 찾아야 한다고 말하던 인물이다. 국가정보부는 아프리카 국민회의의 다른 지도자들과도 마찬가지로 접촉했는데, 그 중에는 고반 음베키도 있었다. 버나드는 다카르Dakar에서 런던에 이르기까지 도처를 누비며 앞으로의 해결책을 탐색했지만 '협상'이라는 단어는 터부시되었다.

이번에는 만델라가 4층 동지들을 만나겠다고 요청했다. 그는 허락받았고 여기서도 단숨에 모든 것을 말하지 않도록 조심하면서 정치적 능력을 보여주었다. 나의 경험으로도 종종 그렇게 하는 편이 나은 경우가 있었다. 공인은 '하나의 결정을 통과시키기 위해' 시간과 잘 사귀어두어야 한다. 즉 단계별로 일을 진행해야 한다. 충격을 줄 수 있는 진실은 결코 아무렇게나 드러내서는 안 된다. 만델라는 친구들에게 '앞으로 진행될 논의'에 대해 이야기하면서도 특별위원회에 대해서는 한마디도 하지 않았다. 그가 옳았다. 이러한 틀을 취했음에도 불구하고 죄수들 사이에서는 밝은 전망이 나오지 않았다. 레이몬드 음흘라바는 이 안에 완전히 동의했고 아메드 카스라다는 격렬히 반대했으며, 아마도 그의 의견이 나머지 세 사람보다 더 중요했을 월터 시술루는 자신의 친구를 전적으로 신뢰하는 데 다소 주저했을 것이다. 또 한 번의 기다림이 이어졌다. 불확실한 상황을 이겨내기 위해서는 강철 같은 신경을 지녀야 했다.

마침내 1988년 5월, 위원회와의 첫 회합은 형무소 교도관 식당에서 이루어졌다. 양측은 매주 만나서 자신들의 입장을 반복해서 말하고 분명히 하며 시간을 보냈다. 이러한 대화가 몇 달 동안 계속되었다. 만델라는 버나드가 '총명하다'는 것을 알게 되었지만, 이렇게 재능이 뛰어난 사람조차 자기 측의 선전에 사로잡혀 공산주의자들이 아프리카 국민회의를 장악하고 있다고 굳게 믿는다는 사실에 놀랐다. 게다가 아마도 이것은 무의식적인 인종주의의 영향일 것이다. 백인들과 인도인들이 남아프리카 공산당 지도부에서 다수를 차지하고 있기 때문에, 정치에는 문외한인 흑인들에게 그들의 원칙을 세뇌시켰을 것이라고 생각하는 경향이 있었다. 또 정의상 가까이 사귈 수 없는 '테러리스트'들과의 협상 또한 무척 어려웠다. 그것은 '폭력의 포기라는 선결 조건'이었다. 만일 아프리카 국민회의가 받아들인다면, 그러한 조건은 자신의 손을 묶고 벌판 한가운데서 항복한 듯한 인상을 주게 된다. 반대로 만일 그러한 사안을 얻어내지 못한다면, 백인 정권은 '살인자들'과는 결코 협상하지 않는다고 공언했기 때문에 유권자들 앞에서 체면을 잃게 된다. 그들이 이러한 딜레마를 만델라에게 설명했을 때, 그의 대답은 하나였다. 문제를 만든 이상 해결도 백인이 해야 한다는 것이다. 만델라는 그들에게 "우리는 당신들을 바다에 처넣을 생각이 없소"라고 말했다.[149] 그러나 카피르가 이러한 꿈을 갖고 있다고 철석같이 믿는 사람들에게 어떻게 사실이 아님을 납득하게 할 수 있겠는가.

1988년 7월, 이 수감자의 70회 생일은 아메드 카스라다가 친구에게 쓴 편지에서처럼 "우리 주 예수 그리스도의 탄생 이후로 그렇게까지 어떤 이의 탄생을 기념한 적이 없을 것"이라고 말할 정도로 사람들 사이에서 화젯거리가 되었으며, 기념 축전이 쇄도했다. 런던에서는 BBC가 만델라를 기리기 위한 대규모 록 콘서트를 조직해서 강철 총리 대처의 큰 분노를 샀다. 곧 너무나 고통스러운 시련이 온갖 명예를 얻은 만델라를 기다리고 있었다. 국가적인 참극은 개인적인 비극과 중첩되었다. 위니가 이성을 잃기 시작했던 것이다. 소웨토에서 그녀는 자신의 집을 요새 삼아 '무장투쟁의 최전선'에 서 있다고 믿었다.[150] 그녀는 '만델라 축구 클럽'을 후원했는데, 이 단체는 사실상 '배신자들'을 처형하는 젊은 불량 청년들의 도당에 불과했으며 이웃들에게 겁을 주었다. 후일 '엄마의 소행'이라고 사람들에게 알려질 경악할 만한 사건이 일어났다. 1988년 상대편 깡패 한 명이 조직 싸움을 벌인 뒤 클럽의 본영이라고도 할 수 있는 오를란도 웨스트 8115의 만델라 집에 불을 지른 것이다. 만델라는 언젠가 그곳에 자신의 기념물과 사진 등을 모아 문서고를 세울 계획이었다. 그는 크게 낙담했다. "우리는 내 석방을 기념하기 위해 위니가 간직한 결혼 케익 조각마저 잃어버렸다." 그는 장차 이혼으로까지 연결될 그녀의 탈선에 대해서는 전혀 의구심을 갖지 않은 채 말했다. 그녀는 잠시 한 미국인 친구가 제공한 호화로운 거처로 불량배들과 함께 이사했다. 7개월 동안 그녀의 젊은 후견인들이 자행한 악행은 갈수록 늘어만 갔다.

끝없는 협상으로 과로한 만델라는 병에 걸린다. 폐에 물이 찼다는 것이 발견되자 폐결핵 초기라는 진단이 내려졌다. 그는 병원에 입원해 응급수술을 받아야 했다. 그는 호화로운 의원에서 수술 후 정양靜養을 했다. 비밀위원회와의 회합은 그의 침대 머리맡에서 계속되었다. 1988년 12월 9일 드디어 빅토르 페르스테르Victor Verster 감옥 내부에 있지만 수감자 구역과는 꽤 떨어진 한 별장으로 만델라는 이송된다. 겉보기에는 소장을 위해 마련된 듯한 이 빌라는 정원과 수영장까지 갖추고 있었다. "창에는 쇠창살도 없었고 쩽그랑거리는 열쇠 소리도 나지 않았으며, 감옥문도 없었다." 만델라는 마음 내키는 대로 무엇이든 할 수 있다는 데 대해 더욱 감격스러워했다. 시간표도 점호도 없었으며, 심지어는 상냥하고 피부색에 대해서도 전혀 신경 쓰지 않는, 게다가 음식도 감탄할 만큼 잘 만드는 아프리카너 가정부를 보내주기까지 했다. "황홀한 상황, 황홀한 장소였으며 자유와 감옥 사이에 위치한 집이었다."[151] 숙소에 도착한 다음 날 쿠체는 이감移監을 축하하기 위해 케이프타운산 포도주 한 상자를 들고 만델라를 방문했다. 기괴하지만 익살스러운 상황이었다. 그를 석방하고 싶지는 않았기 때문에 금사슬로 묶어두는 것이다. 마치 고대인들이 포로가 된 왕들의 '명예를 지켜주기 위해' 그랬던 것처럼 말이다. 간수이자 신복인 제임스 그레고리는 만델라의 친구가 되어주었다. 어느 날 그는 문득 떠오른 뒤 머리를 떠나지 않는 자신의 생각을 만델라에게 털어놓았다.

"자유롭다는 것, 협상한다는 것, 그리고 모든 이들, 즉 흑인, 백인, 컬러드, 인도인이 동등하게 투표권을 가진 진정한 민주주의를 쟁취한다는 것은, 당신이 우리나라의 대통령이 된다는 것을 말하는 것이죠, 그렇죠?"

"나쁜 생각은 아니군요, 그레고리 씨."

만델라는 소리 없이 웃으며 몇 초를 흘려보냈다.

"그렇지만 아마도 그것은 해결할 문제들, 이겨내야 할 어려움들이 많다는 뜻이겠죠. 당신도 아시다시피, 뛰기 전에 걷는 것부터 배워야하거든요!"[152]

위니는 만델라를 방문하고 원하는 만큼 빌라에서 체류할 수 있도록 허락받았다. 그녀는 다른 죄수들의 부인들이 그러한 특권을 누리지 못하는 한 설령 하룻밤에 지나지 않는다 해도 오랫동안 머물지는 않겠다고 했다. 숭고한 이유이긴 하지만 그것이 정말 유일한 이유였을까? 그녀가 남편의 '온건한' 전략을 받아들이지 않았다는 것을 누구나 알고 있다.

보타 대통령의 건강 문제로 상황이 예상치 못하게 복잡해졌다. 사람들은 그가 뇌출혈을 앓고 난 뒤 "훨씬 더 조급해졌다"고 말했다. 그러나 이 우스꽝스러운 보어인은 1989년 7월 5일, 자신의 철천지 원수를 아주 친절하게 맞이했다. 만델라는 박사학위 구술시험을 준비하듯 이 인터뷰를 매우 세심하게 준비했다.

메모해둔 것을 열심히 숙지했고, 수첩을 다시 읽었으며, 코비 쿠체와 닐 버나드의 조언을 경청했다. 이들은 만델라보다 훨씬 더 걱정스러워했고, 자신들의 성마른 대장의 화를 돋울 만한 행동은 하지 말라고 충고했다. 그러나 보타는 '지극히 예의 바르고 겸손하며 우호적'인 모습을 보여주었다. 큰 테이블 주위로 네 명의 남자들이 둘러앉아 남아프리카의 문화와 역사에 관해 담소를 나누었다. 새 옷차림에 컨디션도 최상인 상태였던 만델라는 자신의 투쟁을 아프리카너의 영국 점령에 대한 투쟁에 비유했는데도 이 불경스러운 언사로 날벼락을 맞지는 않았다. 최고의 금기가 깨진 것이다. 보어인의 수장이 카피르인의 수장을 만났다. 카피르의 수장은 "이제 후퇴는 없으리라 생각한다"고 말했다.[153]

기계 장치는 끊임없이 마모될 것이다. 한 달 후, 남아프리카 대통령은 자신이 맡은 두 직책 가운데 하나에서 물러난다. 그는 순전히 상징적인 역할인 국가 수반으로만 남고, 실질적인 권력을 발휘하는 국민당 딩수의 자리를 프레데릭 빌렘 데 클레르크에게 양위했다. 이 전임 교육부 장관은 한물간 기간원으로 통했지만, 만델라는 겉으로 드러나는 모습에 속지 않았다. 만델라는 이 신참자를 관찰하며 그의 이야기를 경청했고, 그가 발표한 초기의 선언물들 속에서 전임자들과는 '전적으로 다른 모습'을 감지했다. 데 클레르크는 시나이Sinai 산에서 신의 말씀을 받드는 교조주의자가 아니었다. 그는 '변화를 필요하고 또한 불가피한 것으로 여기는' 경험주의자이며, 벙커에서 자살할 생각은 조금도 없었다. 그는, 일찍이 대처 총리로부터 함께 일할 만한 사람이라는 평가를 받은 고르바초프M. S. Gorbachyov와도 닮은 부분이 있었다. 데 클레르크는 패가 좋지 않음을 인정하면서 게임을 시작했다. 케이프에서 경찰의 야만적인 탄압에 반대하는 시위가 조직되었는데, 데 클레르크는 시위자들이 질서를 유지한다는 조건하에 허가한 것이다. 만델라는 그에게 접견을 요구하는 편지를 보냈다. 이번에는 답을 얻어낼 것임에 틀림없었다.

10월, 데 클레르크는 아프리카 국민회의 참모진을 한꺼번에 석방한다고 선포했다. 네 명의 수감자들이 여기에 해당되었는데, 그 중에는 폴스무어의 꼭대기 층에서 복역 중인 월터 시술루도 포함되어 있었다. 그 뒤 가증스러운 아파르트헤이트가 폐지된다. 해변가에서 극장에 이르기까지 모든 공공장소는 모든 인종에게 개방되었다. 마침내 데 클레르크는 만델라에게 협상 날짜를 통보했다. 이번에는 재시험을 준비하듯, 만델라는 불법적인 아프리카 국민회의 본부가 되어버린 형무소 빌라에 친구들을 전부 소집했다. 그들은 루사카에 오랫동안 전화를 걸었고 처음으로 외부 집행부가 수감자들과 공조할 수 있었다. 조직의 입장을 상기시키고 무엇보다 '폭력의 중단'이라는 전제 조건에 대한 거부를 분명히 하면서, 그들은 모두 함께 데 클레르크에게 보내는 편지를 작성했다. 만델라는 다음과 같이 주장했다. "지금과 같은 갈등과 투쟁은 남아프리카를 파멸시킬 것이다. 협상 없이는 이 나라는 재앙을 맞을 것이다."

회담은 1989년 12월 13일에 개최되었다. 만델라는 '자신이 한 말을 경청하며 진심으로 이해하려고 노력하는 듯한' 새 대통령을 칭찬했다. 이 회담에서 근본적으로 의견 일치를 보기 어려웠던 부분은 '소수 인권 문제'였다. 아프리카너들은 이 문구의 의미를 넓게 정의하여 그들이 베푸는 보호라는 뜻으로 이해했고, 이는 결국 '아파르트헤이트를 작은 문으로 다시 들여오려는 것'에 불과했다. 만델라는 예의 명석함으로 그 함정을 간파했다. 정치판에서 매력적인 문구란 단순히 '선전 효과'를 노리는 것이 아닐 경우에는, 종종 실제로는 그렇지 못한 현실의 그럴싸한 포장에 불과하다. 아프리카 국민회의는 가짜 코를 붙이고 다시 나타난 아파르트헤이트를 보려고 70여 년 이상을 싸운 것이 아니었다.

1990년 2월 2일, 데 클레르크는 마침내 게임을 끝냈다. 의회가 개회했을 때 그는, '건국의 아버지'들을 무덤 속에서 뒤척이게 할 만한 역사적인 담화문을 발표한다. 그는 아프리카 국민회의, 범아프리카 회의, 공산당, 그리고 31개의 기타 불법적인 조직들에 대해 내려진 금지령을 철회했다. 또한 사상범의 석방과 사형의 중지를 선포하며 다음과 같은 결론을 내렸다. "협상할 시간이 왔다." 두 세기 동안의 낡은 경직 상태가 몇 분 만에 사라졌다. 만델라는 "정말 깜짝 놀랄 만한 순간"이었다고 논평했다. 2월 9일, 대통령은 또다시 만델라를 소환했다. 내일 석방될 것이라고 말해주기 위해서였다. 만델라는 아프리카 국민회의가 채비를 갖출 수 있도록 일주일의 말미를 달라고 요청했지만 거부당했다. 버나드는 10년 전 이란에서 호메이니Ayatollah Khomeini가 돌아왔을 때처럼 민중이 쇄도하여 온 나라가 뒤집어질까 봐 몹시 두려웠다고,

몇 년 후 앤서니 샘슨에게 고백했다. 역설적이게도 수감자로서 만델라의 마지막 청원은 27년간 기다려온 그날을 늦추어달라는 것이었다. 다른 청원들처럼 거부되기는 했지만 말이다.

이 끝나지 않을 듯한 수감 생활을 데스몬드 투투가 총결산했다. "지난 27년은 만델라에게 강철 같은 성격을 연마하도록 해주었다. 그 시간이 없었다면, 그는 아마도 그 정도의 아량과 연민을 보여주지 못했을 것이다. 그가 견디어온 고통들이 다른 그 무엇도 가져다줄 수 없을 정도의 권위와 신뢰를 주었다."[154] 다음 날, 만델라는 평생 가장 아름다운 날로 남을 하루를 보내기 위해 4시 30분에 일어났다. 그는 나무와 종이로 만들어진 열두어 개의 상자 속에 서류와 책들을 정리해 넣고 이 일에 열중한 채 어떠한 감정도 드러내지 않았다.

1990년 2월 11일 넬슨 만델라가 출감하는 장면은 너무나 자주 회자膾炙되었기 때문에 그 이야기를 다시 꺼낼 필요는 없을 것이다. 이 역사적인 영웅이 그 낭시에 관해 쓴 글 가운데 우리는 다음 문장 하나만을 상기해보고자 한다. "군중의 한가운데에 섰을 때, 나는 오른 주먹을 번쩍 들어 올렸고 함성이 울려 퍼졌다. 나는 지난 27년 동안 이런 행동을 할 수 없었다. 그런데 이제 그 속에서 기쁨과 힘이 솟아나는 것을 느꼈다." 내 기억 속에는 감옥의 문턱에서 젊은 부부처럼 손을 맞잡고 선 늙은 부부 한 쌍의 빛나는 얼굴이 남아 있다.

넬슨 만델라의 위신이 어떠하건 간에 그의 당원 중 몇몇은 그의 태도에 실망했고 그를 배신자로 의심했다. 1989년 말, 18명의 아프리카 국민회의 활동가들로 구성된 위원회는 "나무랄 데 없는 복장, 보수주의 그리고 데 클레르크에 대한 만델라의 헌사"를 보고 충격을 받았다. 그들 가운데 한 명은 한숨짓고 그를 떠나며 말했다. "이 사람은 끝났다."[155] '국민의 창' 게릴라들은 만델라가 자신들로부터 승리를 훔쳤다고 생각했다. 많은 사람들이 순진하게도, 정권을 군사적으로 전복할 수 있다고 믿었던 것이다. 그러나 곧 "만델라가 분열이 아닌 통일을 위해 자신의 영광스러운 고립을 이용했다는 것"이 드러났다.[156] 아프리카 국민회의와 단절되지 않기 위한 그의 신중하면서도 끊임없는 노력은, 그가 단독 행동을 하려 한다는 의심이 터무니없음을 보여주었다. 그 무엇도 거부할 수 없는 신뢰의 물결 앞에서 걱정과 우려는 사라져갔다.

이제 두 사람이 마주했다. 사라져야 할 운명이지만 여전히 국가의 모든 기관들을 장악하고 있는 백인들의 대통령과, 승리했지만 아무것도 갖지 못한 흑인 한 사람. 새로운 남아프리카공화국을 탄생시켜야 할 필요가 있었다. 옛 공화국 속의 모든 사람들은 현기증을 일으킬 정도로 불안감을 느꼈다. 어제의 압제에 시달리던 사람들이 복수의 악마에 굴복할 것인가? 이미 너무 늦어버린 것은 아닌가?『울어라, 사랑하는 조국아』에 나오는 흑인들 가운데 한 명이 말하기를, "나는 두려운 것이 하나 있다. 그들이 사랑하기 시작한 순간에 우리가 증오하기 시작했다는 것을, 그들이 알아차린 것이다."[157] "흑인들의 수가 백인들의 수를 월등히 넘어서는 나라에서 어떻게 평화로운 나라를 만들 수 있을지를 누가 우리에게 말해줄 수 있을까?"[158] 소수자들은 민주주의와 '1인 1표'의 원칙을 고집스럽게 거부하지는 않을까? 카피르인들을, 적은 아니더라도 계속해서 열등하게 여기는 자들과의 대화를 기대할 수 있을까? 아프리카 공동체는 하나로 뭉쳐 있다거나 결속력을 지닌 집단과는 거리가 멀었다. 다수 종족인 줄루족은 부텔레지 족장과 함께 먼 발치에 떨어져 있었고, 몇몇 명사들은 백인에 대한

제4막 프로스페로 277

'톰 아저씨'의 존경 어린 태도를 간직하고 있었다. 경찰과 군대에 몸담은 흑인들도 수천 명에 이르렀다. 어떻게 하면 30년 전 알제리 독립을 훼손시킨 하르키 학살[32]을 피할 수 있을 것인가?

만델라―프로스페로의 고통은 끝나지 않았다. 칼리반을 길들이는 것은 그가 해야 할 일들 가운데 일부일 뿐이었다. 만델라는 그가 「자유헌장」에서 그려낸 이상적인 조국의 이미지를 널리 퍼뜨릴 수 있음을 증명해 보여야 했다. 제3세계에서 악행을 저지른 '섭리의 인간'이라는 레토릭을 경계하면서 만델라는 "국민들에게 자신이 메시아가 아니라, 예외적인 사태의 추이들 때문에 지도자가 된 평범한 사람임을 증명"하고자 했다.[159] 우리는 실제로는 그렇지 않은 한 사람에게 붙여진 '평범'이라는 이 형용사를 이미 만난 적이 있다. 전설이 될 것을 의식했던 만델라는 "마디바는 모든 것을 알고 무엇이든 할 수 있다. 그가 모든 것을 해결할 것이다. 이제 그것은 더는 우리의 일이 아니다"라는 말에 담긴, 투쟁정신의 약화를 우려했다. 또다시 서투르게(그러나 이는 숭고한 서투름이다) 만델라는 데 클레르크가 '정직한 사람'이라 생각한다고 말했다. 그가 데 클레르크와 심하게 충돌할 때, 어느 편에도 속하지 않은 그의 친구들은 어김없이 이러한 평가를 내린 장본인은 바로 만델라였음을 상기시켰다. 그가 기술했듯이, "무장투쟁에 대한 지지와 협상의 필요성에 대한 주장 사이에 어떠한 모순 관계도 없다"는 것을 수용하게 하기 위해서는 크나큰 모험을 감행할 필요가 있었다.

가장 걱정스러운 문제는 자라나는 세대들이었다. 아파르트헤이트 아래 성장한 아이들은 학교에 대해 분노와 공포만을 갖고 있었다. 만델라는 로벤 아일랜드에서 격분한 게릴라 소년들이 밀려들어왔을 때 그들을 제대로 인도하기 위해 겪어야 했던 고생을, 이제는 전국적인 규모에서 치러야 했다. 그는 어떤 공적인 활동을 벌이건 청소년을 염두에 두어야 한다는 사실을 잘 알고 있었다. 아이들에게 잘 보이기 위해 어른들이 행하는 '청년주의youthism' 차원에서가 아니라, 미래의 열쇠가 바로 그 자리에 놓여 있기 때문이었다. 국가교육은 단연코 최우선 해야 할 영역이며, 무시해서는 안 된다. 프랑스에서는 너무 흔한 일이지만 말이다. 그러나 젊다고 해서 모든 것을 할 수 있는 권리가 주어지는 것은 아니다. 만델라는 인종주의를 너무나도 증오했기에 이들이 반反백인주의로 침잠

제4막 프로스페로

하도록 방치할 수 없었다. 그들에게 새로운 전망을 열어주고 진보를 향한 게임에 대한 열망을 불어넣어야 했으며, 기질과 가슴에는 열정을 심어주어야 했다. 민중의 선동에 휘말리지 않고 민주주의의 길을 활짝 트는 것은 얼마나 어려운 일인가! 모리스 클라벨Maurice Clavel이 즐겨 말하듯, '생활의 혁신'을 일으키는 것이 중요하다.

넬슨 만델라는 거대한 저항을 완벽하게 의식하고 있었다. 그의 승리는 또다시 혼란, 분열, 유혈 사태 속에서 침몰할 가능성이 농후했다. 따라서 이 마법사는 자신에게 마술봉이 없다는 것을 반복해서 말했다. 만델라는 자신에게 닥칠 수 있는 위험이 어디에 있는지를 재빨리 깨달았다. 만일 조금이라도 아프리카 국민회의와 거리를 두는 것처럼 보인다면 협상가로서의 그의 위치는 약화될 것이고, 동지들에게 엄청나게 고통스러운 실망을 안겨줄 것이다. 나중에 말을 바꾸는 한이 있어도 당장은 아프리카 국민회의의 입장을 공공연하게 수용해야 했다. 당의 입장이 상대편을 불편하게 해도 어쩔 수 없었다. 그는 무장투쟁의 필요성을 강조하고 ("우리에겐 선택의 여지가 없기 때문에") 그것을 포기할 수 없다며 거부했고, 공산주의자동맹자들에게 경의를 표했다. 요약하자면 만델라는 백인 대화 상대자들이 바라는 것과는 정반대로 일하고 있었다. 백인들은 만델라가 언제나 아프리카 국민회의와 완벽히 연대하고 있었음을, 그리고 만델라가 독자적으로 적과 접촉한 사실이 동지들 사이에서 우려를 불러일으킬 수 있음을 알지 못한 것일까. 그들은 열세에 놓인 군대를 이기기 위해서는 그들이 이해할 수 있는 말을 쓰면서 자신의 편으로 만들어야 한다는 사실도 몰랐던 듯하다. 이러한 전략을 잘 모르는 사람은 만델라의 '급진적인 태도'가, 몇 시간 동안의 대화 과정에서 드러난 그의 온건함, 그가 한 약속, 선한 태도들이 전략적인 계략이고 위선임을 보여주는 증거일 뿐이라고 해석했다.

프레데릭 데 클레르크는 자신이 속고 있다는 인상을 받고는 불쾌해했다. 마가렛 대처는 '노련미 넘치는 의례적인 말들'을 비난했고, 그녀의 남아프리카 참모이자 조언자인 아프리카너 로렌스 반 데어 포스트Laurena van der Past는 "고통이 웅변가에게 아무것도 가르치지 못했다"고 비닌했다. 그러나 정반대다. 첫 번째 기자회견으로 많은 편견들이 사라졌다. 자신이 어떠한 원한도 품고 있지 않다는 점과 모든 이에게 열린 민주적인 남아프리카에 대한 꿈을 상기시켰을 때, 만델라는 평생 이 연습을 해온 듯 편안해 보였으며, 수수하고 친숙한 목소리는 그의 진실성에 믿음이 갈 수 있도록 유리하게 작용했다. 『파이낸셜타임스 Financial Times』는 외교적인 용어를 사용하여 "검은 남아프리카의 만델라에 대한 신뢰가, 근거 없는 것이 아니라는 첫번째 표식을 보았다."[160]

이 시기 만델라의 태도 속에서 사람들은 한 위대한 정치인의 능란함만을 보고 싶어한다. 그러나 내 생각은 다르다. 아주 어려운 상황 속에서 공인에게 가장 도움이 되는 것은, 자기 자신에게 충실하고 자신이 한 약속을 충실히 지키는 것이다. 정치인으로서의 고결함은 방법 속에 있는 것이 아니라 태도 속에 존재한다. 지극히 미묘한 상황 속에서 만델라는 우리의 피에르 멘데스 프랑스Pierre Mendes가 그러하듯, 책략을 쓰지 않았다. 그는 자신의 생각을 가장 유리한 때에 가장 호의적인 대중 앞에서 말하는 능란함을 보여주었다. 여기서 다시 한 번 만델라의 타고난 배우적인 자질이 그를 뒷받침한다. 그는 조국의 비극적인 상황에서 자신이 『태풍』에 나오는 왕자가 되었으며 덕분에 불행을 피할 수 있었다는 사실을 잊지 않았다. 그는 왕자의 평정심을 갖게 되었다. 수감되기 전에 만델라를 알던 사람들은 그를 만나고 놀랐다. 지난날의 거만함은 흔적조차 남아 있지 않았기 때문이다. 만델라는 자신과 함께 수감되었던 동지들은 원한도 복수심도 갖고 있지 않다고 장담한다. (그러나 그 말을 믿을 수 있을까?) 만델라는 평화로운 듯, 모든 이에게 미소 지으며 우호적인 태도를 보였다. 그는 자신의 천부적인 매력을 이용했고 유머감각까지 갖춘 친절함으로 어린아이들과 어른들에게 따뜻하게 대했다. 마치 스타가 된 것에 대한 용서를 구하듯이 말이다. 그는 이러한 방식으로, 아프리카 여러 나라 수반들 대부분의 판단력을 흐리게 만든 '개인 숭배'의 위험을 피하기로 결심한 것이다.

감옥의 침울한 닫힌 세계와는 완전히 대조적인 들뜨고 활동적인 삶이 시작되었다. 만델라는 국제선 비행기, 붉은 양탄자와 환영 피켓, 공식 귀빈을 위한 숙소를 경험했다. 석방된 뒤 2주 후 그의 첫 여행은 그를 루사카 아프리카 국민회의 집행위원회 회의로 이끌다. 옛 동료들이 아프리카 국가수반들과 함께 그곳에 있었다. 사람들은 만델라의 얼굴을 조심스럽게 바라보았다. 이 낯선 유명인이 도대체 누구인가?

"나는 그들의 눈 속에서 그런 질문을 읽을 수 있었다. 이 사람은 전과 다른 만델라인가? 그는 살아남았는가 아니면 좌초했는가?"[161] 쓰리피스의 정장, 빌라, 몇 가지 우호적인 이야기들에, 그를 친숙한 파트너로 변모시킬 수 있다고 생각하는 사람들은 재빨리 안심했다.

로벤 아일랜드 죄수의 국제적인 위상으로, 새로이 탄생한 남아프리카의 국기를 세계 만방에서 휘날리게 할 필요가 있었다. 석방된 뒤 6개월 동안 만델라는 대부분의 시간을 국내보다는 해외에서 보냈다. 물론 그는 아프리카에 우선순위를 두었다. 이웃 나라 모잠비크에서 만델라는 미궁의 비행기 사고로 4년 전에 사망한 사모라 마셸Samora Machel 대통령의 미망인인 그라사 마셸Grasa Machel 부인을 만났다. 그는 감옥에서 이 미망인에게 애도의 편지를 보낸 적이 있었다. 그녀는 그보다 스물여덟 살이나 어렸지만, 여전히 단신單身이었다. 만델라는 이 부인이 명예박사 학위를 받으러 케이프 대학에 올 때 부인을 다시 만나게 될 것이다. 그는 후일 친구들에게 이 여인이 남은 생애의 동반자가 될 것이라는 사실을 문득 깨닫게 되었다고 고백하게 될 것이다.

카이로에서 만델라는, 아프리카 국민회의는 "적대관계를 종식시킬 준비가 되어 있다"고 다짐하는 짧은 문장을 연설문에 끼워넣었고, 열광한 군중이 너무 가까이 다가오는 바람에 신발 한 짝을 잃어버렸다. 인도에서는 국가수반처럼 스물한 발의 대포를 발사하는 환영을 받았다. 유럽은 북부 국가들부터 순회를 시작했다. "유럽 정부들은 등을 돌렸지만 노르웨이와 스웨덴은 우리를 두 팔을 벌려 환영했고, 원조와 장학금 등을 포함, 우리들 정치범을 위한 법률적인 변호와 인도주의적인 도움을 주기 위해 자금을 제공했다."[162] 만델라는 스톡홀름에서 심장 발작에서 가까스로 소생한 72세의 올리버 탐보를 방문했다. 그 옛날 함께 협력했던 이 두 사람의 상봉은 흐뭇한 우정이 넘치는 기념할 만한 순간이었다. 올리버는 만델라에게 당 대표를 맡으라고 요청했지만, 만델라는 거부했다. 결정은 당원들이 하는 것이고 아직 때가 되지 않았기 때문이라고 그는 생각했다.

파리 엘리제궁전에서 만델라는 '호화로운' 영접을 받는다. 어려운 시절에도 몹소 만델리 지지운동을 빌여온 다니엘르 미테랑 부인에게 만델라는 감사를 표했다. 런던에서 그는 대처 부인의 초대도 받았다. 하지만 그것을 수락하기 위해서는 커다란 관용을 발휘해야 했다. 이 철의 여인이 남아프리카에 대한 국제 제제의 철회를 권고했기 때문이다. 아프리카 국민회의가 새로운 정권을 구성할 때까지는 그 조치를 유지해주기를 바랐는데도 말이다. 마침내 만델라가 대처 총리를 만났을 때, 그녀는 '솔직한 관심'을 보여주며 만델라가 친절하다고 생각하고 자주 만나고 싶다고는 말했지만, 마음을 돌리지는 않았다. 쿠바에서 만델라는 카스트로를 만나 그가 베푼 도움에 대해 감사했고, 쿠바 군대가 1988년 앙골라에서 남아프리카인의 격퇴를 도운 일을 회상했다.

미국에서는 아프리카계 미국인들이 지구에서 가장 유명한 흑인을 위해 세계 권투 챔피언의 개선 기념식을 준비해두고 있었다. 뉴욕에서는 만델라를 위해 엠파이어 스테이트 빌딩에 아프리카 국민회의의 색깔로 불을 밝혔다. 워싱턴에서는 국회 연설을 하여 3분간 기립 박수를 받았다. 출감한 만델라에게 가장 처음 전화한 조시 부시George Bush 대통령과 제임스 베이커James Baker 국무장관은 그를 요리조리 살펴본 뒤, 그가 공산주의자가 아니며 진지하게 대화할 수 있는 사람이라고 결론을 내렸다. 그들은 데 클레르크 대통령에게 전화를 하여 좋은 인상을 받았음을 알렸다. 어디를 가도 이 자유의 순례자는 숭배자들만을 갖게 된 듯했다. 『타임』은 그를 "새로운 삶을 살기 위해 상징적인 무덤에서 빠져나온 영웅"으로 그려냈다.[163] 나딘 고디머에 따르면 만델라는, 권세가 많이 기울었어도 여전히 대통령인 데 클레르크가 불안해할 정도로 전 세계의 눈앞에 남아프리카의 '미래의 화신'으로 떠올랐다. 만델라를 공산주의자 식인귀로 중상모략한 냉전기의 노병들은 "서방 민주주의에 그토록 관심을 갖고 있는 고상한 노인에게 점잖은 태도로 두 팔을 벌렸다."[164]

만델라는 몇 번의 여행을 위니와 함께했다. 그러나 연회에서 사람들이 감탄하며 바라본 이 빛나는 부부는 감정적이고도 정치적인 갈등으로 인해 비밀리에 찢어지고 있었다. 이 수감자는 아내와 가정을 되찾기를 바랐다. 너무 오랜 별거가 두 사람의 관계에 부정적인 영향을 미쳤다. 모범적인 여자 투사는 이상적인 배우자와는 거리가 멀다. 그녀의 여러 차례에 걸친 부정은 공공연하게 악명이 높았고, 어떤 이들은 "이른 아침에야 비틀거리며 들어와, 침대에 데려다 눕혀야 할 정도의 늦은 귀가"에 대해 험뜯었다. 파티마 미르는 "어떻게 절반은 신神인 사람이 마녀와 함께 살 수 있는지 의문이었다"고 이야기한다.[165] 위니는 그녀의 호전적인 연설을 좋아하는 젊은이들에게는 커다란 영향력을 행사했다. '코끼리Indlovukazi'(그녀의 별명)는 남편의 화단을 즐겁게 밟고 다녔다. 만델라가 데 클레르크의 '청렴함'에 대해 말하자 그녀는 그와 심한 말다툼을 벌였다. 그녀는 데 클레르크가 피터르 빌렘 보타 못지않은 범죄자라고 생각했기 때문이다. 무장투쟁이 중단되자 그녀는 격분했다. 그녀는 몇 년 후 "나는 너무 놀라서 두 손을 모두 들었습니다. 사람들이 적에게 학살당하고 있고, 수백 명의 동족이 죽어가는데 그들에게 창을 바다에 던지라고 말할 수는 없어요"라고 고백했다. 배우자의 노벨상 수상은 그녀에게 "만델라를 백인을 위한 평화의 도구로 만들려는 뇌물이며 어마어마한 공모"에 불과했다.[166]

정치적인 충돌보다 더 심각한 문제가 발생했다. 위니는 법적인 소송에 연루되어 있었다. 1988년 12월 중반에 스톰피 세이페이Stompie Seipei라는 한 흑인 젊은이가 유괴되어 '축구선수들'에 의해 암살당한 사건에 관한 것이었다. 그녀를 적어도 '소극적인 공모자'라고 의심할 만한 근거가 충분했다. 소송에 대한 공판이 1991년에 열렸다. 이 독보적인 여성에게 변함없이 매료되어 있던 만델라는 완전한 신뢰를 보여주었으며, 그녀가 변호를 잘 받고 있는지를 살폈고, 그녀의 무죄에 대해 확신한다고 말했다. 어느 누구도 그의 속마음을 제대로 알 수 없었을 것이다. 모든 일이 정치적이라고 태연하게 그러나 그리 믿을 만하지는 않은 주장을 계속하던 위니는 징역 6년을 선고받았고, 그녀는 주먹을 들어올린 채 재판정을 떠났다. 2심에서 그녀는 집행유예 2년과 15,000랜드[33]의 벌금을 선고받았다. "판단력을 잃어버리기는 했지만 모든 중대한 고발에 대해서 무죄인 내 아내를 나는 전적으로 지지한다"고 만델라는 말했다.[167] 2년 후 진실과 화해 위원회가 이 사건을 검토할 때 그의 "축구 선수들"이 확인해주었듯이, 검은 파시오나리아는 단지 판단력을 잃은 것만은 아니라는 사실이 드러나게 될 것이다. "나는 어머니께서 내게 그러한 명령을 내렸기 때문에 스톰피를 살해했다. 어머니는 아무도 죽이지 않았지만 많은 사람들을 죽이기 위해 우리를 이용했다. 나는 어머니께 내가 레로토디Lerothodi를 죽였다고 알렸고, 그분은 나를 꼭 껴안으면서 '내 아들아, 내 아들!'[168] 하고 말했다." 위니의 운전수는 자신의 이전 증언을 번복하며 그녀가 스톰피에 대한 폭력을 조직했다고 말했다.

이러한 형사 사건 외에도 아내는 점점 더 만델라에게 부끄러운 태도를 취하기 시작했다. 그녀는 변호사이자 아프리카 국민회의 사회 복지국의 보좌관이고, 또한 연인이기도 한 서른 살의 둘째 아들과 공공연하게 모습을 드러냈다. 그녀는 미국으로의, 반쯤은 공식적인 여행에 그를 대동했다. 그가 그녀를 속였다는 사실을 알게 되었을 때, 그녀는 그에게 편지 한 통을 보냈고, 언론이 결국 그 편지에 대해 밝혀냈다. 편지에는 질투 어린 분노가 자금 유용을 암시하는 이상한 표현들과 함께 뒤섞여 있었다. 마디바는 관대함과 우아함을 잃지 않은 채 기자회견을 했다. 거기서 만델라는 '놈자모 동지'에 대해 흔들리지 않는 신뢰를 보냈다. "그녀에 대한 나의 사랑은 변치 않는다." 이 더러운 사건에서 그는 관대한 신사처럼 행동했다.

1991년 7월 2일, 아프리카 국민회의는 더번에서 30년 만에 처음으로 전국회의를 개최했다. 만델라는 몇몇 토론자들에 의해 비판을 받았지만 역시 탐보의 뒤를 이어 만장일치로 당수로 선출된다. 당은 요하네스버그 중심부의 커다란 건물에 자리를 잡았다. 자신처럼 70세의 노인이 된 시술루와 탐보에 둘러싸여, 넬슨 만델라는 이후 모두가 인정하는 당의 수장이 되었다. 그의 목표는 언제나 변함이 없었다. 어떤 대가를 치르더라도 단결할 것. 그는 석방되면서 곧바로 소웨토 경기장의 어마어마한 인파 앞에서 이러한 목표를 선언했었다. "남성이든 여성이든 아파르트헤이트를 버리는 사람은 누구나 인종차별이 없고, 1인 1표의 원칙에 근거해서 민주적으로 하나 된 남아프리카를 위한 우리의 투쟁에서 제외되지 않을 것이라고 말하며 나는, 마침내 선의와 의지를 가진 모든 아프리카인들에게 두 팔을 활짝 벌릴 것이다. 이것이 아프리카 국민회의의 임무이며, 내가 고독 속에 수십 년을 보내며 지켜낸 목표이다."[169]

경찰은 진행 중인 대화를 좌절시키기 위해 최선을 다했다. 경찰은 평화적인 시위자들에게 발포했고 아프리카 국민회의 당원 40여 명을 체포했다. 죄목은 공산주의자들의 음모였고 부주의한 일부 당원들이 더번에서 잃어버린 컴퓨터 하드디스크를 그 근거로 삼았다. 이 사건은 그 사체로는 중대한 후속 조치들을 이끌지 못할 것이었지만, 데 클레르크의 입지를 보다 강화해주었다. 또한 아프리카 국민회의로 하여금 상징적이나마 무장투쟁 정책을 유지하는 것이 득보다는 실이 됨을 인식하게 하는 데 도움을 주었다. 공산당 서기장인 조 슬로보가 그 사실을 가장 먼저 깨달았다. 슬로보는 만델라를 비밀리에 방문해 적어도 잠정적으로라도 무장투쟁 정책을 중단할 것을 제안했다. 이것은 일반 당원들을 설득하기에는 매우 어려운 결정이었다. 그러나 능란한 전술가인 마디바는 급진적인 정치 참여가인 한 공산주의자가 그러한 제안을 했다는 것을 높이 평가했다. 그리고 조 슬로보에게 전국 운영 위원회에서 그를 지원하겠다고 약속했다. 어려움도 있었고, 인기도 없을 테지만 꼭 필요한 이 결정이 통과되도록 도왔다. 필요할 때면 언제고 무기를 다시 잡을 수 있다고 사람들에게 약속하면서 말이다.

아프리카 국민회의가 이처럼 분명하게 무장투쟁에 대해 전향적인 입장을 보임으로써 협상이 재개되었고, 1990년 8월 6일에 몇 가지 중대한 문제에 합의하면서 '프리토리아 협정'이 조인된다. 사실상 사건들을 악화시킨 것은, 무엇보다도 백인 극렬주의자들이 독려하고 이용했던 아프리카인들 간의 내분과 관련되어 있었다. '제3세력'은 가장 위험한 정책을 시행하며 즐기고 있었다. 그러나 만델라는 속지 않았고 그에 대한 증거도 많이 확보해두었다. 특히 한 달 전 부텔레지 민명대에 의해 자행된 급습이 그 증거였다. 급습이 모의 중이라는 경고를 받은 아프리카 국민회의는 당국에 알렸지만 허사였다. 경찰차의 호송을 받고 줄루족 깡패들을 실어 나른 고속버스들이 세보켕Sebokeng 지역에 난입하고 30명가량의 거주민들이 학살당했다. 다음 날 만델라가 그 지역을 방문하자 사람들은 시체 공시장에서 작두로 가슴을 절단당한 한 여인을 보여주었다. 격분한 만델라는 데 클레르크에게 분노를 퍼부었다. "내가 경고했는데 당신은 아무 일도 하지 않았소!" 그 아프리카너는 아무 말도 하지 못했다. 그는 자기 진영의 극단주의자들을 장악하고 있었을까? 2년 후인 1992년 5월에는 모든 것이 실패로 돌아간 듯 보였다. "데 클레르크와 나, 우리 두 사람이 의견의 일치를 보지 못한 사항들이 우리가 합의를 본 모든 것들을 위협하고 있다."

국민당은 '1인 1표' 안을 채택하는 데 이르지 못했다. 그들이 너무나 잘 알고 있는 것처럼, 이 안은 국민당의 권력을 해체시켜버릴 것이기 때문이다. 국민당은 부족장들을 조종함으로써 운명에서 벗어날 수 있기를 여전히 바라고 있었다. 6월 17일 잉카타 Inkhata[34]의 또 한 차례의 살인적인 급습이 불법 거주자들 구역을 초토화시켰다. 경찰은 다시 외면했다. 이번에는 정도가 지나쳤다. 정부는 줄루족이 정치적인 회합에 전통적인 무기를 휴대할 수 있도록 법제화하며 불에 기름을 부었다. 민속에 대한 갑작스러운 관심은 쉽게 설명된다. 토인의 가느다란 투창과 끝이 불룩한 곤봉은 적을 확실하게 죽일 수 있었기 때문이다. 협상은 난관에 부딪혔고 만델라와 데 클레르크의 관계는 험악해졌다. 데 클레르크는 아프리카 국민회의 내에도 살인자들이 있다며 만델라를 위선자라고 비난했고, 그의 비난에 격노한 만델라는 일방적으로 전화를 끊어버렸다.

8월 초에 이르러 총파업이 전개되면서 협상이 재개되었다. 흑인들 간의 불화가 이글이글 타오르는 것을 보고 백인들이 휘파람만 불고 있을 수만도 없었는데, 이러한 사태로 모든 것이 다 타버릴 수도 있었기 때문이다. 의장의 강력한 반대에도 불구하고 시스케이 반투스탄Ciskei Bantustan에서 9월에 열린 아프리카 국민회의의 시위는 심각한 사태를 야기했다. 지역 경찰이 군중에게 발포하여 29명이 사망하고 200명 이상이 부상당한 것이다. 중요 종족들이 평화에 관해 대화를 나눈 뒤로 그토록 많은 피를 흘린 적이 없었다. 그러나 그것은 시작일 뿐이었다. 1990년 여름부터 1993년 여름까지, 태평하게 습격사건의 수를 세고 있던 경찰은 '정치적 음모에 의한 사망'을 3,653건으로 기록했는데, 실제 사건의 수는 틀림없이 그보다 훨씬 더 많을 것이다. 1991년 7월에 영국 『가디언 Guardian』에 실린 한 기사는 "경찰이 아프리카 국민회의를 막기 위해 잉카타를 희생시키고 있다"고 여러 가지 증거들을 나열하며 폭로했다. 이 기사는 내무부 장관의 사퇴를 초래했다. 대부분의 백인은 흑인들 간의 살상 사태를 단순하게 읽었다. 즉 줄루족은 코사족의 주도를 거절하리라는 것이다. 어떻게 카피르가 종족 간의 전쟁을 포기하리라고 믿을 수 있겠는가? "전쟁의 길로 접어든 줄루족! 곧 피가 흐를 것이다"라고 『선데이타임스』는 표제를 뽑았다. 런던에서는 남아프리카로부터 35만 명에 이르는 영국인들의 대피 계획을 검토 중이었다.

그러나 예언가들이 점친 불행한 일들은 실제로 일어나지 않았다. 남아프리카 총회가 소집된 것이다. 민주 남아프리카를 위한 공회CODESA(The Convention for Democratic South Africa)에 모인 대표들은 24개의 조직을 대표했다. 1909년 이후 이 나라에서 열린 가장 큰 규모의 포럼이었다. 1991년 12월 20일 정부와의 첫 모임이 이루어졌을 때, 아프리카 국민회의 대표부에는 특히 공산당 서기장인 조 슬로보와 '국민의 창' 의장인 조 모디세Joe Modise가 포함되었다. 두 사람 모두 오래전부터 궐석재판에 의해 형이 선고된 공공의 적들이었으며, 공권력은 상황을 감안해 이제야 막 그들을 사면했다. 그들이 너무나도 기꺼이, 그들을 교수형에 처해버리려 한 국민당의 지도자들과 손잡는 광경을 보는 것은 큰 기쁨이었다. 후일 타보가 한 언론인에 말했듯이, 각 진영은 "다른 진영의 사람들이 공격할 태세를 갖추지 않고 있다"는 것을 발견한다. 이번에는 협상이 순조롭게 궤도에 올랐고, 만델라는 연설을 통해 이러한 진전은 "되돌릴 수 없는" 것이라 공언했다. 그러나 데 클레르크는 청렴할지는 모르나 결코 해방자는 아니었다. 그는 현장에서 무찌를 수 없기 때문에 초록색 양탄자 주변에서의 결투를 받아들였을 뿐이다.

협상은 세계의 환희에 찬 시선을 받으며 진행되었다. 화산에서의 이 결투에서 양측은 서로의 정당한 가치를 인정했지만 합의점을 찾는 데 극심한 어려움을 겪으며 회담은 계속해서 결렬되었고, 양측은 가혹한 시련을 경험해야 했다. 아프리카너는 상대의 '허세'에 대해 불평했고 만델라는 상대가 뒤에서 '제3세력'을 선동하고 있다고 의심했다. 또한 두 사람 모두 그들 진영의 극단주의자들에 의해 들볶이는 중이었다. 군사적인 승리를 꿈꾸는 아프리카 국민회의의 소수파, 호전파 위니 그리고 범아프리카 회의 멤버들은 만델라의 '온건함'을 비난했다. 사실 그의 온건함은 필요하다고 생각될 때면 나타나는 엄청난 단호함을 동반했다. 그가 언젠가 밝혔듯이, "한 나라를 세우기 위해서는 때로는 불도저가 필요하고 때로는 깃털이 필요하다."[170] 그의 행동과 저술에 근거해 쓸 수도 있을 법한, '완벽한 정치인을 위한 매뉴얼' 속에서도 이 경구는 중요한 자리를 차지할 것이다. 나는 좋은 의도를 가진 장관들이 곤봉과 깃털을 섞는 데 실패하는 것을 종종 보아왔다. 『인터내셔널 헤럴드 트리뷴 International Herald Tribune』은 "만델라는 모든 경우의 수에 대비하여 처신한다. 그는 자신의 진영을 동원하는 데 있어 강경해지기도 한다. 그러나 동시에 손을 내밀고 화해를 제안할 줄도 안다."[171]

백인 우파 중 일부분은 분리된 아프리카너 국가 즉 민족국가를 꿈꾸었지만, 백인들이 다수를 차지하는 지역은 없었으며 바로 이 점 때문에 이들의 '해결책'은 한낱 꿈에 불과했다. 어떤 이들은 한순간 군사 쿠데타를 걱정했다. 협상의 노정은 복잡했고 그것을 전부 서술하는 것은 내 의도에서 벗어난다. 이러한 일련의 밀고 당기는 과정 속에서 내 관심을 끄는 것은, 만델라의 외교가로서의 나무랄 데 없는 능력이라기보다는 프로스페로가 칼리반을 무장해제하는 방식이다. 경찰의 묵계하에 진행되는 범죄에 맞서서 옛 아마추어 복서는 우선 비겁한 공격에 대해 비겁한 공격으로 맞서고 싶은 욕구를 다스려야 했다. "처음에 나는 내가 극단주의자 집단과 의견을 같이하고 있다고 생각했다. 그러나 선택의 여지가 없다는 것을 깨달았다. 나는 수년 전부터 협상을 지키기 위해 싸워왔다. 나는 그것으로부터 등을 돌리지 않을 것이다."[172] 이러한 태도는 하부조직에 큰 실망을 주었고, 그도 잘 알고 있었다. 여기저기서 조금씩 끌어 모아 서둘러 재건한 아프리카 국민회의는 쉽게 분열했다. 노인과 젊은이, 국내 저항가와 루사카 피난민, 민간인과 군인, 이성적인 사람과 미친 사람들로 말이다. 소수의 활동적이면서도 소란스러운 사람들은 협상이라는 생각 자체를 거부했다. 1990년에도 로벤 아일랜드에 수감된 상태였던 25명의 투사들은 "전장에서 완전한 승리를 거두기 전에는" 사면을 거부했다. 따라서 만델라가 내란을 소망하는 이들 열성분자들에게 가서 석방에 동의하도록 요구해야 했다. 몇몇 사람들로부터 "백인들에게 팔렸다"느니, 지상과의 접촉을 잃었다느니 하는 비난을 받으면서도 만델라는 이러한 중상모략에 맞서 항의하지 않았다. 그는 주저하는 그늘 없이 자신의 과오를 인정했다. 그렇다, 그는 게을렀다. 그렇다, 그는 투사들의 말을 더 새겨 들었어야 했다. 만델라는 아마도 그렇게 생각했을 것이다. 그러나 그는 중요한 사항에 대해서는 한 치도 양보하지 않았다. 프리토리아 협약은 유지되었다.

여전히 핵심적인 문제로 남은 것은 줄루족에 대한 태도였다. 그들은 IDF(잉카타 자유당, Front Inkhata de la Liberte)라는 하나의 정당을 형성하고 있었으며 전국에 걸쳐 30만 명의 당원이 활동 중이었다. 잉카타와 아프리카 국민회의 사이에서는 공공연한 전쟁이 벌어졌다. 사람들은 크와줄루 나탈Kwazulu-Natal과 오렌지자유주에서 잉카타가 4천 명 정도의 사망에 대해, 그리고 아프리카 국민회의가 천 명의 사망에 대해 책임이 있다고 추정했다. 외국, 특히 보수층이 부텔레지를 열성적으로 지지하고 있는 곳에서는, 민중의 커다란 신망을 받는 이 명망 있는 만델라라는 지도자가, 자신의 나라가 민족적인 구성에 따라 분해되는 것을 막을 수 있을지 의문을 갖기 시작했다. "위대한 구원자의 이미지는 아마도 영원히 사라진 듯하다"고 한 자유주의자 언론인은 쓰기도 했다.

만델라는 줄루족 지도자와의 타협을 지칠 줄 모르고 모색했다. 석방되자마자, 그는 줄루 지도자에게 전화를 걸어 협조의 장을 마련하기 위한 시도를 했다. 그런데 줄루 지도자는 아프리카 국민회의의 사절단이 줄루 수도로 찾아와 그를 알현하라고 요구했다. 그러나 한 홈랜드[35]를 이런 식으로 인정해주는 것은 사실상 불가능했다. 부텔레지와 대화를 나누는 일에 관해 이야기를 꺼내면, 그의 진영에서는 곧바로 커다란 비난이 이어졌다. "내가 그의 이름을 발언하자마자 사람들은 나를 목졸라 죽이려고 했다"고 만델라는 말하고 있다.[173] "나는 우리 나라를 피바다 속으로 끌어들이고 싶어하는 사람들에게 무릎을 꿇고 간청할 것"이라고 그는 한 회합에서 말했다. 새로운 모임이 1991년 1월 29일 더번 왕립 호텔에서 열렸다. 기자들 앞에서 부텔레지는 하고 싶은 말을 다 해버렸다. 그러나 훌륭한 정치가는 합당하다고 여길 때에만 화를 낸다. 만델라는 그의 적수에게 예전에 자신의 석방을 탄원해준 데 대해 감사를 표하고, 그들의 불화와 1979년의 결별을 넘어 두 조직을 하나로 이을 수 있는 모든 가능성을 상기하면서 화답했다. 그다지 성과는 없었다. 공격을 삼가자는 합의는 조인되자마자 깨져버렸다. 4월 8일 선거가 다가오면서 만델라와 데 클레르크는 함께 줄루족 지도자와의 마지막 교섭을 시도했다. 새로운 남아프리카에서 그는 맹세코 '영국 여왕'보다 더 큰 권한을 갖게 될 것이다. 그러나 부텔레지는 계속해서 비타협적인 태도를 견지했다. 그는 민주주의에 알레르기 반응을 일으켰다. 그는 투표일 8일 전에야 게임에 합류하고 그의 잉카타가 선거 후보자를 내는 데 동의했다. 이는 그렇게도 간청했던 사람들에게 커다란 안도감을 불러일으켰다. 월터 시술루는 "부텔레지로서는, 마다바보다 더 합당한 사람은 없었을 것이라고 생각한다"고 말했다.[174] 나는 고집스럽고도 악의에 찬 형제와 화해하려고 하는 만델라의 열정이 존경스럽다. "내 마음이 조국의 고통으로 이미 쇠약해질 대로 쇠약해져 있는데, 우리의 불화가 이 나라의 어려움을 한층 더 악화시키는 것을 보아야 한다니, 이건 정말이지 너무 가혹하다!"(『오이디푸스』)

마찬가지로 내일에 꼭 필요한 파트너인 백인들이 느끼는, 공포로 인해 더욱 커져버린 증오를 물리쳐야 했다. 프레데릭 데 클레르크는 자신의 진영 속에 "다방면에서 일의 진행을 막으려는 사람들이 있음"을 인정했다. 게다가 살인 사건이 일어나 화약고에 불을 당길 뻔했다. 이민 온 지 얼마 지나지 않았으나 이미 아프리카너 극단주의운동에 가담한 폴란드인이, 자기 집 앞에서 아프리카 국민회의의 옛 참모장이자, 젊은이들의 우상인 크리스 하니Chris Hani를 살해한 것이다. 아프리카너 여성이 범행 차량 번호를 적은 덕분에 살인자가 체포되었다. 만델라는 "편견과 증오로 가득한 이 백인과 살인자를 밝히고 법정에 세우기 위해 목숨까지 건 아프리카너 백인 여성을 비교하며 사태를 진정시키기 위해 애를 썼다. 이제 모든 남아프리카인들이 어디 출신이건 힘을 합쳐야 할 때가 왔다. 크리스 하니가 지켜내기 위해 목숨을 바친 그 이상을 파괴하려는 사람들에 맞서기 위해서 말이다. 그것은 바로 모두를 위한 자유이다."[175] 이 사건과 거의 동시에 가까운 사람을 잃는 슬픔이 만델라를 잔인하게 엄습했다. 그가 세상에서 가장 존경하는 사람인 올리버 탐보가 갑자기 사망한 것이다. 만델라는 자신의 책에서 그에게 감동적인 추도사를 바친다. "금속의 비유에서 플라톤은 사람을 금, 은, 납으로 분류한다. 올리버는 순금 같은 사람이다. 그의 눈부신 지혜 속에, 그의 온기 속에, 그의 인간애 속에, 그의 충성심 속에 그리고 그의 헌신 속에 금이 존재한다. 나는 그를 한 인간으로 사랑하는 만큼이나 대장으로서 존경한다."[176]

아파르트헤이트를 철저히 파괴하는 것은 멋진 일이다. 그러나 그것을 시행했던 국가를 동시에 넘어뜨리는 것은 파국으로 치닫는 결과를 낳을 수도 있다. 현실주의자인 조 슬로보가 새로이 제안한 '황혼 약정'은 협상의 마지막 고비를 넘게 해주었다. 그것은 일정 기간 동안 국민당과 권력을 공유하는 것이었다. 공무원들은 그들의 자리를 유지할 것이고 군인과 경찰에 대해서는 사면령이 내려질 것이다. 바로 이러한 양보가 기간 당원을 분개시켰지만, 그것이 없었다면 혼란스러운 사태가 오리라는 것이 확실했다. 행정적인 측면에서 이 용기 있는 결정은, 도덕적인 차원에서 진실과 화해 위원회의 창설이 의미하는 바와 비견할 만하다. 나머지 문제는 재치와 인내심을 요구했다. '1인 1표'의 원칙과 하나로 통합된 선거인 명부가 지켜졌기 때문에, 드디어 합의가 가능해졌다.

임시 헌법이 이러한 원칙들에 근거해서 작성되고, 모든 사람들에게 기억할 만한 날이 될 1993년 6월 3일, 최초의 민주적인 선거가 1994년 4월 27일 실시될 것이라고 결정되었다. 넬슨 만델라와 프레데릭 데 클레르크는 함께 노벨평화상을 수상하게 된다. 이는 군대를 지휘했고, 따라서 그 대상자인 비폭력주의자들에게만 제한된 국제사면위원회Amnesty International의 도움도 받을 수 없었던 한 사람에게는 예상치 못한 영예였다. 만델라의 연설은 공동 수상자의 '용기와 통찰력'에 경의를 표하는 내용이었다. 그에 대해 놀라워하는 사람들에게 그는 "적과 평화를 맺기 위해서는 그와 함께 일해야 하며, 당신의 협력자가 되도록 만들어야 한다"고 대답했다.[177]

1994년 4월 27일은 투표용지 한 장씩을 투표함에 넣기 위해 끝없이 인내하는 모든 인종의 남성과 여성이 선 긴 줄과 함께 지구촌 전체의 기억으로 남게 된다. 넬슨 만델라 역시 생애 처음으로 그가 재통합시킨 데 대해 자부심을 느끼는 아프리카 국민회의에 투표했다. 그는 자서전에서 "서로 다른 방향으로 총을 쏘아대는 서른여섯 개의 분파들이 있었다"고 쓰고 있다.[178]

5월 10일 햇빛이 찬란한 날, 새로운 남아프리카가 백인 우위의 요람이었던 프리토리아에서 태어났다. 이 나라는 탈인종적이고 민주적인 정부에 의해 통치될 것이다. 넬슨 만델라가 국가 원로들과 고위 인사들, 그리고 10억의 텔레비전 시청자들이 지켜보는 가운데 대통령에 임명된다. "잠시 후, 우리는 눈을 들어 제트 비행기, 헬리콥터, 군 수송기가 완벽한 질서를 유지한 채 지나가며 민주주의에 대해, 그리고 정당하고 자유롭게 선출된 정부에 대해서 충성을 맹세하는 것을 보았다." 그리고 나서 장식과 훈장으로 요란하게 치장한 장군들이 차려 자세로, 몇 년 전까지만 해도 그들이 악당이라고 간주한 이에게 충성을 맹세했다. 두 곡의 국가가 연주되었고 그는 가사를 몰라서 예전의 적의 국가를 흥얼거리는 흑인과 백인들을 응시했다.

프로스페로는 태풍을 가라앉혔다. 그는 칼리반에게

승리했으며, 섬에서 일어났을 수도 있었을 내전을 가까스로 막았다. 남아프리카공화국은 민주주의 국가이며 드디어 국민 모두가 주권자가 되었다. '자유를 향한 오랜 여정'이 종언을 고하고 있었다. 취임 연설에서 새 대통령은 "크나큰 재앙으로부터 인류 전체가 자랑스러워할 사회가 탄생했습니다"라고 말했다. 그는 자신에게 주어진 임무가 무겁다는 것을 알고 있다. 아파르트헤이트의 폐허 위에, 꿈에 그리던 모두를 위한 집을 세우는 일이다.

제5막

넬슨 왕

> 어떤 엉성한 구상도, 어떤 허망한 욕망도
> 너무나 아름다운 한 인생을 허물지는 못할 것입니다.
> 당신은 마음의 거장이 되는 기술을 찾아낸 겁니다.
> _코르네유, 「킨나Cinna」

마지막 역할을 연기해야 할 시간이 왔다. 넬슨 왕은 현명한 노인, 존경받는 지도자, 위엄 있는 올림피아Olympia인이 되어 무대에 등장한다. 신화에 따르면, 마침내 바위 위에서 풀려난 프로메테우스가 신으로서 본래의 자리로 귀환하기를 허락받았을 때, 제우스는 지난 시련을 상기시켜줄 반지를 껴야 할 의무를 부과했다. 마디바는 로벤 아일랜드에서 겪은 것들을 상기하는 데 그러한 보석을 필요로 하지 않았다. 만델라의 삶의 방식은 그가 정당하게 쟁취한 명예에 의해 달라지지 않았기 때문이다. 그는 변함없는 사람이었다. 그는 여전히 새벽에 일어나고 자신의 침대를 스스로 정리했다. 그는 살아 있는 장식품으로 남지는 않을 것이다. "복도에서 옛 친구들과 만나서 이야기를 나눌 때나 방문객들에게 개인 전화번호를 알려줄 때에는 비서진들 모르게 슬며시 했다."[179] 그는 전 지구를 다양한 문제들을 안고 돌아다녔으며, 그것은 마치 그의 끝나지 않을 듯한 수감 생활에 대한 복수 같기도 했다. 한 번은 만델라가 외국 순방을 마치고 귀국했을 때, 어느 불손한 기자가 "남아프리카 순방에 나선 만델라 대통령"이라고 기사의 표제를 쓰기도 했다.

프리토리아의 거대한 대통령 집무실에 들어서면서 약간 어리둥절해진 만델라는 백인 직원들을 불러 예의 그 거부할 수 없는 미소를 지으며 차례로 악수하고는, 단 한 사람도 해고되지 않을 것이라고 약속했다. 아프리카너 비서들과 직원들은 친절하게도 자신들의 이름과 가족에 대해 알고 있는 이 노년의 신사을 위해 헌신적으로 일했다. 프레데릭 데 클레르크는 자신의 비망록에서 "만데라는 그와 접촉하는 사람들 모두가 특별한 존재라고 느끼게 만드는 천부적인 재능을 지녔다"[180]고 적었다. 이 재능이 바로 카리스마라고 불리는 자질이다. 그는 사소한 일에서만큼이나 중대한 일에서 이 능력을 잘 발휘했다. 몇몇 정치가들은 하나의 이미지가 전문적인 '매개자들'의 도움을 받아서 만들어질 수 있으며, 국민들은 자신들이 보여주겠다고 결정한 모습으로 자신들을 인식할 것이라고 믿고 있다. 이것은 치명적인 실수이다. 이러한 문제에 관한 한 사람들은 진실과 거짓을 구분하는 확실한 본능을 가지고 있다. 본인은 자신의 명예를 드높일 것이라 생각하며 그런 행동을 하겠지만, 사람들은 불끈 쥔 주먹이 기계적인 것인지 열정적인 것인지, 미소가 꾸며낸 것인지 자연스러운 것인지, 관대함이 진심에서 우러난 것인지 아니면 단지 교만함의 표지標誌인지를 단숨에 알아낸다. 정치가들은 항상 유권자들을 과소평가하는 오류를 범한다. 잘 알려져 있지는 않지만, 무대 위에서와 마찬가지로 정치판에서도 대중의 존경을 이끌어내는 몇 가지 규칙들이 있다. 기자회견에서는 청중의 마지막 줄에 앉은 사람에게 말을 걸어 당신의 말을 경청하고 있는지 확인해야 한다. 답장을 하지 않은 채 편지를 방치하면 안 되고, 어느 누구도 소홀히 대하거나 무례하게 대해서는 안 된다. 성가신 사람이나 성난 사람에 대해서도 마찬가지이다. 정치가에게 언론은 필수적이지만 위험한 통로이다. 우리의 영웅은 언론을 훌륭하게 이용했다. 만델라는 아부하지 않으면서 그들을 유혹했다. 기자들은 직업상 의심이 많고 회의적이며 자신들이 조종당하고 있다는 느낌을 받는 것을 아주 싫어한다. 그들 가운데 아주 괜찮은 사람들, 즉 이해관계에 따른 아첨을 악용하지 않는 사람들은 적어도 그렇다.

국내 문제에서 마디바는 제1부통령을 선택하는 데 있어 아프리카 국민회의의 의견을 존중함으로써, 당에 대한 그의 입장을 확인시켜주었다. 국민당과의 합의문에 따라 프레데릭 데 클레르크가 제2부통령이 되었기 때문에, 제1부통령은 이 조직에 속해야 했다. 그것은 중대한 선택이었다. 대통령은 75세였고 5년 단임제이기에 제1부통령은 십중팔구 국가수반의 차기 계승자가 될 것이기 때문이다. 시릴 라마포사Cyril Ramaphosa[36]와 타보 음베키Thabo Mbeki[37], 이렇게 두 사람이 경합을 벌였다. 변호사이자 아프리카 국민회의의 사무총장인 라마포사는 청년들의 투쟁을 탁월하게 이끌었으며 국민당과의 협상을 성사시키는 데 주요한 역할을 담당했다. 음베키는 루사카에서 망명생활을 하면서 올리버 탐보의 오른팔로 아프리카 국민회의를 이끌었다. 그는 외교관이자 경제학자였다. 개인적으로 만델라는 옛 동지의 아들인 라마포사를 더 좋아했지만 그는 흑인의식운동 출신으로, 아프리카 국민회의 '초기 모임'에 속해 있지 않았다. 옛 동지들과 오랫동안 이야기를 나누고 경청한 뒤 마디바가 지명한 사람은 타보 음베키였다. 만델라는 당에 자신이 선호하는 후보를 강요하지 않았다. 이처럼 자신의 뒤를 이을 황태자를 강압적으로 결정짓지 않는 국가수반은, 아프리카에서는 찾아보기 힘들다.

1994년 대연정 내각은 성공적으로 출발했다. '무지개의 나라', 즉 다인종국가 의회의 의장은 훌륭한 재능을 갖춘 여성이면서 아프리카 국민회의의 연로한 투사이고 변호사인 프린 진왈라Frene Ginwala가 되었다. 의회는 매사에 신중을 기하는 의장의 승인을 받고 제출된 민주적인 새 헌법을 표결에 붙였다. 헌법재판소는 대통령의 초기 결정 가운데 두 가지에 대해 불신임 결의를 할 정도로 아주 독립적인 모습을 보여주었다. 법을 충실히 존중함으로써 법치주의의 모범을 보이고자 한 대통령은 곧 이러한 제재를 받아들였다. 헌법재판소는 사형이 문명화된 국가에 어울리지 않으며 법치주의와도 어긋난다고 선언하고, 아프리카너 언어와 문화에 대한 보장을 승인했다.

이 체제에 소극적이거나 적대적인 공무원들을 찾아내라고 한다면, 우리는 그들을 외무부에서 만날 수 있다. 사적인 인간관계로 문제를 해결하고, 종종 목소리를 듣고 안부를 묻고 싶다는 단 한 가지 소망 때문에 때로는 시차 계산까지 잊어버리면서 빌, 프랑수아, 토니, 보리스 등에게 전화하는 대장과 그들이 어떻게 잘 어울릴 수가 있겠는가? '사적인 외교'는 전문가의 골칫거리였다. 그러나 그것은 대통령의 열정이었다. 만델라는 조지 부시를 "따뜻하고 주의 깊은" 사람이라고 평가했고, 나이 차이에도 불구하고 큰 어려움 없이 클린턴Bill Clinton의 친구가 되었다. 두 사람 모두 고루한 것을 싫어하는 사람들이다.

두 단어, 즉 '민주주의'와 '화해'가 새 대통령의 원대한 계획을 단적으로 말해준다. 만델라는 항상 민주주의를 극찬했지만, 문제는 열 명 중 한 명의 국민만이 민주주의에 관심을 갖는 나라에서 그 사상을 현실적으로 각인시켜야 한다는 것이었다. 권좌에 오른 상황에서 아부의 물결이 도처에서 밀려오는데도, 만델라가 진정한 민주주의자로 남을 수 있었다는 것은 거의 초인간적이고 영웅적인 면모이다. 우리는 수카르노Sukarno[38]부터 카스트로Fidel Castro[39]까지, 세쿠 투레부터 무가베Robert Gabriel Mugabe[40]에 이르는 위대한 혁명가들이 절대권력의 달콤한 묘약을 마시는 것을 보아왔다. 국내외 언론은 프리토리아의 연로한 신사에 도취된 상태였다. 『파이낸셜타임스』의 특파원은 만델라에 대해 조금이라도 부정적으로 말하는 사람을 찾지 못할 정도였다. 그런데 그는 셰익스피어의 작품에 등장하는 카이사르처럼 칭찬을 좋아했고, 부르투스는 그런 카이사르에 대해 다음과 같이 말했다. "내가 그에게 아부꾼들을 싫어하는 것 같다고 말하자, 그는 이 최상의 아첨에 대해 그렇다고 대답하더군." 만델라의 위신은 그가 긍정하는 모든 것을 할 수 있게 했다. 어느 누구도 이 공화국이 만델라의 권위와 용기 덕분에 존재하게 되었다는 말에 이의를 제기하지 않았다. 공산주의자는 역사 속에서 개인의 독자적 역할을 믿지 않는다고 하는데, 조 슬로보 같은 공산주의자조차도 만델라를 일러 "조직을 움직이고 부대를 지키는 데 있어 그 누구와도 바꿀 수 없는 사람"이라고 표현한 올리버 탐보의 말에 수긍했다. 그리고 1990년 이후에는 "만델라의 역할은 진정 독보적이며 그가 없었다면 이 나라의 역사는 완전히 달라졌을 것"이라고 평가하기까지 했다.[181] 만델라의 지서전을 집필한 작가는 "1995년 공식 방문한 엘리자베스 여왕을 영접하고 그녀와 우호적인 관계를 맺어 여왕의 측근들을 놀라게 했을 때 사람들이 말한 것처럼, 만델라는 정치가라기보다는 왕에 더 가까웠다"고 적고 있다.[182] 만델라가 1994년 아프리카 국민회의 49차 회의 폐막 연설에서 "권력은 결국 부패하며 절대적인 권력은 절대로 부패한다"고 고심하며 말해도 소용없었다. 그 시도만은 분명 위대했지만 말이다.

아프리카 국민회의의 세계를 잘 알고 있는 누군가가 어느 날 앤서니 샘슨에게 말했다. "탐보는 타고난 민주주의자이지만 만델라는 그것을 배워야 했습니다."[183] 정치계에서의 오랜 경험으로 나는 타고난 사람과 배워 익혀야 하는 사람이 분명한 차이를 보인다는 것을 잘 알고 있다. 오랜 민주적 전통을 지닌 우리의 공화국(프랑스)에서도 그러하니 말이다. 어떤 공인은 기꺼이 다수결의 어려운 원칙, 선거 실패에 대한 때로는 부당한 제재, 임기를 일정 기간으로 제한하는 미래의 불확실성을 기꺼이 받아들인다. 다른 사람들은 오랜 기간 동안 험난한 노력을 기울인 뒤에야 그러한 경지에 도달한다. 그의 친구이자 스승과는 달리 만델라는 기질적으로 부드럽고 겸손한 사람은 아니었다. 그는 젊은 시절, 오만했고 자신에 대해 과

신했다. 반면 그는 다른 사람의 의견을 존중하는 민주주의의 중요한 덕목을 소유했다. 선거 다음 날 그는 다시 한 번 그 같은 점을 증명해 보였다. 1당 체제와 99퍼센트의 선거율을 자랑하는 아프리카 대륙에서 만델라는, 아프리카 국민회의가 62.2퍼센트의 표만을 얻음으로써, 미래의 헌법을 원하는 대로 제정할 수 있는 2/3의 다수표 확보에 근소한 차이로 실패했다는 사실을 확인하고 만족해했다. 민주주의는 백지수표를 인정하지 않는다.

민주주의는 설명이자 토의이고, 계획, 이데올로기, 전략들을 통한 조직적이고도 참을성 있는 대결이다. 그것은 또한 건설적인 비판이면서 적수의 논리에 대한 선입견 없는 검토이다. 이러한 점에서 만델라는 로벤 아일랜드에서의 동지인 딩가케Michael Dingake가 묘사한 바로 그 인물이라 할 수 있다. "모든 수감자들 가운데 마디바 동지가 가장 지칠 줄 모르고 토론에 임했다. 그것이 아프리카 국민회의의 멤버들과 관련된 것이건, 쌍방 간의 토론이건, 다른 조직 멤버들과의 토론이건 말이다. 따라서 그는 내게 늘 모든 문제의 두 가지 측면을 객관적이고도 솔직하게 검토할 수 있도록 가르쳐준다."[184] 만델라는 집단 지도부에서 다수결의 의견에 따른다. 비록 이로 인해 대가를 치르게 된다 해도 말이다. "나는 종종 그들이 전적으로 틀렸다고 생각했다"고 만델라는 1994년 설명했다. "그러나 나는 다수의 견해를 존중해야 한다. 나는 그들을 설득하기 위해 한 사람, 한 사람을 바라보아야만 한다."[185]

민주주의는 언론의 자유이다. 대통령은 인정사정 없는 다른 아프리카 지도자들과는 달리, 조금도 그들을 속박하려 들지 않았다. 그렇다 해도 그 또한 몇몇 기사들에 충격을 받았고 때로는 그 사실을 거리낌 없이 말하기도 했다. 단 견해 차이로 인한 논쟁에 한해서였다. 사생활 문제에서 그는 모든 스타에게 반드시 필요한 '언론과의 거리 두기' 방침을 채택했다. 미국의 황당한 도색 잡지 『허슬러Hustler』는 만델라의 비서관 중 한 명이 경박한 복장을 하고 찍은 사진을 "넬슨의 여자, 대통령 관저를 타오르게 하는 뜨거운 여비서"라는 글귀와 함께 싣고 이 매력적인 창조물의 상관을 그녀의 "이달의 멍청이"로 만들었다. 연로한 현인은 이러한 모욕적인 상황을 비난하는 주위 사람들 앞에서 파안대소로 응답했다. 만델라에게 이러한 행동은 젊음이라는 것이 출발점의 문제가 아니라는 것을, 그리고 자신이 나이 들기를 잊어버린 사람임을 보여주는 한 방식이다. 어느 날 그는 청중에게 "내 나이가 75세입니다. 여러분과 함께 있으니 내가 16세인 듯한 느낌이 드는 군요. 여러분은 내 인생의 하루하루에 생기를 불어넣는 사람들입니다."[186]

화해라는 두번째 목표 또한 반드시 실천해야 할 덕목이었다. 복수심은 그의 천성에 맞지 않았다. 공감하는 사소한 몸짓 하나에도 감동하는 이 인물보다 복수심이 약한 사람도 없을 것이다. 모든 '진보주의자들'처럼(사람들은 우리로 하여금 이 아름다운 형용사를 부끄러워하게 만들려고 하지만, 모두 헛수고일 뿐이다) 만델라는 다른 모든 반증에도 불구하고 근본적으로 낙관적인 견해를 지니고 있다. 그의 감사 표시는 의심을 사기도 한다. 그는 종종 지나치게 감사를 표시하기 때문이다. 감옥에서 출소하기 한 시간 전에 그는 제임스 그레고리에게 짧은 편지를 쓴다. "오늘 우리가 함께 보낸 경이로운 시간들이 끝나는군요." 만일 학생이 쓴 쪽지였다면 감동적이었을 것이다. 그러나 간수와 경이로운 시간을 보내지는 않는다. 또한 이 간수는 고약하게도 자신의 책을 선전하는 데 이 지나친 찬사를 이용할지도 모를 일이다.

신임 대통령은 아프리카인들 사이에 화해를 추구하면서 동시에 아프리카인들을 다른 공동체들과도 밀접한 관계로 이끌고자 애썼다. 특히 범아프리카 회의의 '아프리카주의자들'에 의해 심하게 학대받은 혼혈인, 인도인들과의 화해를 위해 노력했다. 부텔레지 족장은 여전히 이탈에 대한 막연한 환상을 가지고 있었다. 그는 심지어 그의 줄루족에게 "해방을 위한 투쟁이 시작되었다"고 말할 정도였다. 그러나 부텔레지 대장은 현실주의자이다. 자신의 지역으로 유입되던 자금의 흐름이 끊길 듯하자, 그는 목소리를 한 톤 낮추었다. 만델라는 백인들이 카피르를 모욕했던 것처럼 백인을 모욕하지는 않았음을 입증하기 위해 아프리카너들에게 지나치게 신경을 쓰는 듯했다. 그는 데 클레르크의 '청렴함'에 대해 경의를 표했다. 1994년 2월 12일, 자신을 수십 년 동안 감옥에 가둔 장본인인 옛 대통령 피터르 빌렘 보타를 만나기 위해 은퇴한 그의 거처까지 찾아갔다. 놀란 '큰 악어'는 만델라를 반갑게 맞이했다. 그는 만델라를 '공산주의자'라고 생각했지만, 동시에 신사적인, 족장의 아들로 여기기도 했기 때문이다. 만델라는 자신의 선의를 입증해 보이기 위해, 그의 집에서 고위급 아프리카너들의 모임을 조직할 수 있는지를 보타에게 단도직입적으로 물었다. 만델라는 외젠 테르 블랑슈Eugène Terre Blanche까지 부르고자 했다. 그는 스바스티카Svastika기(독일 나치당의 꺾인 십자 문양이 박힌 깃발)를 높이 세우고 극우파 아프리카너의 저항조직AWB을 이끈 난폭한 군인 스타일의 대장으로, 그들의 하수인은 아프리카 국민회의에 대한 공격이 전문이었다. 만델라는 최악의 적들까지도 설복하려 했다. 그는 그곳을 떠나기 전 집주인의 방명록에 "건설적이고 풍요로운 논의"라고 썼다.

상징적인 의미로 만델라는 아파르트헤이트의 창안자인 헨드릭 페르부르트의 미망인이 사는 저택에 가서 차를 함께하며, 유창한 아프리칸스어 실력과 세련된 예의범절로 이 연로한 여성을 놀라게 했다. 이 기이한 몬테크리스토Monte-Cristo 백작은 그를 이프IF성으로 보낸 사람들을 몰아세웠지만, 이는 그들을 안심시키고 그가 복수하지 않으리라는 것을 알리기 위함이었다. 그는 리보니아 재판에서 만델라를 교수형에 처하려 한 소름 끼치는 검사, 퍼시 유타를 식사에 초대했다. 자신이 가한 온갖 모욕에 대한 영웅적인 용서에 놀란 그는 만델라를 '성인'이라고 불렀다. 만델라는 럭비보다는 권투를 더 좋아했지만 스프링복스의 팬들과 화해하기 위해 그들의 유명한 운동복을 입고 게임 개막을 알렸다. 그날 밤 이 유명한 팀을 응원하던 사람들은, 거리에서 만나는 모든 흑인들과 기꺼이 포옹했다.

  이 배우는 때때로 동료 연극인들을 언짢게 하는 것을 살짝 즐기며 자신이 맡은 배역을 다소 과장했다. 그는 또한 로벤 아일랜드 간수들의 모욕과 폭언에 대한 자신의 증오를 존경스러울 정도로 잘 억누르고 있다는 사실을 모든 이에게 보이고 싶어했고, 아마도 자기 스스로에게도 증명하고 싶어한 듯하다. 아우구스투스Augustus 황제가 베푼 관대함 때문에 음모를 계획하던 킨나Cinna는 스스로 무기를 버렸고, 황제로 하여금 다음과 같은 유명한 시구를 읊게 했다. "나는 세상의 주인인 동시에 나의 주인이다." 이미 오래전에 마디바는 복수 속에는 남아프리카의 비극을 위한 해결책이 존재하지 않는다는 것을 깨달았다. 앤서니 샘슨이 관찰한 바에 따르면, "화해는 분명 만델라의 정치적 전략의 핵심적 요소였다. 그는 아프리카너들에게 개인적으로 손을 내밀었고 그럼으로써 그는 그들을 더 쉽게 갈라놓고 더 수월히 무장해제시킬 수 있었다. 용서와 함께 만델라는 권력을 공고히 했으며 모두에게 바람의 방향이 바뀌었음을 상기시켰다."[187] 나는 정치적 계산보다는 영혼의 위대함이 더 컸다고 생각한다. 그러나 만델라의 관대함은 복수의 가장 미묘한 형태들을 배제하지 않았다. 그는 노동력을 헐값으로 이용한 예전의 부유한 인종주의자들에게 점잖게 벌금을 물리는 데 각별한 재능을 보여주었다. 우리는 만델라가 이러한 게임에서 얼마나 큰 기쁨을 느꼈을지 짐작할 수 있다. 또한 런던에 잠시 체류하는 동안 그는 리셉션을 마련하고, 국제적인 제재에 반대하고 아파르트헤이트를 지지했던 거물들을 초대하여 결국 이들로 하여금 그에게 존경을 표하게 하고 선견지명이 부족했던 대가를 치르게 했다.

남아프리카공화국과의 화해는 설령 그가 국가수반이라 할지라도 한 개인의 선의에만 좌우될 수는 없다. 아파르트헤이트 체제에서 일어난 범죄는 너무나 많고 잔학해서, 독일인들이 과거 극복이라는 개념을 만들어내며 나치를 청산했듯 그 범죄를 정리할 방법을 찾아야만 했다. 단순히 그로부터 눈을 돌리는 것만으로는 다 함께 미래를 바라보기란 불가능했기 때문이다. 신생 에스파냐공화국에서는 후안 카를로스

Juan Carlos 덕분에 성공을 거두긴 했지만 말이다. 범죄자들과 그 공모자들을 일종의 뉘렘베르크 재판 Judgement at Nuremberg에 회부하는 것도 마찬가지로 불가능했다. 안보국의 성원들 대부분은 자신들이 꾸민 음모의 증거들을 감추는 데 주력했다. 남아프리카 사법관들 또한 강경했다. 백인 공동체의 시선으로 재판했기 때문에 그들은 전전긍긍했다. 옛 국방부 장관인 마그누스 말란 Magnus Malan 장군과 그의 장교 집단에 대한 재판에 국가적으로 엄청난 비용이 치러졌으며 18개월간의 논쟁 끝에 증거 불충분으로 사면이 결정되었다. 남은 수천 건에 대해서도 이 같은 경험을 되풀이해야 할까? "이는 죄를 지었으면서도 서슴지 않고 거짓 증언을 일삼는 경찰과 군부세력 앞에서 막막함을 느낀 어느 희생자의 말"[188]이라고 데스몬드 투투는 적고 있다. 증거 불충분이나 사면 선고는 희생자들의 원한을 한층 더 증폭시켰고 나라는 그 때문에 더 심하게 분열될 것이다. 몇몇 죄인들이 뻔뻔스럽게 요구한 전체적이고 총제적인 사면은 너무나 터무니없어서 도저히 받아들일 수 없었다.

무엇을 할 수 있을 것인가? 해결책을 낸 사람은 마디바가 아니라, 아프리카 국민회의 위원이자 법학 교수인 카데르 이스말Kader Iamal이었다. 이 인권 전문가는 서부 케이프 대학에서 행해진 보직 취임 연설에서 어려운 법정 싸움과 사면 사이의 타협안을 제안했다. 그것은 우분투ubuntu라는 아프리카 전통에 근거한다. 우분투는 다른 사람에 대해 비록 그가 죄인일지라도 인간으로서 갖추어야 할 처신을 뜻한다. 사회적 조화가 최고의 선이기 때문에 만일 죄인이 자신의 죄를 자세히 고백하고 인정한다면, 그에게 공동체에 재통합될 수 있는 기회를 제공해야 했다. 마디바는 이 제안을 받아들였다. 그는 이름 그 자체가 법령의 목적을 말해주는 '국민 통합의 증진과 화해를 위한 법'을 국회에 제출했다. 이 법은 순전히 정치적인 동기에서 혹은 1960년과 1994년 사이에 정권이나 아프리카 국민회의를 포함한 정치조직의 명령에 따라 인권의 유린이나 범죄를 저지른 사람들이 사면을 요청할 수 있도록 규정되었다. 단 철저히 고백한다는 조건하에서였다. 현명하게도 입법자는 양심의 가책이나, 용서를 요구하지 않았다. 영혼은 신神의 영역에 속한 것이었다. 다만 지난 과거를 분명히 드러내 보일 것을 요구했다. 그 대가로 재판은 열리지 않을 것이며, 고백한 내용에 대해서도 처벌받지 않도록 법적으로 보장했다.

복합 민족으로 구성된 진실과 화해 위원회가 구성되었다. 이 위원회를 종교인이 주재하도록 한 것은 그럴듯한 결정이었다. 이것은 재판이라기보다는 일종의 공적 고백이었기 때문이다. '용서 없이는 미래도 없다'(그의 훌륭한 저작의 제목이기도 하다)고 생각했던 투투 대주교는, 비록 고전적인 재판을 신봉하는 자들의 항의와, 피터르 빌렘 보타와 함께 '서커스'만을 보아온 사람들의 조롱에도 불구하고 이 무모한 계획을 성공시켜 많은 사람들의 상처를 치유했다. 범죄의 행위자와 희생자들의 만남은, 범죄자들에게는 누군가가 자신에게 무슨 일을 저지르게 만든 것인지 자각하는 기회를 제공했고, 희생자들, 특히 수많은 사형수들의 부모들에게는 드디어 다시 살아갈 수 있는 계기를 마련해주었다. 그렇다 해도 처벌이 이루어지지 않는다는 것은 역시 희생자들에게 고통스러운 일이었다. "이제 나는 내 아내의 살인자들이 처벌되지 않을 것이라는 것을 안다"고 조 슬로보는 한탄했다. 그의 아내인 루스 피르스트가 폭탄이 설치된 편지로 살해되었기 때문이다.

위원회는 창설에 앞서 격렬한 반대에 부딪혔다. 희

생자들의 오열하는 부모들 앞에서 자신들의 악행을 낱낱이 이야기하고 난 뒤, 이제는 아무도 두려워할 필요 없이 방을 떠날 수 있는 이상한 자격을 살인자들에게 준다는 것은, 너무나 터무니없는 언어도단이었다. 그러나 우리는 인간관계가 모든 것을 능가하는, 더구나 신교적인 종교 심성이 강하게 깃들어 있는 아프리카에 있다. 노련한 만델라는 위원회의 최고 자리에 법관보다는 종교인을 지명하는 것이 나으리라고 생각했다. 결국 범죄의 장본인들을 재판으로부터 면제해줄 공개적인 고백을 많은 수의 국가 사범들이 선택한다. 그러자 이 시스템은 갑자기 중대한 장점을 갖게 되었다. 집단적인 카타르시스 외에도 진실과 화해 위원회의 보고서 없이는 남아프리카의 감추어진 얼굴에 대해 짐작할 수조차 없게 된 것이다. 따라서 "정권의 깡패들이 '테러리스트들' 즉 해방운동의 숨은 간부들, 반 아파르트헤이트운동의 지도자들을 유괴해 농장이나 외진 경찰서로 데려가 고문하고 대개의 경우 살해했다"는 사실을 알게 되었다. 국경 가까이의 이러한 경찰서들 가운데 한 곳에서 위원회의 조사관들은 '끔찍한 사진' 뭉치를 발견했다. 그것은 사지가 끔찍하게 그을린 모습의 사진이었는데, 이는 경찰관들이 취관과 용접기를 사용했음을 드러낸다."[189] 백인 절대 다수와 세계 여론은 공포와 경악과 더불어 근대국가의 억압 기구가 어느 정도로 비인간적이 될 수 있는지 깨닫게 되었다. 죄를 고백한 사람들이 바로 그 죄를 저지른 사람들이기 때문에 의문의 여지가 없었다. '시인과 사상가들의 나라'에 야만적인 나치가 침투할 수 있었다는 또 하나의 새로운 실례였다. '문명화된' 인간은 양심의 거리낌을 없애 무엇이든 할 수 있다. 게슈타포Gestapo는 항상 여동생들을 데리고 있는 것이다. 이는 곰곰이 생각해보아야 할 커다란 교훈이다. 새로운 지도자들이 그들 영역에서 자행된 범죄들을 감추지 말아야 하기 때문에 더욱 그렇다.

공무가 전부는 아니었다. 요하네스버그에서 만델라는 쉴 곳을 찾았다. 그는 순회 공연을 하는 스타들에게 둘러싸이는 것을 즐겼다. 그들이 우피 골드버그Whoopi Goldberg든 마이클 잭슨Michael Jackson이든 스파이스 걸즈Spice Girls든 말이다. 만델라가 백인 대부호들과 어떠한 열등의식도 없이 어울리는 모습은 몇몇 사람들의 심기를 건드렸다. 광산 그룹인 앵글로바알Anglo-Vaal의 부회장인 클라이브 메넬Clive Menell과 남아프리카 자본주의의 왕인 해리 오펜하이머Harry Oppenheimer는 만델라와 절친한 사람들이었다. 만델라가 대통령으로서 첫번째 크리스마스를 보낸 곳은 이 대부호의 호화로운 빌라였다. 그는 위니와 행복한 나날을 보낼 생각이었을까? '코끼리 위니'는 자신의 일을 계속하는 중이었다. 여전히 인기가 좋았던 그녀는 어렵지 않게 의원으로 선출된다. 만델라는 그녀를 문화부 차관으로 임명하는 약점을 보였다. 이 자리에서 그녀는 여러 가지 사건에 휘말리는데, 그 중 하나가 바로 미국 흑인들을 위한 괴상한 여행 프로젝트였다. 정치적인 면에서 그녀는 "백인들에게 아부하고 있다"고 아프리카 국민회의를 고발했으며, 정부에 대해서는 "가난한 사람들을 위해 아무 일도 하지 않고 있다"고 비난했다. 이제 공개적으로 거리를 두어야 했다. 3년간의 별거 이후 만델라는 1996년 3월 이혼 수속을 시작했다. 화해 법정에서 그는 판사에게 말했다. "전 세계가 내게 저쪽과 화해하라고 충고한다 해도 나는 거부할 것이라고 재판장님께 말씀드려도 되겠습니까?" 이제 모두 끝난 일이었다. 아무런 고통이 없었을까? 그는 그렇게 믿고 싶었을 것이다. 그러나 우리는 만델라가 감옥으로부터 돌아와서 내

뱉은 이 끔찍한 한마디를 상기하지 않을 수 없다. "그녀는 내가 깨어 있을 때에는 절대로 내 방에 들어오지 않았다."

또 한 번의 새로운 사랑이 찾아와 그의 삶을 빛내주었고 만델라는 그 사실을 숨기려 하지 않았다. 그는 그라사 마셀에게 청혼하지만, 그녀는 남아프리카의 영부인이 되는 것이 자신의 조국인 모잠비크를 배신하는 듯한 인상을 남길지도 모른다는 것을 우려했다. 그러나 그녀는 한 달 중 15일을 요하네스버그에서 머무는 데 동의했다. 무가베 대통령의 결혼식에서 우리는 이 두 연인이 나누는 열렬한 키스를 보았다. 파파라치들은 두 사람이 파리에서 손을 맞잡고 산책하는 모습을 카메라에 담았다. 1997년 영국을 비공식적으로 방문했을 때, 그들은 버킹엄궁에 함께 차를 마시러 갔다. 그러나 이런 식의 관계가 지속될 수는 없었다. 공식 방문 시에는 의전이 문제되기 때문이다. 몸에 익은 무대 감각으로 마디바는 자신들이 80세가 되면 결혼식을 올릴 것이라고 결정함으로써, 그가 늙었다고 믿는 사람들과 사랑에는 나이가 있다고 생각하는 사람들을 조롱했다. 1998년 이천 명의 하객들이 초청되었다. 남아프리카의 여러 인사들과 미국 흑인 예술가 그룹을 포함한 엄청난 수의 외국 저명인사들이 모였다. 신랑은 텔레비전 인터뷰에서 "나는 한 특별한 여성을 사랑합니다. 나는 내가 경험한 실패와 역전을 후회하지 않습니다. 노년의 나는 그녀가 내게 가져다준 사랑과 도움 덕분에 꽃처럼 활짝 피어났기 때문입니다. 혼자 있을 때 나는 나약해짐을 느낍니다"라고 말했다.[190] 알려지기로는 부부간에 의견 차이를 보인 부분은 단 하나뿐이었다. 그라사는 새벽 4시 30분에 일어나는 만델라의 습관을 바꾸는 데 성공하지 못했다.

남아프리카 대통령은 세상을 도덕적인 관점에서 바라보는 것에 대한 신념이 확고했으며, 그 믿음을 국제 관계에 적용하고자 했다. 그는 "의식 없는 지식은 영혼을 황폐하게 할 뿐"이라는 라블레François Rabelais의 말이 외교관과 국가수반들이 새겨들어야 할 매우 의미 있는 경구라고 생각했다. 만델라가 보기에 국가는 홉스Thomas Hobbes 이후 사람들이 익숙하게 생각하는 것과 같은 냉혈 괴물이 아니었다. 국가는 타당하다가도 잘못을 저지를 수도 있고, 후회하며 나아질 수도 있고, 관대해질 수도, 인색해질 수도, 혹은 광폭해질 수도 있는 살아 있는 실체였다. 만델라는 자신의 투쟁을 지지해준 북구 국가들을 통해 그것을 체험했다. 그리고 외교면에서도 감사하는 마음이 중요하다고 생각했다. 그러한 의미에서 그는 남아프리카에 미국의 철천지 원수인 무아마르 카다피 Muammar Qaddafi와 피델 카스트로를 초대했다. 만델라에게 그 결정을 재고할 것을 요구한 조지 부시에게, 그는 몇 년 전 공산주의자들과 거리를 두라고 권고했던 사람들에게 했던 것과 같은 대답을 했다. "다른 사람은 어찌 되었건, 우리는 친구를 배신하지 않습니다." 1998년 더번 비동맹국 정상회담 후, 만델라는 카스트로를 성대히 맞이했다. 만델라는 카스트로가 민주주의자가 아니라는 것만 제외하면 괜찮은 사람이라고 생각했다. 그러고 나서 그는 또 다른 독재자가 지배하고 있는 라이베리아Liberia로 갔다. "내 방문을 비난하는 이들은 어떠한 도덕률도 갖추지 못한 사람들이다. 정치인은 도의심을 잃지 말아야 한다. 그것이 내가 감옥에서 20여 년을 보냈던 이유이다."[191] 국제 관계를 윤리적으로 풀어낸다? 냉소적인 사람들은 비웃겠지만 이것은 아름답고도 숭고한 야망이다. 지금 당장 측정할 수 있는 성과가 없었을지라도, 한 비순응주의자가 그것을 힘주어 상기시켰다는 사실이 중요하다. 피에르Pierre 신부[41]는 비참함을 제거하지는 못했지만, 대중들이 그러한 상황을 무미건조한 눈으로 바라보지 않게 만들었다. 만델라 이후, 우리는 지구 상의 불평등과 인권유린과 타협하기가 더 힘들어졌다. 우리는 보다 자발적으로 '내정간섭권'을 용인하게 되었고 그것은 무관심과 경멸을 변화시킬 것이다.

만델라의 새로운 체제는 미국을 선두로 해서 용서를 빌어야 할 문제들이 많은 민주주의 국가들로부터, 일종의 '마샬 플랜Marshall Plan'과 같은 대대적인 원조와 그로 인한 호황을 환영 선물로 기대했다. 그러나 축하와 언약 정도로 만족해야 했다. 만델라에게는 환호했지만, 개별적인 부문의 이해관계들이 관대한 마음을 가로막은 것은 유럽 국가들도 마찬가지였다. 게다가 폭력 사태가 투자자들을 위축시켰고, 이후 '아시아의 용들'이 더 큰 관심을 불러일으켰다. 욕구는 거대했으나 수단은 부족하여, 이는 낙담할 수밖에 없는 희망을 낳게 했다. 5년 안에 백만 채의 새로운 주택을 약속한 재건과 개발 프로그램은 곧 아름다운 꿈에 불과했음이 드러날 것이다. 아프리카인들에게 일자리를 주는 것은, 백인들이 권부를 떠나기에 앞서 공직자 수를 부풀리는 공작을 펼쳤기 때문에 더욱 어려웠다. 게다가 '긍정적인 차별'을 적용한다 해도, 지원자들의 수준이 근대적인 경제가 요구하는 조건들을 거의 따라가지 못했다. 이것이 아파르트헤이트의 '반투 교육령'의 목표였으며 그 목표는 성공적으로 달성된 셈이다.

이데올로기가 경제정책을 결정하지는 않는다는 사실을 보여줄 필요가 있었다. 만델라는 이러한 의도에서 몇 가지 상징적인 제스처를 취했다. 그는 재무부 장관과 중앙은행장을 유임시키는 일부터 시작했다. 이것은 분명 만델라로서도 미처 생각하지 못한 일이었지만, 현실이 그 어떤 일보다 우선했다. 만델라는 범아프리카 회의의 '아프리카주의자들'에게 과거에 동조했던 사실에 대해 이렇게 말했다. "나는 보수주의자가 아니다. 그러나 사람은 원숙해진다. 그리고 젊은 시절의 몇 가지 사고방식들이 미숙한 것이었음을 깨닫는다."[192] 백인 적수들이 무어라 말하든 간에, 만델라는 결코 한결같은 마르크스주의자는 아니었다. 따라서 그가 생산수단의 집단적인 소유에 관한 생각을 포기한 것이 반드시 신념을 버린 행위라 말할 수는 없다. 게다가 남아프리카 공산당조차 이 점에서는 놀라울 정도로 온건했다. 그들은 로벤 아일랜드의 내정에서 나눈 끝없는 논의를 통해 매우 광범위한 국유화, 특히 국부의 핵심인 광산 분야의 국유화에 합의했다. 경제전문가가 아니었기 때문에 만델라는 불평등을 해소하고 국민에게 국가의 부를 돌려주는 효과적인 방법으로서 이 안을 승인했다. 당시는 국유화가 유행이었고 영국 노동당이 집권하고 있었다.

이제는 교조적인 경직된 태도가 통하는 시대가 아니었다. 만델라는 대통령이 되기 전에 이미 그 사실을 인지했다. "우리가 실패하는 가장 흔한 이유가 유연성의 부족이라는 사실을 알아야 한다"는, 안티고네에게 남긴 크레온의 교훈을 적용해야 했다. 1990년 6월 26일, 미국 의회에서 만델라는 첫걸음을 시작한다. "아프리카 국민회의는 국유화 정책을 명령할 만한 이데올로기적인 입장을 갖고 있지는 않지만, 남아프리카 경제에서 성장과 사회정의를 보증하는 자기 조절적인 과정이 미비하다는 점에는 동의한다." 그러고 나서 그는 곧 "남아프리카인이든 외국인이든 사업가들이 투자의 안전성에 대해 확신을 갖고, 자본의 회수에 대해 안심할 수 있는 상황을 만들어주는 것이 꿈이라고 확언했다. 사적인 영역은 혼합경제 속에서 성장과 발전의 근본적인 동력이다."[193] 확실한 정보를 얻기 위해 만델라는 대사업주들을 점심식사에 초대했고, 이들은 국유화가 전체의 행복을 증진하는 좋은 방법이 아니라는 점을 강조했다. 이것은 또한 경제학자이기도 한 타보 음베키의 견해이기도 했다. 1992년 다보스Davos 경제포럼에 참석하면서 만델라는 더는 망설이지 않게 되었다. 서방의 '근대적인 좌파' 통치자들이나 저개발 국가의 통치자들 등 여러 참석자들은 만델라로 하여금 그가 지닌 세계경제에 대한 전망이 진행 중인 세계화에 제대로 대처하지 못하고 있다고 느끼게 만들었다. 자본주의가 오히려 좋은 평가를 받고 있었다. 즉 중국 공산주의는 자유기업에 무제한으로 개방되었으며, 베트남은 투자자들을 긍정적으로 응시하는 중이었다. 마디바는 다음과 같은 결론을 내렸다. "나는 생각을 바꾸었다. 그리고 귀국해서 이렇게 말했다. '동지들, 우리는 결정해야 합니다. 투자 없는 국유화냐, 아니면 투자를 얻기 위해 태도를 바꾸느냐 하는 선택 사이에서 말입니다.'"[194]

아프리카 국민회의의 원칙주의자들은 배신이라고 외쳤다. '이상주의자들'과 '현실주의자들' 사이에 심한 격론이 오갔지만, 당은 국유화를 최소한으로 제한하는 안을 채택한다. 사실 1990년대 후반에는 모험적인 경제정책을 감행할 때가 아니었다. 항의와 불평이 특히 아프리카너들에게서 터져 나왔다. 분명 그들은 이제 바다에 던져지는 것을 두려워하지 않았다. 우간다Uganda에 뒤이어 짐바브웨의 경험이, 그들을 떠나게끔 몰아붙이는 것이 한 나라를 파산으로 이끄는 가장 확실한 방법이라는 것을 가르쳐주었기 때문이다. 그러나 그것만으로는 옛 주인을 안심시키는 데 부족했다. 그들은 자신들의 상황이 근본적으로 변했다는 것을 이해하지 못했거나 그 사실을 받아들이기를 원치 않았다. 그들이 더는 카피르의 나라에 살며 귀여움을 받는 특권적 전위부대가 아닌데도 말이다. 데스몬드 투투는 좋았던 옛 시절을 그리워하는 이들을 신랄하게 꾸짖었다. "잠에서 깨어나시오! 여러분은 분명 권력의 일부를 잃어버렸습니다. 그러나 당신들에게는 아직도 무시할 수 없는 권력이 남아 있습니다. 당신들은 대부분의 경제력을 보유하고 있고 금전적 손해는 거의 입지 않았습니다. 당신들은 장대한 저택에서 쫓겨나지도 않았고 막사에서 살고 있지도 않습니다. 당신들은 또한 훌륭한 교육, 흑인 동포들보다 훨씬 수준 높은 교육이 제공한 권력을 지니고 있습니다. 당신들은 열광적으로 새로운 체제를 채택하고 이 경험이 성공을 거두도록 자금과 수입, 지식을 체제가 이용하도록 허락할 수 있습니다. 그렇게 하지 않으면, 정치적 변화가 삶의 조건에 어떠한 변화도 가져오지 않는다는 사실을 알게 되면서 흑인들은 진정으로 노여움을 드러내기 시작할 겁니다. 그때는 그들을 통제하도록 당신들을 도울 만델라는 이미 존재하지 않을 것입니다."[195]

정부 내에서 국민당과의 관계는 위험할 정도로 악화되었다. 프레데릭 데 클레르크는―적나라하게 말해 친구의 아내와 뜨거운 관계에 빠져 있었기 때문에―견디다 못해 1996년 여름, 자신의 앞치마를 벗어버렸다. 그는 내무부 장관인 부텔레지와 행동을 함께하려 했지만, 이 줄루인은 새로운 체제를 선호하게 되었고 지난날의 경쟁자와 지나치게 가까워졌다. 이후 유일한 부통령이 된 타보 음베키는 제휴의 중단을 아쉬워하지 않았다. "그는 아프리카너와의 단절이 불가피하며 나아가 그래야 할 필요가 있다고 생각했다. 그는 아프리카너 공무원들을 일하게 하기 위해서는 그들과 같은 족속의 장관이 필요하다는 생각을 버렸다. 그들은 월급을 주는 사람들에게 복종할 것이기 때문이다."[196]

 국민연합 내각이 해체되었을 때, 넬슨 만델라 대통령은 78세 생일을 맞이했다. 그의 임기가 끝나가고 있었다. 영악한 악동처럼 만델라는 이미 무대 위의 조연에 불과한 듯 행동했다. 그는 영사기와 관중들의 눈이 그에게 집중되어 있음을 너무나 잘 알고 있었다. 그는 부통령인 음베키로 하여금 국무회의를 주재하게 하고 여러 당면 문제들과 방문객들을 떠넘겼다. 그러나 결정된 사안들이 마음에 들지 않으면 그 문제를 다시 논의하게 하기 위해 눈썹을 찌푸리는 것만으로 충분했다. 그는 사람들이 자신에게 박수를 보낼 때는 아프리카 국민의회를 비판할 때뿐이라고 말한다. 1997년 마지막으로 당 회의를 주재한 자리에서 만델라는 몇 가지 사안에 대해 비판했다. 우선 그는 "우리 나라의 언론매체들은 전부 야당"이라고 지적하면서, 여전히 언론을 지배하고 있는 백인들을 겨냥했다. 그런 뒤, 만델라는 투쟁을 함께했던 동지들에게 부르주아화와 출세주의를 경계하라고 주문했다. 비리 혐의를 받고 있는 측근들에게 지나치게 관대하다고 비판받을 때면, 만델라는 아프리카의 몇몇 나라들에서 엘리트들은 국부를 약탈하면서 부유해졌다는 점을 상기시켰다. 이것은 지극히 당연한 말이었지만 감히 그런 이야기를 하는 사람들은 드물다.

만델라가 주요 협력자나 계승자와 항상 관계가 좋았던 것은 아니다. 음베키는 음지에서 일하는 것을 좋아하는, 조용한 파이프 담배 흡연자였다. 이 두 사람은 비슷한 부분이 거의 없었다. 그의 선배는 이 사람의 행동에 대해 사소한 평가조차 내리기를 삼갔다. 게다가 그는 남아프리카 내정 문제에 대해 어떤 입장을 취하지도 않았다. 만델라가 예의 삼가는 태도를 유보한 때가 단 한 번 있었는데, 그것은 합당하게도 에이즈 참화에 대해서였다. 음베키 부통령과 특히 보건부 장관인 만토 차발랄라-음시망Manto Tshabalala-Msimang의 책임은 이 재앙에 효과적으로 대처하지 못했다는 것을 부인할 수 없었다. 그들은 인체면역결핍바이러스human immunodeficiency virus(HIV. 면역 기능을 파괴해 AIDS를 일으키는 병원균)와 질병 사이의 인과관계를 인정하지 않았고, 장관은 전염을 막기 위해 '신선한 과일과 올리브오일'을 섭취하라고 권장하기까지 했다. 여러 협회와 인사들로부터 조언을 들은 만델라는 2002년에 확신을 갖고 다음과 같이 선언했다. "이것은 전쟁입니다! 에이즈는 우리 나라 역사상 그 어떤 전쟁보다도, 우리가 겪었던 그 어떤 자연재앙보다도 많은 희생자들을 냈습니다."

또 다른 두 가지의 재앙이 엄습했다. 바로 부패와 범죄율이었다. 많은 백인들은 이 두 죄악을 새로운 통치자들의 무능 탓으로 돌렸다. 그들은 이 가운데 첫번째 재앙이 그리 새로운 것이 아니라는 사실을 너무 빨리 잊어버렸다. 아프리카너 체제에서 남아프리카는, 뇌물 없이는 공공사업을 맡을 수 없는 나라로 국제사회에 인식되었다. 범죄율도 상당 부분 아파르트헤이트의 유산이다. 흑인의 항거에 맞서기 위해 경찰과 군인들은 몇 십 년 동안 백인과 흑인 불량배 집단들을 독려하고 자금을 지원했으며, 이들에게 암살과 고문을 맡겼다. 고용주를 잃었을 때도 이 극악무도한 놈들은 무기를 지니고 있었고, 자신들의 비용으로 신의도 없고, 법도 모르는 깡패 조직을 만들어냈다. 몇몇 사람들에 의해 냉소적으로 주창된 바와 같이, 인간의 목숨에 대한 경멸을 배우는 학습장이 되었다. 만델라는 사형의 재도입을 주창하는 위니를 포함한 사람들과 맞섰다. 그것은 원칙의 문제였다. 자신과 비슷한 사람들을 법적으로 죽이기를 바라는 것

은 "인간성 속에 아직도 잠들어 있는 동물적 본능"에 속한다.[197)]

매년 언론인들은 결산표를 작성해왔다. 늘 그래왔듯이 이 목록의 저자들은 각자의 기질과 선호에 따라 두 진영으로 나뉜다. 비관주의자들은 '걱정스러운 수치들'을 쉽게 상기한다. "즉 과거의 불의를 해소하기에는 두 배나 저조한 성장, 지난 10년 동안 외국인 주주들에게 돌아가는 배당금이 같은 기간 동안 네 배나 늘어난 반면, 사회적 지출은 35퍼센트 성장에 그친 점, 인구의 45퍼센트가 하루에 2달러도 안 되는 돈을 가지고 살아가는 상황, 흑인 가정들의 구매력이 19퍼센트나 줄어든 반면 백인 가정들은 15퍼센트 상승한 점 등."[198)] 범죄율은 상당히 높았다. 전국적으로 1년에 2만 건 이상의 살인 사건이 발생했으며, 요하네스버그는 세계에서 가장 치안이 불안한 도시들 중에 하나로 통했다. 흑인들은 요하네스버그 거래소에 상장된 기업들 가운데 3퍼센트도 장악하지 못했다. 농업 개혁은 상당히 지체되었다. 인종 간의 결혼도 전체 1퍼센트를 넘지 못했다. 에이즈는 평균 수명을 58세에서 48세로 줄였고 한 해 500명 이상의 환자들이 죽어갔다.

만델라의 치세가 성공적이었다고 주장하며 희망을 갖는 것이 당연하다고 생각하는 사람들은, 아파르트헤이트의 비극적인 영향들을 지워버리기 위해서는 많은 시간과 인내가 필요하다고 지적한다. 넬슨 만델라가 감옥에서 꿈꾸었던 법치국가는 깊이 뿌리를 내려 이제 독재정치나 쿠데타는 상상하기조차 힘들게 되었다. 제도는 정상적으로 운용되고 있고, 언론은 완전히 자유로워졌다. 페르부르트와 보타의 막강한 인종주의적인 조직을 계승한 신국민당은 최근의 선거에서 2퍼센트의 득표율밖에 기록하지 못했다. 모든 종교들은 조화를 이루며 공존했다. 에이즈를 퇴치하기 위한 진지한 싸움이 드디어 시작되었다. 백인 학생 한 명에게 할애되는 공교육 자금과 흑인 학생 한 명에게 투입되는 자금이 1980년에 10 대 1이었다면, 1990년에는 5 대 1로 그 간극이 좁혀졌다. 인종 간의 혼합이 3만 개의 학교 시설에서 큰 문제없이 실시되었으며, 문맹도 1980년대 이래로 절반이나 줄어들었다. 사형제도는 폐지 상태를 유지했고 동성애의 권리가 인정되었다. 900만 명의 시민들이 식수를 공급받게 되었다. 조금씩 늘어나 이제 3백만에서 4백만에 이르는 새로운 흑인 중산층은 세계경제에 이 나라가 편입되었다는 증거이다. 아프리카인들의 고용을 촉진하기 위한 차별 정책이나 흑인 기업 육성 같은 정책들이 마련되었다. 자발적이건 강제적이건 기업은 흑인들에게 보다 많은 자리를 제공하는 데 동의해야 했다. "그러므로 경제적인 차별은 조만간 사라질 것이다."[199]

타보 음베키가 대통령의 직무를 맡게 되자, 공식적인 문건에는 기록되지 않았지만 퇴임하는 넬슨 만델라 대통령은 즉흥적인 짧은 연설에서 다음과 같은 농담 한마디를 던졌다. "나는 대통령 궁에서 멀어지는 실수를 저질렀습니다. 다음에는 나를 종신 대통령으로 삼아줄 정부를 선택할 겁니다. ……나는 마디바를 위한 작은 일거리를 찾고 싶습니다. 한가한 늙은이들은 종종 실수를 저지르기 때문입니다." 이것은 자신이 퇴임식을 거행할 준비가 되어 있지 않음을 우회적으로 표현한 말이다. 처음에는 남편의 일하고 싶어하는 욕망을 가라앉히고자 했던 그의 아내는 잘못 생각했다는 것을 깨달았다. "삶의 리듬을 느리게 바꾸면 그는 의기소침해질 것이다."[200] 이 "한가한 늙은이"는 회고록 제2권을 집필하기 시작했고, 직무와 위신 때문에 침묵해야 했던 문제에 대해 드디어 자유롭게 말하는 기쁨을 얻은 듯했다.

그는 결과를 훤히 내다볼 수 있었던 이라크에서의 모험을 피하기 위해 마지막 순간까지 중재의 노력을 계속했다. 미국이 유엔을 경시하는 태도를 드러내 보인 것은 만델라에게 커다란 충격을 주었다. "유엔 밖에서 행동하는 나라는 어느 나라이건 간에 비난받아 마땅하다. 더군다나 그 나라가 세계 제일의 막강한 힘을 가진 나라라면 더더욱 그렇다!" 미국 대통령이 아프리카 순방 시 프리토리아에 들렀을 때, 만델라는 외국에 나가 있었다. (이것이 우연이었을까?) 이후 만델라는 조지 부시에 대해 "올바르게 생각하는 것이 불가능한" 사람이라며 점점 더 과격하게 비난했다. 백악관에 새로 부임한 부시는 이렇다 할 반응을 자제했다. 이에 대해 예민한 반응을 보이기에는 부시에게 흑인 국가들의 지지가 너무나 시급했기 때문이었다. 넬슨 만델라는 또한 산업화된 국가들에 대한 비난을 멈추지 않았다. 인종주의라는 공격을 걱정할 필요 없이 제3세계의 국가수반을 꾸짖을 수 있는 유일한 사람인 그는 독재 지배하의 나이지리아를 비판했고, 1997년에는 남아프리카 개발 공동체SADC의 의장으로서 민주주의를 향한 진전을 거부하고 있는 스와질란드Swaziland와 잠비아에 대한 제재를 제안하는 데 있어 거침이 없었다. 백인에 대한 정책이 자신의 나라와는 정반대인 이웃 나라의 무가베 정권에 대해서는 어떠한 원조도 거부했다. 또한 콩고 강의 넓은 하구에 닻을 내린 남아프리카 전함의 선상에서 모부투─카빌라Mobutu─Kabila 간의 회담을 주선해 자이레Zaire의 파산 효과를 최소화하려 했으나 이러한 시도는 불행히도 실패했다.

고국에서 마디바는 일상생활에서 접할 수 있는 일종의 수호신이 되었으며 그의 초상을 여기저기서 볼 수 있다. 냉장고에 부착하는, 짧은 팬츠와 꽃무늬 셔츠를 입은 만델라의 자석, 컵 받침, 배지, 시계에 새겨진 만델라 상[201] 등. 그의 85회 생일은 최고의 날이었다. 만델라를 기념하기 위해 대기업들이 남아프리카 대로를 따라 늘어선 그들의 광고 게시판들을 내려 놓았다. 라디오와 텔레비전은 특별 다큐멘터리 프로그램을 방영했다. 럭비 국가대표 선수 팀은 그의 창문 밑에서 공군 군악대의 반주에 맞춰 생일축하 노래를 불렀다. 왕자와 공주들, 연예계 스타들, 클린턴 부부를 포함해서 1,600여 명을 초대한 경축연이 벌어졌다. 다음 날 사람들은 시내의 두 곳을 연결하는

'넬슨 만델라 다리' 준공식을 거행했다. 신이 그에게 90세까지의 삶을 허락하신다면, 사람들은 그의 생일을 기념하기 위해 또 무엇을 기획할 것인가?

억압받는 사람들의 옹호자는 화해와 형제애를 외치며 지금도 계속해서 세상을 뛰어다니고 있다. 로벤 아일랜드의 백악층에서 일하다가 햇빛에 손상된 눈과 절름거리는 다리의 병도 잊은 채로 말이다. 이곳저곳에서 초대를 받는 만델라는 지구촌의 여러 큰 행사들에 참석해서 행사를 빛낸다. 그렇게 그는 2004년 5월 마드리드에서 거행된 왕위 계승자인 아스투리아스Asturias의 왕자, 펠리페Felipe의 결혼식에 참석하여 이목을 집중시켰다. 미래의 에스파냐 왕비가 만델라 앞에서 미소 지으며 왕실 측근들에게만 하도록 되어 있는 인사를 하는 광경을 볼 수 있었다.

나는 바로 이러한 상징적인 이미지와 함께 연극의 커튼이 닫히는 장관을 보고 싶다. 정치의 숭고함을 구현해낸 바로 그 노인에게 다음 세대의 젊은이가 존경을 표하는 모습 말이다.

|부록|

리보니아 재판 당시 피고 넬슨 만델라의 변론문

—1964년 4월 20일 프리토리아 최고 법정에서

"나는 죽을 각오가 되어 있다"

나는 1번 피고인입니다.

나는 우선, 남아프리카에서의 투쟁이 외국인이나 공산주의자들의 영향 아래 있다는 정부의 발표는 일말의 근거도 없다는 사실을 지적하고 싶습니다. 나는 개인으로서뿐만 아니라 정치적 지도자로서, 남아프리카에서의 경험과 내가 진정으로 자랑스러워하는 아프리카 출신이라는 이유로 행동했습니다. 외국인의 지령에 따라 움직인 것이 아닙니다.

트란스케이에서의 어린 시절에 나는 부족의 원로들이 지난 시대의 역사를 이야기하는 것을 듣곤 했습니다. 그들이 내게 들려준 이야기들 중에는 조국을 지키기 위해 선조들이 수행한 전쟁들에 대한 것도 있었습니다. 그들은 아프리카 국가 전체를 영광스럽게 빛낸 딩가네Dingane, 밤바타Bambata, 힌차Hintsa, 마카나Makana, 스쿵티Squngthi, 달라질Dalasile, 모슈슈Moshoeshoe와 세쿠쿠니Sekhukhuni라는 인물들을 찬양했습니다. 당시의 나는 살아가면서 앞으로 내 동포들에게 봉사하고 자유를 위한 그들의 투쟁에 작으나마 도움을 줄 기회가 오길 희망했습니다. 그것이 바로 내 모든 행위의 동인動因이자 이 재판에 기소된 이유인 것입니다.

내가 움콘토Umkhonto 설립에 기여한 사람 중 하나라는 사실은 이미 말씀드렸습니다. 나와 이 조직을 만든 사람들은 두 가지 이유로 이 일을 했습니다. 첫째, 정부의 정책 때문에 아프리카인들은 곧바로 폭력을 쓸 수밖에 없었습니다. 우리 인민의 감정을 억제하고 인도할 수 있는 책임 있는 지도자들이 없다면, 일찍이 그 어떤 전쟁에서도 찾아볼 수 없을 정도로 강한 적대감과 원한이 여러 종족 사이에서 분출하여 테러로 이어질 수 있다는 사실을 확신했습니다. 둘째, 우리는 아프리카 인민이 백인 우위라는 기존의 원칙에 대항해 성공적으로 투쟁하기 위해서는 폭력 이외의 다른 수단이 없음을 인식하게 되었습니다. 법은 이 같은 원칙에 대한 우리의 반대 의사를 표명할 합법적인 수단들을 차단했으며, 우리는 항구적인 열등 상태를 수용하거나 정부에 저항해야 하는 선택의 기로에 서 있었습니다. 우리는 법을 무시하기로 결정했지만 그렇다고 폭력에 의존하지는 않았습니다. 정부가 우리의 방식에 맞서 새로운 법을 만들고 나중에는 정부 정책에 대한 모든 저항을 분쇄하기 위해 무력을 사용하게 된 이후에야, 우리도 폭력에는 폭력으로 대항하리라 결정했습니다.

그러나 우리가 채택하기로 결정한 폭력은 테러리즘과는 아무 관련이 없습니다. 움콘토를 설립한 우리는 모두 정치적 갈등을 해결하기 위해 비폭력과 협상이라는 원칙에 의존하는 아프리카 국민회의의 당원들입니다. 우리는 남아프리카가 그 속에서 살아가는 모든 사람들의 것이지, 결코 흑인 혹은 백인이라는 하나의 집단에 속하는 것이 아니라고 믿습니다. 우리는 인종 간의 전쟁을 원하지 않으며 그것을 피하기 위해 가능한 모든 일을 했습니다.

화제를 1961년 6월로 돌려야겠습니다. 민족의 지도자인 우리들이 무엇을 위해 모였을까요? 우리는 이러한 무력 시위와 협박에 겁을 먹고 위축되어야 했을까요? 그렇지 않고 과감하게 맞선다면 어떤 방법이 가능할까요?

투쟁을 계속해야 한다는 점에는 의심의 여지가 없었습니다. 그 반대 결정은 우리에게 비참한 항복으로 여겨졌으니까요. 우리의 문제는 저항의 당위성 여부가 아니라 방식에 대한 고민이었습니다. 우리는 아프리카 국민회의 회원으로서 인종차별 없는 민주주의의 신봉자들이었고, 인종 간에 더욱 높은 벽을 쌓을 가능성을 지닌 어떤 행동도 거부했습니다. 그러나 실은 스스로 말합니다. 50년간의 비폭력운동으로 인해 아프리카 인민들은 점점 더 억압적으로 변하는 법 아래 권리를 잃어갔습니다. 아마 이 법정은 이러한 상황을 이해하는 데 어느 정도 어려움을 느낄 것입니다. 비록 오랫동안 인민들이 백인에 맞서 싸워 나라를 되찾는 날을 떠올리며 폭력을 주장해왔지만, 우리 아프리카 국민회의 지도자들은 폭력을 포기하고 평화적인 방법을 택하도록 그들을 계속해서 설득해왔습니다. 그러나 우리들 중에서 1961년 5월과 6월 이 주제에 관여했던 사람들은, 우리의 평화 정책이 아무 성과도 낳지 못했으며 우리의 지지자들이 테러리즘에 대한 의존을 고려하면서 이러한 평화 정책에 대한 신뢰를 상실하기 시작했다는 걱정스러운 사실을 인정해야만 했습니다.

내전을 피하는 것은 여러 해 동안 우리의 신조였습니다. 그러나 우리가 폭력을 우리의 정책에 도입하기로 결정했을 때 우리는 아마도 언젠가 이 문제에 직면하게 될 것임을 의식하고 있었습니다. 우리의 행동 강령을 세우는 데 있어 이를 고려해야만 했습니다. 상황의 전개에 맞추어 대응할 수 있도록 충분히 유연한 계획이 필요했습니다. 그 계획은 특히 내전을 최후이자 마지막 수단으로 고려하고 미래에 맡기는 것이었습니다. 우리는 내전을 원치 않았지만 불가피한 경우, 각오가 되어 있었습니다. 이를 위해 사보타주, 게릴라전, 테러리즘 그리고 공개적인 반란이라는 4가지 수단이 고려되었습니다. 우리는 첫번째 방법을 선택했고, 다른 결정을 하기에 앞서 이 방법을 끝까지 밀고 나가자고 결의했습니다.

이전의 우리 정책들을 고려하건대 우리의 선택은 합리적이었습니다. 사보타주는 인명 손실이 없었고 인종 간 관계의 미래가 희망으로 가득 차 있었기 때문입니다. 원한은 줄어들 것이고, 만약 이러한 정책이 결실을 맺는다면 언젠가 민주적인 정부가 하나의 현실이 될 수 있을 것입니다.

　얼마나 많은 샤프빌 학살이 우리의 역사 속에 또다시 기록되어야 할까요? 폭력과 테러가 화제에 오르지 않게 되기까지, 이 땅은 얼마나 많은 샤프빌 학살을 또다시 감내해야 할까요? 그리고 이러한 단계를 넘어서면 우리 민족에게 어떤 일이 일어날까요? 우리는 성공해야만 한다고 확신하고 있었지만 우리 스스로와 다른 국민들을 위해 어떤 희생을 감수해야 할까요? 그리고 만약에 그 지점에 도달하면 흑인과 백인이 함께 평화롭고 조화롭게 살아갈 수 있을까요? 이러한 의문들이 우리가 직면한 문제였고, 어떤 결정을 내릴 때라도 우리의 정신에서 사라지지 않았습니다.

　경험을 통해서 알고 있듯이, 반란은 우리 인민을 대량으로 학살하기 위해 가능하고 상상할 수 있는 모든 구실을 정부에 제공할 것입니다. 남아프리카의 대지를 이미 붉게 물들인 무고한 아프리카인들의 피 때문에, 우리는 우리 스스로를 지키기 위해 장기적인 전투를 목적으로 무력을 사용할 준비를 해야만 했습니다. 전쟁이 불가피하다면 우리는 좀더 유리한 조건에서 싸우길 원했습니다. 우리에게 있어 가장 실현 가능하고 가장 위험 부담이 적은 전투는 양측의 인명 손실을 줄이는 게릴라전이었습니다. 그래서 우리는 이러한 사태 변화에 맞추어 미래를 전망하고 준비했습니다.

아프리카 국민회의의 이데올로기적 신조는 아프리카 민족주의이며 과거에도 항상 마찬가지였습니다. 아프리카 민족주의라는 개념은 '백인을 바다에 던져 버리자'는 슬로건과는 아무런 관련이 없습니다. 아프리카 국민회의가 표방하는 아프리카 민족주의는 아프리카 국민들이 자신들의 나라에서 누리는 자유와 기쁨에 기반합니다. 일찍이 아프리카 국민회의가 천명한 가장 중요한 정치적 문서는 「자유헌장」입니다. 그것은 사회주의 국가와는 무관합니다. 재분배를 요구할 뿐, 토지의 국유화를 원하지는 않습니다. 광산, 은행, 독점적 산업의 국유화를 주장하는 이유는, 한 인종이 독점하는 경우가 대부분인 까닭에, 완전하고 평등한 정치적 권한을 누리게 된다해도 인종적 지배가 계속될 것이기 때문입니다. 금광이 모두 백인 회사들에 귀속되어 있는 한 아프리카인들의 의사에 반해서 입안된, 금金에 관한 금지법을 폐지하는 것은 소용없을 것입니다. 이러한 점에서 아프리카 국민회의의 정책은, 한때 외국자본의 지배하에 있던 금광의 국유화를 여러 해 동안 정당 강령에 포함시킨 오늘날 국민당의 옛 정책과 일치합니다. 「자유헌장」에 따르면 사기업에 기반을 둔 경제체제에서만 국유화가 가능합니다. 헌장의 실현은 중간 계급을 포함한 모든 계급으로 구성된, 번영하는 아프리카 인민에게 새로운 전망을 제공할 것입니다. 아프리카 국민회의는 국가의 제 구조에서 혁명적인 변화를 결코 선동하지 않았고, 내가 기억하는 한 자본주의를 결코 거부하지 않았습니다.

정부는 남아프리카의 아프리카인들이 다른 아프리카 나라의 국민들보다 훨씬 더 부유하다고 주장하며 정부에 쏟아진 비난들에 대해 응수해왔습니다. 나는 그 사실 여부를 알지 못합니다. 물가지수를 고려하지 않은 비교는 아무런 의미가 없기 때문입니다. 이러한 비교에 근거가 있다 하더라도 위와 같은 주장은 설득력이 없습니다. 우리가 다른 나라에 비해서 가난해서가 아니라 우리 땅에서 백인들과 흑인들의 빈부차가 너무나 크게 벌어져 있기 때문이고, 우리는 이러한 불균형을 법률 때문에 시정하지 못했기 때문입니다.

아프리카인들의 인간적 존엄성을 제대로 인정하지 않는 것은 백인 우위와 연결된 정책의 직접적인 결과입니다. 백인의 우위는 흑인의 열등함을 함축하고 있으며, 법은 이러한 방향으로 움직여나갔습니다. 남아프리카에서는 아프리카인들만이 저급한 일을 떠맡습니다. 짐을 옮기는 일이든 청소든 백인은 고용 여부를 떠나 아프리카인에게 그러한 일을 강요할 수 있습니다. 이런 태도를 고려해보면, 백인들은 아프리카인들을 인간이 아닌 별개의 족속으로 간주하는 경향이 있는 것 같습니다. 백인들은 아프리카인들에게도 가족이, 감정이 있어서 백인과 사랑에 빠질 수도 있다는 사실을 잊고 있는 듯합니다. 그리고 아프리카인들도 백인들처럼 자신의 아내와 자식들과 함께 있기를 바라며, 가족의 생계를 위해, 자식들을 학교에 보내기 위해 충분한 돈을 벌고 싶어한다는 사실을 잊고 있습니다. 도대체 어떤 '만능인'이, 어떤 방법으로 이 일을 해낼 수 있겠습니까?

아프리카인들은 온당한 보수를 받고, 정부가 판단한 일이 아니라 그들 스스로가 할 수 있는 일을 하고 싶어합니다. 아프리카인들은 고향이 아니라는 이유로 어떤 지역에서 쫓겨나지 않고, 설코 자기 소유라고 간주할 수 없는 집을 임대하도록 강요받지 않으며, 자신이 일하는 곳에서 땅을 소유하고 살아갈 수 있기를 바랍니다. 남자들은 아내와 자식들과 떨어져 아무 의미도 없는, 자신과는 무관한 삶을 살도록 강요받지 않기를 바랍니다. 여자들은 남편 곁에서 살기를 원하며 더 이상 보호소에서 과부처럼 살지 않기를 바랍니다. 아프리카인들은 저녁 11시 이후에도 외출할 권리를 갖기를 원하며, 더 이상 어린아이들처럼 방에서 갇혀 살지 않기를 원합니다. 아프리카인들은 여행할 권리를 갖기를 원하며, 고용국이 명명한 지역에서가 아니라 스스로 원하는 곳에서 일거리를 찾고 싶어합니다. 아프리카인들은 남아프리카 땅 전체에서 합당한 몫을 원하며, 안전하게 생활하며 사회에서 자신의 자리를 갖고 싶어합니다.

우리는 특히 정치적 지평에서 모든 권리를 평등하게 누리길 바랍니다. 이것이 없다면 우리는 발전할 수 없기 때문입니다. 나는 이러한 주장이 이 땅의 백인들에게는 혁명적으로 보일 것이라는 것을 압니다. 대다수 유권자가 아프리카인들이기 때문입니다. 이것이 바로 백인들이 민주주의를 두려워하는 이유입니다.

그러나 이러한 두려움이 모든 사람을 위한 인종 간의 조화와 자유의 보장을 방해해서는 안 됩니다. 모든 사람에게 부여된 선거권이 인종적 지배를 불러올 것이라고 더 이상 우려할 필요가 없습니다. 색깔 문제에 근거한 정치적 불화는 완전한 허구이고, 그것이 사라진다면 한 인종이 다른 인종을 지배하는 일은 이제 없을 것입니다. 아프리카 국민회의는 인종주의와 싸우며 반세기를 보냈습니다. 인종주의가 승리하더라도 아프리카 국민회의는 이러한 정책을 바꾸지 않을 것입니다.

1993년 노벨평화상 수상 연설

나는 이 기회를 빌려 내게 주어진 큰 영예에 대해 나의 동포이자 노벨상 동지인 데 클레르크 대통령께 감사드립니다.

우리는 여기에 위대한 두 남아프리카 공화국 국민인 알베르트 루툴리 대장과 데스몬드 투투 대주교와 함께 모였습니다. 여러분은 이미 그들에게 노벨평화상을 수여하여, 아파르트헤이트라는 악의 체제에 대항한 평화로운 투쟁에 성공적으로 기여한 데 대해 합당한 경의를 표하셨습니다.

나는 우리의 선구자들 속에 또 한 명의 노벨평화상 수상자인, 존경하는 마틴 루터 킹 주니어라는 이름을 추가하는 것이 주제넘는 일이라고 생각하지는 않습니다. 그 역시 남아프리카의 문제와 동일한 중요한 문제들에 대한 해결책을 찾으려고 노력하며 투쟁하다가 죽었습니다. 전쟁과 평화, 폭력과 비폭력, 억압과 자유, 탄압과 인간의 권리, 가난과 행동의 자유라는 이분법은 저항을 불러왔습니다.

나는 전쟁, 폭력, 인종주의, 억압과 탄압, 그리고 전 국민의 빈곤을 유발하는 사회체제에 대항하여 용감하게 들고 일어난 수백만 명의 사람들을 대신해 이 자리에 섰습니다.

나는 동시에 수백만 명의 사람들, 즉 한 나라로서의 남아프리카공화국을 위해 투쟁하는 것이 아니라, 비인간적인 체제에 반대하고 아파르트헤이트가 저지른 인류에 대한 범죄를 종식시키기 위해 우리에게 합류한 반아파르트헤이트운동 세력과 정부와 조직들을 대신하여 이 자리에 섰습니다.

남아프리카인이든 아니든 이 수많은 사람들은 사소한 개인적인 이해를 구하지 않고 압제와 불의를 차단하려는 고귀한 정신을 소유하고 있습니다. 한 개인의 고통은 우리 모두의 고통이기에, 그들은 정의를 옹호하고 인간을 존중하기 위해 행동한 것입니다.

오랜 세월 동안 그들이 보여준 용기와 완고함 덕분에 우리는 오늘 이후, 우리 세기에 가장 기억할 만한 인간 승리를 축하하기 위해 전 인류가 하나 되는 그 날을 그려볼 수 있는 것입니다.

  그날이 오면 우리 모두는 인종주의, 아파르트헤이트 그리고 소수 백인의 지배에 대한 공동의 승리를 함께 기뻐할 것입니다.

  이 승리는 포르투갈 제국의 성립으로 거슬러 올라가는 500년간의 아프리카 식민의 역사를 마침내 종식시킬 것입니다.

  그리하여 이 승리는 역사 속에 큰 발걸음을 내딛게 되었음을 증명할 것이고, 또한 어떤 형태의 인종주의이건 장소에 상관없이, 인종주의에 맞선 투쟁에 여러 민족들이 함께 참여해야 함을 보여줄 것입니다.

  아프리카 대륙 끝단에서 자유, 평화, 인간의 존엄성과 인류의 기쁨을 위해 모든 것을 희생하면서 전 인류의 이름으로 고통받았던 사람들은 유례가 없는 보상, 그 가치를 헤아릴 수 없을 만큼 값진 선물을 받게 되었습니다.

  이 상은 돈으로 가치를 매길 수 없습니다. 또한 우리 선조의 뒤를 이어 우리가 밟고 다니는 이 아프리카 땅에서 생산되는 귀금속과 보물들로도 평가할 수 없습니다.

이 상은 모든 사회에서 가장 연약하고, 우리의 귀중품 중에 가장 값진 어린이들의 행복과 안녕을 기준으로 평가될 것이고 평가되어야만 합니다.

어린이들은 기아와 병 때문에 더 이상 고통받지 않으며, 무지, 야만과 모든 형태의 악습과 같은 재앙으로 위협받지 않으며, 이해력을 초월할 정도의 일거리에 종사하도록 강요받지 않으며 대초원의 들판에서 뛰놀 수 있어야만 합니다.

이 고귀한 청중들 앞에서 우리는 새로운 남아프리카가 어린이들의 생존, 보호와 발전에 관한 국제 선언에 명시된 결정들을 중단 없이 지켜나갈 것이라는 약속을 드립니다.[1]

이 상은 또한 어린이들의 부모의 행복과 안녕을 기준으로 평가될 것이고 평가되어야만 합니다. 그들은 정치적 또는 물질적인 이유로 강탈당할 두려움 없이, 구걸 상태로 전락해 모욕당할 두려움 없이 이 땅에서 살 수 있어야만 합니다.

또한 기근, 헐벗음 그리고 실업이 가져온 절망과 같은 무거운 짐을 그들에게서 덜어주어야만 합니다.

모든 억압받는 이들을 위한 이 상의 가치는, 또한 서로를 갈라놓은 비인간적인 벽을 무너뜨리기 위해 투쟁했던 이 땅의 사람들의 행복과 안녕을 기준으로 측정될 것이고 측정되어야만 합니다.

많은 사람들이, 어떤 이는 주인으로 어떤 이는 종으로 간주되고, 그래서 각자를 약탈자로 만들며, 약탈자의 생존은 다른 사람의 파괴에 달려 있는, 인간 존엄에 가해진 심각한 모독에 등을 돌려야만 합니다.

우리 모두가 함께 나누고자 하는 이 상의 가치는, 큰 성공을 거둘 즐거운 평화를 기준으로 평가될 것이고 평가되어야만 할 것입니다. 흑인과 백인을 차별하지 않는 세상에서 인류 모두가 천국의 아이들처럼 살아갈 수 있기를 희망하기 때문입니다.

우리는 모두가 평등하게 태어났고, 우리들 각자가 삶, 자유, 번영, 인간의 존엄성을 가질 수 있는 사회, 그리고 공정한 정부에 대한 정당한 몫을 가질 수 있는 사회를 창조할 것이기 때문입니다.

이러한 사회는 정치범이라는 개념의 존속과 인권 유린을 결코, 더 이상 용납해서는 안 됩니다.

마찬가지로 평화로운 교체로 이르는 길이, 비열한 목적을 달성하기 위해 인민들의 모든 권리를 앗아가려는 찬탈자들에 의해서 또다시 방해받아서는 안 될 것입니다.

넬슨 만델라의 석방 연설

—1990년 2월 11일 케이프에서의 대규모 집회에서

친구들이여, 동지들이여 그리고 남아프리카 동포들이여.

모든 인류를 위한 평화, 민주 그리고 자유의 이름으로 여러분에게 인사드립니다. 나는 예언자로서가 아니라 당신들 모두 즉 인민들의 미천한 종복으로 여기 여러분들 앞에 섰습니다. 여러분의 지칠 줄 모르는 영웅적 희생이 오늘 저를 여러분 앞에 서게 했습니다. 그래서 저는 제게 남은 살아갈 날들을 여러분을 위해 바치겠습니다.

출감일인 오늘 저는 수백만 동포들과 본인의 석방을 위해 끝까지 투쟁해준 세계 각 지역에서 온 분들에게 진심 어린 깊은 감사를 드립니다. 오늘 대부분의 아프리카인들은 흑인이든 백인이든 아파르트헤이

부록 367

트에는 더 이상 미래가 없음을 압니다. 우리는 온 나라에 평화와 안전을 확립하기 위해, 우리의 단호하고 대중적인 행동을 통해 아파르트헤이트를 종식시켜야 합니다. 우리 조직과 우리 인민들이 주도하는 집단적인 저항만이 민주주의를 정착시킬 수 있습니다. 우리 아프리카 남부 대륙에서 아파르트헤이트의 폐해는 헤아릴 수 없을 정도로 큽니다. 많은 이들이 가족도 없이 살아가고 있습니다. 수백만이 집도 직업도 없는 상태에 놓여 있습니다. 경제는 무너졌고 우리 인민은 정치적 갈등을 겪고 있습니다. 아프리카 국민회의의 군사적 날개, 즉 '국민의 창'의 형성을 계기로 1960년 무장투쟁에 호소하게 된 것은 아파르트헤이트의 폭력에 대항한 순수하게 방어적인 행동이었습니다. 무장투쟁에 이르게 만든 요인들은 지금도 존재합니다. 우리에게는 전진 이외에 다른 선택이 없습니다. 우리는 무장투쟁이 더 이상 필요하지 않도록 하기 위해 협상에 유리한 분위기를 희망할 뿐입니다.

나는 열렬하고 경험 많은 아프리카 국민회의 당원의 한 사람입니다. 그러므로 나는 아프리카 국민회의의 모든 목표, 전략과 전술에 완전히 동의합니다.

우리 나라의 국민 통합은 언제나 항상 그러했듯이

오늘날에도 중대하고 필수적인 과업입니다. 누가 되든 한 사람의 지도자가 혼자서 이 문제를 떠맡을 수는 없습니다. 정치 지도자인 우리들은 우리의 전망을 조직의 판단에 맡기고, 조직이 우리의 이상인 민주주의적 절차에 따라 결정하도록 해야 합니다. 이 문제에 관해서 조직의 지도자는 전국 위원회에서 민주적으로 선출된 인물이어야 한다는 사실을 강조하는 것이 우리의 의무입니다. 이는 어떠한 예외도 없이 지켜져야 하는 원칙입니다.

오늘 나는 여러분에게 정부와 나의 교섭이 정치 상황의 정상화에 관한 것이었음을 알려드립니다. 하지만 우리는 아직도 우리 투쟁의 목표인 기본권을 주제로 한 논의는 시작하지 않았습니다. 아프리카 국민회의와 정부가 서로 만나야 한다고 주장한 것 외에는, 나는 어떤 순간에도 우리 나라의 미래에 관해 협상을 시작하지 않았음을 다시 한 번 강조하고 싶습니다.

데 클레르크 대통령은 상황을 정상화하기 위해 현실적인 조처를 취함으로써 다른 어떤 대통령보다도 많은 진전을 이루었습니다. 우리 인민들이 요구하는 기본적인 권리들을 협상하기 이전에, 먼저 여러 차례의 교섭이 이루어져야만 할 것입니다. 하라레Harare

선언에서 사전 교섭 지위에 대해 그 윤곽을 그려볼 수 있었던 것처럼 말입니다.[2] 나는 이 기회를 빌려 우리의 요구를, 그 중에서도 비상사태의 즉각적인 철회와 일부 특정 인사가 아닌 모든 정치범의 석방을 다시금 천명합니다. 자유로운 정치 활동을 보장할 수 있는 정상화된 상황만이 우리에게 우리 인민들로부터 위임장을 받아 그들의 의견을 참조할 수 있도록 할 것입니다.

인민의 의견은 누가 협상자로 나설 것인지 그리고 어떠한 협상을 진행시킬 것인지를 결정하기 위해 반드시 경청되어야 합니다. 어떠한 협상도 우리 시민들의 의견을 듣지 않고는 이루어지지 않을 것입니다. 우리 나라의 미래는 인종차별 없이 민주적으로 선출된 협의체에 의해서만 결정될 수 있을 것입니다. 아파르트헤이트의 해체에 관한 협상은, 민주적이고 인종차별이 없는, 통합된 남아프리카를 향한 인민의 억누를 수 없는 열망을 고려해야만 합니다. 아파르트헤이트로 발생한 불평등이 사라지고 우리 사회가 완전히 민주화되기 위해서는, 백인의 정치권력 독점을 종식시키고 우리의 정치, 경제체제의 재건을 준비해야만 합니다.

데 클레르크 대통령은 공정한 사람으로, 약속을 지키지 않을 때 공인이 빠질 수 있는 위험에 대해 너무나도 분명하게 의식하고 있다는 사실을 강조하고 싶습니다. 우리 조직은 우리가 직면한 냉혹한 현실에 맞추어 행동 노선과 전략을 정해야만 합니다. 그리고 이러한 현실 때문에 우리는 국민당 정부가 주도하는 정치로 인해 계속해서 고통받고 있습니다.

우리의 투쟁은 중대한 역사적 고비를 맞고 있습니다. 우리는 민주화에 이르는 과정이 중단되지 않고 앞당겨지도록 하기 위해 우리 인민들을 더욱 격려할 것입니다. 우리는 너무 오랫동안 자유를 갈망해왔습니다. 이제 더는 기다릴 수 없습니다. 지금은 모든 전선에서 투쟁을 강화해야 할 때입니다. 우리의 투쟁 의지를 느슨하게 하는 것은 미래의 세대들에게 용서받지 못할 과오가 될 것입니다. 지평선에 모습을 드러내기 시작한 자유가 우리의 노력을 촉구하고 있습니다.

대규모의 고도로 계산된 행동만이 우리의 승리를 보장해줄 것입니다. 새로운 남아프리카를 만들기 위해 우리는 백인 동포들이 동참하도록 만들 것입니다. 자유를 위한 운동은 구성원들이 각자 자신의 자리를 찾아가는 일련의 정치 가족의 운동이기 때문입니다. 우리는 국제 사회에 아파르트헤이트 인종차별 체제를 고립시키기 위한 운동을 계속하도록 요구할 것입니다. 지금 제재를 해제한다면, 아파르트헤이트를 완전히 제거하는 과정이 흐트러질 위험성이 있습니다.

자유를 향한 행보는 되돌릴 수 없습니다. 우리는 두려움이 길을 막도록 내버려두어서는 안 됩니다. 통일되고 민주적이며 인종차별이 없는 남아프리카에서 모든 유권자들이 참여하는 보통선거만이 평화와 인종 간의 조화에 다다르는 유일한 길입니다.

나는 결론으로 1964년 재판 중에 이미 언급한 이야기를 다시 한 번 전하고 싶습니다. 당시에도 그랬지만 지금도 여전히 진실인 그 이야기 말입니다.

"나는 백인의 지배에 맞서 투쟁했을 뿐만 아니라 흑인의 지배에 대해서도 맞서 싸웠습니다. 나는 모든 인간이 조화롭고 평등한 기회를 누리면서 살아갈 수 있는 민주적이고 자유로운 사회라는 이상을 소중히 간직하고 있습니다. 그것을 위해 살고 싶은, 도달하고자 하는 이상입니다. 그리고 필요하다면 나는 그 이상을 위해 죽을 각오가 되어 있습니다."

| 주(註) |

들어가며

1) Anthony Sampson, *Mandela. The Autorized Biography*, Harpers Collins, 1999(이하에서는 *Mandela*로 표기함). 이 전기의 마지막 몇 장의 프랑스어 번역판이 르네 귀요네에 의해 출간되었다. *Nelson Mandela, la Victoire*, Bibliothèque de l'Intelligent(이하에서는 *La Victoire* 로 표기함). 자서전 *Long Walk to Freedom*, Brow and C. Boston, 1994. Fayard에서 프랑스어로 번역되어 문고판으로 나옴(이하에서는 *Un long chemin*이라고 표기함).
2) *Le Figaro*, 1985년 12월 19일.
3) *Un long chemin*, p. 551.
4) *Un long chemin*, p. 389.

1 1928~2004. 줄루족 족장. 1970~1994년에는 줄루란드(Zululand)의 수장으로서 크와줄루 반투스탄(Kwazulu Bantustan)의 총리를 지냈다. 아프리카 국민회의 초기 당원이었던 그는 1975년 반아파르트헤이트를 내세운 줄루 민족주의

조직인 잉카타(Inkata) 자유당에 입당하면서, 아프리카 국민회의와, 아프리카 국민회의에 의한 게릴라 활동에 대한 비난의 선봉에 서게 된다. 그는 아파르트헤이트에 대한 대안으로서 아프리카 국민회의가 내세운 1인 1표제가 아닌, 부족제를 새로이 내세웠다. 2003년 진실과 화해 위원회(Truth and Reconciliation Commission)가 확증한 바에 따르면, 잉카타는 1990년대에 백인 우월주의자들과 협력하여 아프리카 국민회의 지지자들 수백 명을 살해하는 만행을 저지르기도 했다. 그러나 부텔레지(Buthelezi)는 결국 1994년 만델라가 주장하는 다인종 간 선거에 참여하기로 결정하고, 넬슨 만델라 대통령 정부에서 내무부 장관을 역임하는 등 새로운 남아프리카 건설에 주도적인 역할을 했다.

1막 안티고네

5) *La Victoire*, p. 18.
6) Ibid., p. 48.
7) Ibid., p. 66.
8) Ibid.
9) Desmond Tutu, *Il n'y a pas d'avenir sans pardon*, Albin Michel, 2000, p. 98.
10) Ibid., p. 249.
11) *Un long chemin*, p. 172.
12) Ibid., p. 451.
13) Ibid., p. 185.
14) Ibid., p. 187.

15) Platon, *La Republingue*, II, XVI.
16) *Un long chemin*.
17) Ibid., p. 107.
18) Ibid., p. 109.
19) Desmond Tutu, op. cit., p. 219.
20) *Un long chemin*, p. 156.
21) Alan Paton, *Pleure, ô mon pays bien-aimé*, Albin Michel, 1950., Le Livre de Poche, p. 148.
22) *Un long chemin*, p. 114.
23) Ibid., p. 338.
24) Pierre Haski, *L'Afrique blanche*, Seuil, 1987, p. 42.
25) *Un long chemin*, p. 118.
26) Ibid., p. 167.
27) Ibid., p. 182.
28) Nelson Mandela, *The Struggle is my life*, documents et discours, Pathfinder, p. 37.
29) Sophocle, *Théâtre complet*, trad. H. Pignarre, Garnier-Flammarion, 1964, p. 69.
30) *Mandela*, p. 35.
31) P. Haski, op.cit., p. 36.
32) Paul Coquerel, *L'Afrique du Sud des Afrikaners*, Complexe, 1992, p. 84.
33) Stuart Cloete, *Le Grand Trek*, Arthaud, 1948.
34) P. Coquerel, op.cit., p. 65.
35) Ibid., p. 67.
36) Cité par Desmond Tutu, op.cit., p. 22.
37) P. Haski, op.cit., p. 67.

38) Desmond Tutu, op.cit., 183.
39) Tom Lodge, Cité par P. Haski, op.cit., p. 71에서 인용됨.
40) *Un long chemin*, p. 176.
41) Ibid., p. 186.
42) Desmond Tutu, op.cit., p. 215.
43) *Un long chemin*, p. 129.
44) Ibid., p. 140.
45) Ibid., p. 183.
46) *Mandela*, p. 68.
47) *Un long chemin*, p. 148.
48) Ibid., p. 171.
49) Ibid., p. 172.

2 백인과 흑인의 혼혈인. 아파르트헤이트 정책이 실시될 당시 컬러드(Coloured)는 정부가 공식 분류한 인종 중 하나로, 인구 집계에서 혼혈 인구 중 그 수가 가장 많았다. 대부분 케이프 주 서부의 케이프타운(Cape Town)과 이 도시의 교회지역, 포트엘리자베스(Port Elizabeth), 여러 농촌 지역에서 살았다. 아파르트헤이트 정책하에서 이들의 지위는 백인과 흑인의 중간이었다. 1948년 아파르트헤이트 정책이 채택되자 이들은 직업에 차별을 받게 되었고, 보통선거권을 박탈당했다. 또한 1985년까지 인종 간의 결혼과 성관계가 금지되었기 때문에 사회적으로 컬러드를 흑인으로 분류하는 경향이 점차 더 강해졌다. 컬러드에 대한 차별은 아파르트헤이트 정책이 철폐된 후 사라졌다.

2막 스파르타쿠스

50) *Un long chemin*, p. 249.
51) *La Victoire*, p. 95.
52) Ibid., p. 173.
53) Desmond Tutu, op.cit., p. 220.
54) *Un long chemin*, p. 283.
55) Alan Paton, op.cit., p. 311.
56) Ibid., p. 306.
57) *Un long chemin*, p. 287.
58) *Mandela*, p. 121.
59) Ibid., p. 190
60) Ibid., p. 131.
61) *Un long chemin*, p. 293.
62) *Mandela*, p. 127.
63) Ibid., p. 135.
64) Ibid., p. 137.
65) *Un long chemin*, p. 300
66) Ibid., p. 317.
67) Desmond Tutu, op.cit., p. 22.
68) *Un long chemin*, p. 318.
69) Ibid., p. 323.
70) Ibid., p. 325.
71) *Mandela*, p. 148.
72) *Un long chemin*, p. 326.
73) Ibid., p. 328.
74) Ibid.

75) André Brink, *Un acte de terreur*, Stock, 1991, I, p. 542.
76) *Un long chemin*, p. 331.
77) Ibid., p. 345.
78) Ibid., p. 350.
79) Ibid., p. 360.
80) Ibid., p. 373.

3 1926~2004. 영국인 작가로 지금은 해체된 영국 사민당의 창당 멤버였다. 1950년대에 요하네스버그(Johannesburg)에서 『드럼(Drum)』의 편집인으로 일했으며, 영국에 돌아온 이후 『영국의 해부』(1964)라는 책을 썼다. 그 이후에도 영국이 하나의 국가로서 어떻게 움직이는지에 대해 여러 권의 저서를 남겼다. 그는 또한 1999년에 출간된 『만델라: 공인된 자서전』이라는 책의 저자이다.

4 각각 비극과 희극을 대표하는 소설가들.

5 1909~1972. 가나(Ghana)의 정치가. 아프리카 통일운동의 지도자로 가나 초대 총리와 초대 대통령을 역임했다.

6 1894~1978. 케냐(Kenya)의 정치가. 케냐 아프리카 동맹의 총재가 되어 반식민지운동을 주도하였으며, 1963년 독립과 함께 케냐 초대 총리가 되었고 이듬해 초대 대통령이 되었다. 1974년에 종신 대통령이 된다.

7 1905~1978. 남아프리카 공산당 서기장이면서 아프리카 국민회의의 핵심 인물로 활동한 사람.

8 시인 브레이튼 브레이튼바하(Breyten Breytenbach)와 함께 남아프리카의 백인들이 가장 자랑스러워하는 세계적인 극작가.

9 1913~1992. 폴란드 태생의 이스라엘 정치가. 1977~1983년

까지 이스라엘 총리 역임.
10 1929년 남아프리카 요하네스버그에서 태어난 추상화 화가. 반 아파르트헤이트 운동의 핵심 인물이다. 이스라엘에서 활동하던 그가 33세의 나이에 조국으로 돌아온 뒤, 1955년에 남아프리카 최고 청년 화가상을 받으면서 나라에서 가장 유명한 화가가 된다. 아프리카 국민회의 주요 멤버들의 암행을 도왔던 사실이 것이 남아프리카 정부에 발각되면서, 다시 이스라엘로 망명을 떠난다.
11 1922~1999. 탄자니아(Tanzania) 농업 사회주의의 지도자. 탄자니아의 초대 대통령. 독립국 탕가니카(Tanganyika)의 초대 총리를 지냈으며, 아프리카 통일기구의 핵심 인물이다. 1984년에 대통령에 선출되었으며 1987년에 재선되었다.
12 1922~1984. 친중국파 마르크스주의자. 기니아(Guinea)의 초대 대통령(1958~1984). 1958년 아프리카에서는 가장 먼저 프랑스의 지배로부터 독립한다. 독립 직후 세쿠 투레(Seko Toure) 대통령은 독재체제를 구축하여 공산권 국가의 지원을 받으며 사회주의 정책을 실시했고, 1984년 급사할 때까지 권력을 휘둘렀다.

제3막 프로메테우스

81) *Un long chemin*, p. 375.
82) Ibid., p. 380.
83) *Mandela*, p. 174.
84) N. Mandela, *L'Apartheid*, préface de Breyten Breytenbach, Editions de Minuit, 1985.

85) Ibid., p. 53.
86) *Un long chemin*, p. 402.
87) Ibid., p. 550.
88) James Gregory, op.cit., p. 20.
89) *Un long chemin*, p. 415.
90) *Mandela*, p. 182.
91) Ibid., p. 420.
92) *Un long chemin*, p. 419.
93) *Mandela*, p. 191.
94) Ibid., p. 192.
95) *Un long chemin*, p. 447.
96) Ibid., p. 441.
97) N. Mandela, *L'Apartheid*, op. cit., p. 66~67.
98) Ibid., p. 93.
99) *Mandela*, p. 194.
100) Ibid., p. 196.
101) *Un long chemin*, p. 454.
102) N. Mandela, *L'Apartheid*, op. cit., p. 110.
103) *Mandela*, p. 199.
104) Ibid.,
105) J. Gregory, op.cit., p. 121.
106) Ibid., p. 106.
107) Ibid., p. 107.
108) J. Gregory, op.cit., p. 118.
109) *Mandela*, p. 207.
110) *Un long chemin*, p. 536.
111) Ibid., p. 535.

112) Ibid., p. 533.
113) Ibid., p. 551.
114) *Mandela*, p. 213.
115) Ibid., p. 214.
116) Ibid., p. 218.
117) J. Gregory, op.cit., p. 125.
118) *Un long chemin*, p. 558.
119) Ibid., p. 560.
120) Ibid., p. 562.
121) Ibid., p. 582.
122) *Mandela*, p. 275.
123) *Un long chemin*, p. 587.
124) Ibid., p. 591.
125) *Mandela*, p. 283.
126) Ibid., p. 230.
127) James Gregory, op.cit., p. 168.
128) *Mandela*, p. 303.
129) *Un long chemin*, p. 599.
130) *Mandela*, p. 317.
131) *Un long chemin*, p. 606.

13 1802년 아이티(Haiti)의 독립운동가. 프랑스혁명의 영향을 받아 산토도밍고(Santo Domingo)에서 일어난 흑인노예반란의 지도자. 그의 뛰어난 군사적 영도를 받은 노예군은 프랑스군과 영국군의 간섭을 물리치고 1804년 독립을 달성하여 아이티 공화국을 탄생시킨다.

14 터키 민족주의(Turkculuk)를 표방하고, 전쟁을 승리로 이끌어

1923년 터키공화국을 세운 인물. 제1차 세계대전에서 패한 오스만제국은 1918년 연합국과 몬도로스(Mondoros) 협정을 맺고 제국이 연합군의 분할 통치에 들어가게 된다. 이러한 유럽 열강의 제국 분할은 터키인들의 저항운동을 일으킨다. 이때 등장한 인물이 터키의 초대 대통령이자 국부의 명칭을 받게 될 무스타파 케말(Mustafa Kemal)이었다. 1923년 10월 29일 터키공화국이 선포되고 케말은 초대 대통령이 되어 문자 개혁, 종교 개혁, 성씨 개혁 등 많은 부분에서 개혁을 이룩한다. 1934년 대국민의회는 케말에게 아타튀르크(Atatürk)라는 명칭을 성씨로 증정한다. 아타는 터키어로 아버지라는 뜻이기에, 아타튀르크는 터키의 아버지라는 뜻이다.

15 1789~1854. 이탈리아 낭만주의 시대를 풍미한 문학가. 이탈리아 독립운동을 위해 일하다가 체포되어 오스트리아의 감옥에 9년 동안 수감되었다. 『나의 옥중기(Le mie prigioni)』라는 작품으로 이탈리아의 통일정신을 고무했다.

16 1830년에 초연된 연극. 에스파냐의 미희 도냐 솔을 두고 약혼자인 늙은 고메스 공과 국왕 카를로스, 카를로스를 아버지의 원수로 생각하고 산적이 된 에르나니(Hernani) 등 세 사람의 사랑과 갈등을 그린 작품.

17 1910~2001. 타보 음베키(Thabo Mbeki) 대통령의 아버지. 아프리카 국민회의 지도자이며, 공산당 당원. 리보니아(Rivonia) 재판에서 유죄가 확정되어 1964년부터 넬슨 만델라와 함께 로벤 아일랜드(Robben Island)에서 복역하다가, 1987년에 석방되었다. 아파르트헤이트가 무너진 뒤 1994년부터 1999년까지 상원 부의장을 지냈다.

18 1920~2005. 1943년 남아프리카 공산당에 가입하고, 1944년에 아프리카 국민회의에 입당함. 아프리카 국민회의가 불법화

된 후, 망명을 떠나 중국 등지에서 군사훈련을 받고 1962년에 다시 귀국하여 1963년까지 '국민의 창'에서 활동했다. 리보니아 재판을 받고 1964년 만델라와 함께 체포되어 로벤 아일랜드에서 복역하다가 1989년 10월 만델라와 함께 석방되었다.

19 1937년 트란스케이(Transkei)에서 태어났으며, 고등학교 시절에 올리버 탐보(Oliver Tambo)의 가르침을 받았고, 1978년 변호사가 되었다. 밤이 만델라와 처음 만난 것은 1950년대에 만델라와 탐보 사무실에서 급사로 일하면서이다. 그러나 만델라와 본격적으로 교분을 맺게 된 것은 만델라가 1964년 로벤 아일랜드에서 복역하던 때부터이고, 이후 10년 동안 그곳에서 만델라와 함께 지내게 된다.

20 1868~1963. 미국의 교육가. 흑인민권운동가. 『흑인의 영혼』의 저자.

21 1935~1998. 1968년 『얼음 위의 영혼』을 발표하면서, 흑인운동의 대표적인 주자로 활동함. 알제리와 파리에서 망명 생활을 하다가, 1975년에야 미국으로 다시 돌아올 수 있었다. 이후 이전의 전력을 모두 포기하고 매우 보수적인 공화파로 활동했다.

22 1925~1961. 프랑스령 마르티니크 태생의 정신분석학자, 사회철학자. 식민지 민중의 민족해방을 옹호한 저술들로 유명하다. 1953~1956년 알제리에서 정신병리학 과장으로 근무하면서, 1954년 이후 알제리 해방운동에 참여했으며, 1956년 튀니지에서 발간되는 신문, 『엘 무자히드』의 편집주간이 된다. 저서로는 『검은 피부, 흰 가면』(1952), 『자기 땅에서 유배당한 사람들』(1961), 『아프리카 혁명을 위하여』(1964)가 있다.

23 1913년에 프랑스령 마르티니크(Martinigue)에서 태어난 시인. 1931~1939년까지 프랑스에서 유학. 고등학교에서 교사로 활

동하다가, 1945년에는 의원으로 선출되어 프랑스 공산당에서 의정 활동을 하기도 한다. 1956년에는 공산당을 탈당하고, 마르티니크 진보당에 입당. 이 시기에 그는 흑인 작가와 예술가 회의에 두 번이나 참석한다. 1968년 셰익스피어의 『태풍(The Tempest)』을 급진적인 시각에서 개작한 프랑스어판을 냈으며, 이후로도 계속해서 시와 희극을 저술하고 1993년에 정치에서 은퇴했다.

24 1745~1813. 제정러시아의 장군. 나폴레옹이 제정러시아를 침공했을 때 총사령관으로서 나폴레옹을 격퇴했다.

25 젊은이들을 끌어 모은 스페인 내전의 영웅 라 파시오나리아(La Pasionaria). '수난의 꽃', '정열의 꽃'이라는 뜻.

26 1929~   남아프리카공화국의 인권운동가이자, 민주주의 투사.

제4막 프로스페로

132) André Brink, *Au plus noir de la nuit*, Stock, 1976, Livre de Poche, p. 161.
133) Desmond Tutu, op. cit., p. 236.
134) André Brink, op. cit., p. 362.
135) Desmond Tutu, op. cit., p. 106.
136) Ibid., p. 128~129.
137) Ibid., p. 217.
138) *Un long chemin*, p. 615
139) Stuart Cloete, op. cit., p. 310.
140) *Un long chemin*, p. 625.
141) Ibid., p. 629.

142) James Gregory, op. cit., p. 242.
143) Ibid., p. 248.
144) Ibid., p. 249.
145) Ibid., p. 265.
146) *Mandela*, p. 338.
147) Ibid., p. 336.
148) *Un long chemin*, p. 634.
149) Ibid., p. 646.
150) *Mandela*, p. 373.
151) *Un long chemin*, p. 655.
152) James Gregory, op. cit., p. 298.
153) *Un long chemin*, p. 665.
154) Desmond Tutu, op. cit., p. 45.
155) *Mandela*, p. 401.
156) Ibid.
157) Alan Paton, op. cit., p. 418.
158) Ibid., p. 127.
159) *Un long chemin*, p. 681.
160) *Mandela*, p. 410.
161) *Un long chemin*, p. 689.
162) Ibid., p. 739.
163) *Mandela*, p. 417.
164) *La Victoire*, p. 36.
165) Ibid., p. 71.
166) Ibid., p. 98.
167) *Un long chemin*, p. 661.
168) Desmond Tutu, op. cit., p. 134.

169) *Un long chemin*, p. 687.
170) Ibid., p. 149.
171) Ibid., p. 115.
172) Ibid., p. 730.
173) Ibid.
174) Ibid., p. 56.
175) Ibid., p. 735.
176) Ibid., p. 736.
177) Ibid., p. 740.
178) *La Victoire*, p. 115.

27 2차 세계대전 이후로 남아프리카의 보호령이었던 남서아프리카(현재 나미비아)에서 일어난 독립운동을 막기 위해 아파르트헤이트 정부에 의해 조직된 살인과 고문으로 악명 높은 반란 진압 부대. 1989년에 해체되어 남서아프리카 경찰로 재조직되고, 여기서 활동하던 요원들은 반인류적인 범죄를 저지른 혐의를 받고 숨어 살고 있다.

28 1925~1982. 남아프리카 공산당원. 그녀의 부모는 라트비아(Latvia)로부터 이민 온 유태인으로서 남아프리카 공산당 창당 멤버들이다. 그녀는 아프리카공화국의 인종주의 정책에 반대하여 정부 전복을 위한 투쟁을 벌였다. 남아프리카 공산당 서기장인 조 슬로보(Joe Slovo)와 결혼. 1964년 남편과 함께 런던에서 망명 생활을 하며 남아프리카의 아파르트헤이트 반대운동을 주도했다. 모잠비크(Mozambigue) 마푸토(Maputo)의 한 대학에서 연구 교수로 있던 중 1982년에 암살됨.

29 1951년에 태어나 남아프리카 소웨토(Soweto)에서 자랐다. 사도신앙선교회 목사의 아들로 태어나, 대학에서 물리학을 공부

하던 중 흑인의식운동에 참여하다가 1975년에 퇴학당한다. 1980년에 목사 안수를 받고, 구빈운동과 빈민교육을 주도하면서 민중운동을 벌이다가 사도신앙선교회로부터 방출되기도 했다. 1997년부터 아프리카 국민회의 국가행정위원회에서 활동했고, 1999년부터는 음베키 대통령을 비서관으로서 보좌하고 있다.

30 1937년에 나이지리아(Nigeria)에서 태어났다. 1970년대 군 최고 통수권자로 총선거에서 선출된 민간정부에 평화적인 권력 이양에 성공함. 뒤이어 또다시 들어선 군사정권에 비판적인 목소리를 내던 그는 1990년대에 3년간 수감되기도 했다. 1999년 대통령으로 취임했다.

31 1582~1642. 프랑스 왕 루이 13세 때 추기경이 되어, 1624~1642년 사이에 총리로 재임한 인물이다. 그의 주요 목표는 프랑스에 절대왕정을 수립하여 정치적인 안정을 이루고, 유럽에서 스페인 합스부르크(Habsburg) 왕실의 주도권을 제거함으로써, 프랑스의 위상을 높이는 것이었다.

32 프랑스 식민지 치하에서 프랑스를 위해 군과 경찰로 일한 아랍인 현지인들을 학살한 사건.

33 남아프리카 화폐단위. 2007년 1월 기준으로 100랜드가 13,000원가량 된다.

34 1970년대 줄루 민족주의자들이 만든 조직.

35 흑인 자치구역을 일컫는 말이다. 홈랜드(Home Land)는 남아프리카공화국의 아파르트헤이트 정책을 유지시켜온 핵심적인 제도이다. 소수 백인 정권은 총 10개의 홈랜드를 설치하여 흑인들을 종족별로 귀속시키고, 국민으로서의 참정권을 박탈하는 대신 자치를 허용하는 방식으로 다수 흑인들을 효율적으로 통제해왔다.

제5막 넬슨 왕

179) *La Victoire*, p. 49.
180) Ibid., p. 123.
181) Ibid., p. 99.
182) Ibid., p. 131.
183) Ibid., p. 50.
184) N. Mandela, *The Struggle is my Life*, p. 380.
185) *La Victoire*, p. 51.
186) Ibid., p. 102.
187) Ibid., p. 153.
188) Desmond Tutu, op. cit., p. 31.
189) Ibid., p. 187, p. 189.
190) *La Victoire*, p. 183.
191) Ibid., p. 197.
192) *Un long chemin*, p. 277.
193) *Nelson Mandela Speaks*, Pathfinder, 1993, p. 42.
194) Ibid., p. 435.
195) Desmond Tutu, op. cit., p. 227.
196) *La Victoire*, p. 167.
197) Ibid., p. 210.
198) *Le Monde*, 2004. 4. 28.
199) *L'Express*, 2004. 4. 19.
200) *Courrier International*, 2003. 7. 24.
201) Fabienne Pompey, *Le Monde*, 2003. 7. 18.

36 1952~ 아프리카 국민회의의 촉망받는 지도자들 가운데 한

사람. 1991년에 아프리카 국민회의 사무총장에 선출됨. 법대 재학 시절 여러 차례 투옥된 적이 있던 그는 1981년 변호사가 되어, 흑인들의 여러 정치운동 단체들에서 활동했다. 능란한 협상가이면서 전략가로 널리 알려진 그는 광산 노동자 연맹이라는 남아프리카 최대의 노동자 조직을 건설하는 데 혁혁한 공을 세웠다. 석방된 넬슨 만델라를 도와 아파르트헤이트 체제를 종식시키고 평화적으로 정권을 이양하는 데 매우 중심적인 역할을 했다. 그는 남아프리카의 정치 민주주의는 반드시 경제적 민주주의를 동반해야 한다고 주장하며, BEE 위원회를 창설하고, 흑백 기업 간의 의견 차이를 중재하고 있다.

37 1942~ 리보니아 재판에서 유죄판결을 받고 만델라와 로벤아일랜드에서 함께 복역한 고반 음베키(Govan Mbeki)의 아들. 정치가 집안에서 태어나 일찍이 10대에 아프리카 국민회의에 가입하고 정치에 입문함. 아프리카에서 망명을 떠나 미국에서 경제학을 공부하고 영국에서 아프리카 국민회의 활동을 벌임. 1970년대에 아프리카로 다시 돌아와 잠비아(Zambia)에서 활동하던 중, 올리버 탐보의 정치 비서로 발탁됨. 1989년에는 아프리카 국민회의의 국제문제 연구팀장으로 일했다. 1990년 아프리카 국민회의가 합법화되면서, 음베키는 아파르트헤이트를 종식시키는 회담을 성공리에 이끌었다.

38 1901~1970. 1928년 국민당을 결성하여 민중주의를 주창하다가 투옥되기도 했다. 1945년 광복 직후 민족운동의 지도자였던 수카르노(Sukarno)가 인도네시아의 초대 대통령으로 선출되었다. 그러나 1963년 군부의 지지하에 종신 대통령으로 취임하고, 권위주의적인 교조(敎導) 민주주의를 주장하면서 고유의 의회제도를 탄압했다. 그러나 군부와 공산당의 지지를 업고 쿠데타를 일으킨 수하르토(Suharto)에게 정권을 빼앗기고

만다.
- **39** 1926~ 쿠바혁명의 지도자. 1959년부터 실질적으로 쿠바를 통치했으며 중남미 공산주의 혁명의 상징이다. 그는 세계 여러 지역, 특히 아프리카의 혁명을 촉진시키는 데 이바지했다. 쿠바의 총리로 지내다가 1976년부터 쿠바 국가평의회와 각료회의의 의장이 되었다.
- **40** 1924~ 짐바브웨(Zimbabwe) 공화국의 초대 총리(1980~1987). 마르크스주의를 신봉하는 흑인 민족주의자로 1당 독재체제를 수립하고, 1987년에 짐바브웨 대통령이 된다.
- **41** 프랑스에서 구빈과 구제 활동을 적극적으로 펼쳐서 국민들로부터 큰 신망을 받고 있는 가톨릭 신부. 프랑스에서 '가장 영향력 있는 사람들' 조사에서 매년 1, 2위를 다투는 사람이다.

부록

1) 1959년 11월 20일에 유엔 총회에서 만장일치로 승인된 어린이 인권선언(Declaration og Rights of the child). 이 선언은 10개의 기본권을 천명하고 있는데, 바로 이것을 넬슨 만델라가 열거한 것이다.
2) 1989년 당시 대통령이었던 피터르 빌렘 보타와 넬슨 만델라가 만나 발표한 하라레(Harare) 선언은 아프리카 국민회의에 사전 교섭 지위를 인정했다.

| 연보 |

1918년
7월 18일에 트란스케이 움타타에서 템부족(族) 족장의 아들, 넬슨 롤리흘라흘라 만델라 출생.

1934년
1월에 할례 의식을 치르고 클라크뷔리 중등학교에 입학해 백인 중심의 교육을 받다.

1940년
포트 헤어 대학에서 네덜란드 법학을 전공하던 중 학생운동을 하다가 퇴학당하다.

1941년
정략결혼을 피해 요하네스버그에 입성하다. 다양한 일을 전전하다가 부동산 소개소에서 평생 스승이자 동료가 된 월터 시술루와 조우하다. 시술루의 소개로 라자르 시델스키의 법률사무소에 근무하며 독학으로 법률 공부를 계속하다.

1943년
비트바테르스란트 대학교에 입학해 정치 신념과 토론의 새 세계를 접하고, 후에 남아프리카공화국 공산당의 서기장을 역임하는 조 슬로보를 만나 친분을 쌓는다. 만델라의 본격적인 정치 인생이 시작된 시기이기도 하다.

1944년
1월 25일, 다니엘 말란에 의해 '아파르트헤이트'라는 용어가 남아프리카 국회에서 최초로 표명되다.
월터 시술루의 사촌 동생인 에블린 메이즈를 만나 결혼해 아들 템비를 낳다. 안톤 렘베데, 월터 시술루, 올리버 탐보 등과 함께 아프리카 국민회의 청년연맹을 창설하며 1인 1표 원칙의 도입을 주창하다.

1946년
리프 지역에서 광부 조합 조합장이자 남아프리카 공산당, 아프리카 국민회의의 일원인 J. B. 막스가 주도한 광부들의 파업이 일어났으나 잔혹하게 진압되다. 만델라에게 대중운동과 통일성에 대한 고민을 안겨준 사례이다.
블룸폰테인 회의에서 아프리카 국민회의의 대표였던 알프레드 주마 박사를 축출, 모로카 박사를 과도기의 지도자로 추천하다.

1948년
스머츠 장군이 이끄는 연합당과 다니엘 말란이 당수인 국민당이 선거에서 경합을 벌여 국민당이 승리하다. 백인종의 안전과 기독교 문명을 보장하겠다는 아파르트헤이트의 원칙은 이후 본격적인 인종차별 정책으로 이어진다.

1949년
인종 간 결혼을 금지하는 최초의 법이 투표로 채택되고, 이후 다른 인종 간의 성관계도 부도덕령을 통해 금지된다.

1950년
인구 규제법이 제정되어 남아프리카의 모든 인종 구분 기준을 규정하다. 공산주의 축출령이 선포되어 다양한 정치세력의 창궐을 방해하다.

1951년
12월 아프리카 국민회의에서 월터 시술루가 시민 불복종 강령을 제안하다. 인도의 간디가 전개한 비폭력운동을 본받은 대중운동의 형태이다.

1952년
정식 변호사가 되어 비백인(非白人)으로는 처음으로 요하네스버그에 법률상담소를 열고 아파르트헤이트를 반대하는 등 본격적으로 흑인인권운동에 참여하다.
통행법(Passport Act)이 제정되어 모든 남아프리카 성인에게 통행증의 소지가 의무화되다.
인도인과 흑인이 함께 주도하는 남아프리카공화국 최초의 시민 불복종 캠페인이 시작되고 처음으로 체포되어 이틀간의 구류를 경험하다. 이후 시민 불복종을 범죄로 규정한 정부에 의해 공산주의 금지법 위반 혐의로 아프리카 국민회의의 의장 모로카 박사, 총서기 월터 시술루, 넬슨 만델라가 여러 인도인 지도자들과 함께 체포되어 요하네스버그에서 재판을 받다.
모로카 박사의 뒤를 이어 알베르트 루툴리가 아프리카 국민회의의 의장에 부임하다.
아프리카 국민회의와 인도 회의의 비밀 전투 조직이 결성되어 만델라가 책임을 맡다. 이후 만델라는 정치에 온전히 투신하고 부인 에블린과 불화가 깊어지면서 이혼 소송에 들어간다.

1953년
편의시설 분리령으로 교통수단과 공공장소에서 흑백 분리가 법률적으로 규정되고, 반투 교육령은 흑인을 대상으로 특별 교육 프로그램을 부과하다.

1954년
원주민 재정착령이 제정되어 백인 지역으로 선포된 지역에 거주하는 흑인들에 대한 강제 이주 명령이 합법화되다. 이로 인해 요하네스버그의 소피아타운이 정식 허가 아래 파괴되었다.

1955년
6월 26일, 소웨토에서 열린 아프리카 국민회의의 대표자 회의에서 정부의 인종주의에 대항하는 선언을 담은 「자유헌장」이 선포되다.

1956년
12월 5일, 시민 불복종 캠페인, 소피아타운 강제 철거에 대한 항의, 「자유헌장」 작성 등과 관련해 반역죄로 체포되어 요하네스버그의 마셜 스퀘어 감옥에 수감되다.
브람 피셔와 베르농 베랑주 등의 변호인단이 변론을 맡아 검사 오스왈드 피로우에 대항한 장기간의 재판이 시작되다.
첫번째 아내 에블린 메이즈와 이혼하다.

1957년

남아프리카 국민당은 동등 직업에서 흑인이 백인 대신 복무할 수 없고 계서상 백인보다 우위에 있는 자리를 맡을 수 없다는 두 가지 원칙을 제안하다.

1958년

4월, 삼백만의 백인이 천삼백만의 아프리카인을 배제한 악명 높은 총선거가 실시되다. 아파르트헤이트 정책을 적극적으로 추진한 스트레이돔이 사망하고 그 뒤를 이어 헨드릭 페르부르트가 총리가 되다. 페르부르트는 아파르트헤이트 정책을 완성하고 반투 자치정부안를 선포하여 프리토리아에 흑인 속국 반투스탄을 세운다. 외국의 시선을 고려해 강제 이주를 연방화로 위장하기 위한 방안이었다.

10월 13일, 기소가 중지되나 폭력에 의한 국가 전복 혐의라는 새로운 조항이 적용되어 그에 대한 재판이 1959년 중반까지 이어지다.

두번째 부인 위니프레드 마디키젤라와 재혼하고 2월, 딸 제나니가 태어나다.

1959년

4월, 로버트 소부퀘를 당수로 범아프리카 회의가 출범하다.

1960년

3월, 범아프리카 회의가 주도한 대규모 집회가 열리고 경찰이 발포해 67명이 사망하고 400명이 부상당하는 샤프빌 학살이 발생하다. 이를 계기로 만델라는 평화시위운동을 중단하고 무장투쟁 노선에 착수한다. 폭동과 시위가 이어지면서 긴급사태가 선포되어 전국에 계엄령이 발동된다.
3월 30일, 긴급사태 선포 직전에 두번째로 체포되어 수감되다.
4월 8일, 아프리카 국민회의와 범아프리카주의자 회의 모두 불법집단으로 규정되다.
만델라와 위니 사이에 둘째 딸 찐지스와가 태어나다.
당시 영국 총리인 해럴드 맥밀런이 아파르트헤이트에 대한 반대를 표명하다.
루툴리 대장이 인종차별정책에 대한 비폭력 저항의 공로를 인정받아 아프리카 최초로 노벨평화상을 수상하다.

1961년
3월 29일, 반역죄 재판 종결되다. 검찰이 아프리카 국민회의의 이적성과 폭력성을 중빙하지 못했다는 판결이 내려지다.
영국이 프리토리아에 파견한 흑인 고위 관리를 페르부르트가 거부하고 남아프리카공화국은 영연방에서 탈퇴한다.
6월, 만델라는 무장투쟁으로의 선회를 제안하고 그 안이 루툴리 대장에 의해 승인된다.
'국민의 창'이라는 이름의 비밀 군대가 창설되어 만델라가 지휘를 맡고, 조 슬로보와 잭 호지슨이 참여하다.
『투쟁은 나의 인생』을 출간하다.

1962년
2월, 아디스 아베바에서 열린 범아프리카 회의에서 신생 독립국을 대상으로 '국민의 창'에 적극 동참해달라는 대의를 천명하다.
이후 올리버 탐보와 함께 아프리카 순회여행을 하면서 무장투쟁에 필요한 다양한 정보를 습득한다.
8월, 요하네스버그의 은신처로 돌아가던 중 거주지 명령 위반

및 사보타주 혐의로 체포되다.

10월 15일, 시나고그에서 열린 재판에 코사족 전통의상인 카로스를 착용하고 참석해 아프리카 정신을 고취하려 애쓰다. 반란 선동에 대해 3년을, 허가 없는 거주지 이탈에 대해 2년의 강제 노역을 선고받고 프리토리아 형무소에 수감되다.

1963년

5월, 에스퀴티니섬의 로벤 아일랜드 감옥으로 이감되다.
7월, '국민의 창' 고위급 사령부 전원이 체포되다.
10월 9일, 프리토리아에서 리보니아 재판이 열려 게릴라 교육과 임시 혁명 정부 등의 혐의로 재판을 받다.

1964년

6월 11일, 만델라와 시술루를 포함한 아프리카인 6명, 인도인 1명, 백인 1명에 종신형이 선고되면서 리보니아 재판이 끝나다.

1965년

로벤 아일랜드의 감옥으로 귀환하다. 이후 27년간 이곳에서 복역하기에 이른다. 넬슨 만델라, 월터 시술루, 고반 음베키, 레이몬드 음흘라바 등 아프리카 국민회의의 최고 사령부가 감옥 내에서 완성되어갔다.

1966년

12월, 새 간수 제임스 그레고리가 부임하다. 만델라의 인격과 품위에 이끌린 그는 이후로도 평생 만델라의 친구로 남는다.

1967년
루툴리 대장이 사망하다.
'국민의 창' 분견대가 짐바브웨 로데지에 침투한 뒤 괴멸당하다.

1968년
로벤 아일랜드 감옥 내에서 만델라, 50회 생일을 맞이하다.

1969년
5월 12일, 만델라의 올랜도 자택에서 부인 위니 만델라가 체포, 수감되다.
장남인 템비가 트란스케이에서 교통사고로 사망하다.

1970년
형무소장이 반 아르데 대령에서 피에트 바덴호르스트로 교체 임명되면서 감옥 내 탄압의 강도가 더해지다. 바덴호르스트가 지나친 학대 행위로 징계를 받고 빌렘스 대령이 후임으로 복무하다.

1976년
교도소를 총 관할하는 장관 지미 크루거가 만델라를 방문해 반투스탄 정책에 대해 회유하나, 만델라는 이를 거절한다.
6월, 흑인 학교에 아프리칸스 교육을 의무화하려는 정부 정책에 항의해, 스티브 비코가 주도한 유혈 폭동이 발생하다. 13살의 헥토르 피터센이 경찰의 발포로 사망하고, 이후 소요 규모면에서 샤프빌 학살을 넘어서 전 세계 언론이 주목하다. 남아프리카공화국 내에서의 흑인의식운동의 새로운 발로로 평가받고 있다.
8월, 위니가 둘째 딸 찐지와 함께 소웨토에서 브래드포드 마을로 강제 이주당하다. 힘겹게 생활하면서도 위니는 이 시기에 피에투 데 발 변호사와 친분을 쌓고, 그는 차후 만델라를 위해 중요한 역할을 맡게 된다.

1977년
9월, 흑인의식운동의 창시자인 스티브 비코가 고문당한 뒤 암살된다. 이에 대해 전 세계가 격분하고 유엔은 역사상 최초로 무기 통상 금지령을 내리고 정부의 탄압은 다소 완화된다.

1979년
인권 부문에 대한 공로로 자와할랄 네루(Jawaharlal Nehru)상(賞) 수상자로 결정되고 올리버 탐보가 만델라를 대신해 시상식에 참석하다.

1981년
브루노 크라이스키(Bruno Kreisky) 인권상을 수상하다.
12월 10일, 안토니오 사우라의 주도, 15명의 국제적 예술가들이 발기해 '아파르트헤이트에 맞선 예술' 전시회 조직, 잡지 『오늘날의 아프리카』 창간, 책 『넬슨 만델라를 위하여』 출간.

1982년
3월 31일, 월터 시술루, 아메드 카스라다, 레이몬드 음흘라바와 함께 폴스무어 감옥으로 이감되다. 로벤 아일랜드에서 수감 생활을 한 지 18년째가 되는 해였다.

1983년
프리토리아 중심가에서 자동차 테러가 발생해 19명이 사망하고 200명 이상이 부상당하다. 이로 인해 금 시세가 폭락하다.

11월, 피터르 빌렘 보타는 국민투표를 실시하여 인도인과 컬러드에게도 의회 구성 자격을 부여해 3원 의회체제를 출범하려 하지만 무산된다.
유네스코(UNESCO)의 시몬 볼리바(Simon Bolirar) 국제상 수상.

1984년
데스몬드 투투가 흑인 인권에 기여한 공로를 인정받아 노벨평화상을 수상하다.

1985년
1월 31일, 의회에서 피터르 빌렘 보타는 폭력을 정치수단으로 사용하지 않는다는 조건하에 만델라를 석방하자고 제안하다.
2월 10일, 아파르트헤이트를 해체하라는 만델라의 답변이 소웨토 경기장에서 딸 찐지에 의해 낭독되다.
4월 30일, 국민당 회의에서 보타는 반투스탄 시민들을 남아프리카 전체에 통합시킬 것을 제안한다.
5월, 보타는 만델라와 비밀리에 협상하고자, 국가정보부의 닐 버나드를 수장으로 하는 4인 위원회를 구성한다.
7월, 프리토리아에서 프랑스 대사 소환.
10월, 영연방 회원국들은 대처 총리의 동의 여부에 상관없이, 프리토리아에 나이지리아의 오바산조가 이끄는 사절단을 보내기로 결의한다.
데스몬드 투투, 국제인권회의에 참석해 만델라의 공석을 대신하다.

1986년
자크 시라크, 남아프리카 공화국에 프랑스 대사 재 파견, 남아프리카 피터르 빌렘 보타 대통령을 파리로 초청하겠다고 제안하다.
5월, 자크 랑, 로랑 파비위스와 함께 남아프리카를 방문하다.
6월 12일, 남아프리카공화국 긴급사태 선포.
6월 14일, 소웨토 봉기 10주년을 맞이하여 파리와 남아프리카공화국 곳곳에서 다발성 시위가 일어나다.

1987년
5월, 국민당이 선거에서 승리를 거두다.
7월, 새로운 영국 대사 로빈 렌위크가 프리토리아에 임명되다.

1988년
7월, 70회 생일을 맞이하다. 끝없는 협상으로 인한 과로로 폐결핵 초기라는 진단이 내려지고 수술을 받는다.
12월 9일, 빅토르 페르스테르 감옥 내부의 별장으로 이송되어 특별대우를 받는다.
12월 중반, 스톰피 세이페이라는 흑인 젊은이가 유괴되어 암살당하는 사건이 발생하고, 이에 대한 공모 혐의로 위니 만델라가 기소되어 재판을 받는다.

1989년
7월 5일, 피터르 빌렘 보타 대통령과 회견하다.
8월, 보타 대통령은 국민당 당수의 지위를 프레데릭 빌렘 데 클레르크에게 양위한다.
10월, 데 클레르크는 아프리카 국민회의 참모진을 한꺼번에 석방한다고 선포하다.
12월 31일, 데 클레르크와 만델라 간의 회담이 개최되다.
위니 만델라의 공판이 열리고 그녀는 징역 6년을 선고받는다.

만델라, 제1회 카다피(Qaddafi) 인권상 수상.

1990년

2월 2일, 의회의 개회식에서 데 클레르크는 아프리카 국민회의, 범아프리자주의자 회의, 남아프리카 공산당을 위시해 31개의 불법 조직에 대해 내려진 금지령을 철회하고, 사상범의 석방과 사형 중지를 선포한다.

2월 11일, 27년간의 수감 생활을 마치고 출감하다. 그 뒤 아프리카와 인도, 유럽 등을 순방하다.

모잠비크에서 사모라 마셀 대통령의 미망인인 그라사 마셀 여사를 만나다. 후에 만델라의 세번째 부인이 되는 여성이다.

3월 2일, 아프리카 국민회의 부의장에 선출되다.

6월 26일, 미 의회 연설에서 아프리카 국민회의 입장을 천명하다.

8월, 아프리카 국민회의가 무장투쟁에 대해 전향적인 입장을 보임으로써 협상이 재개되고 프리토리아 협정이 조인된다.

1991년

1월 29일, 더번 왕립호텔에서 줄루족 수장인 부텔레지와 만델라의 회합이 열리다. 부텔레지는 계속해서 민주주의를 거부하다가 4월 8일 선거 8일 전에야 잉카타에서 선거 후보자를 내는 데 동의한다.

7월, 더번에서 30년 만에 최초로 아프리카 국민회의 전국회의가 개최되고 만델라는 올리버 탐보의 뒤를 이어 만장일치로 의장에 선출된다. 이후 만델라는 실용주의 노선으로 선회하여 데 클레르크의 백인 정부와 협상을 벌여 350여 년에 걸친 인종분규를 종식시킨다. 토지법, 집단 지역법, 인종 등록법이 폐지되고 아파르트헤이트가 역사의 장으로 사라지다.

12월 20일, 민주 남아프리카를 위한 공회(CODESA)가 개최되어 정부와 아프리카 국민회의의 포럼이 시작되다.

1992년

다보스 경제 포럼에 참석한 뒤 국유화를 최소화하는 자본주의의 적극 도입을 고민하다.

1993년

4월 10일, 아프리카 국민회의의 군사 지도자 겸 남아프리카 공산당 사무총장인 크리스 하니가 아프리카너 극단주의자에 의해 살해되다.

만델라 평생의 동지인 올리버 탐보가 사망하다.

6월 3일, 남아프리카공화국 최초로 1인 1표제에 입각한 민주적인 선거가 1994년 4월 27일에 실시될 것이 결정되다.

만델라와 데 클레르크 대통령이 아파르트헤이트 폐지에 대한 공로를 인정받아 공동으로 노벨평화상을 수상하다.

1994년

2월 12일, 수십 년 동안 감옥에 가둔 장본인이라 할 수 있는 피터르 빌렘 보타 대통령, 아파르트헤이트의 창안자인 헨드릭 페르부르트의 미망인을 방문하는 등 화해의 시대를 모색하다.

4월 27일, 남아프리카공화국 최초의 흑인 참여 자유 총선거가 실시되고, 이 다인종회의에서 65퍼센트의 지지를 획득한 만델라는 5월 10일 남아프리카공화국 대통령에 임명된다. 이로써 46년간에 걸친 아파르트헤이트는 실질적으로 마감된다.

의회의 의장은 여성 변호사 프린 진왈라가 맡는다. 이후 1999년 6월까지 탈인종적, 민주적인 넬슨 만델라 대통령의 통치가

이어진다.

1995년 『자유를 향한 머나먼 여정』 출간.

1996년
3월, 3년간의 별거 끝에 위니 만델라와 이혼 수속을 시작하다.
새로운 민주주의를 위한 헌법 제정을 지휘하다.

1997년
남아프리카 개발공동체(SADC)의 의장으로서, 민주주의를 거부하는 스와질란드와 잠비아에 대한 제재를 제안하다.
아프리카 국민회의 의장에서 퇴임하다.

1998년
그라사 마셀 여사와 결혼식을 올리다.
더번 비동맹국 정상회담 이후, 피델 카스트로를 환대하다.

1999년
앤서니 샘슨, 『만델라 전기』를 출간하다.
6월, 만델라는 대통령의 임기를 마치고 타보 음베키가 그 뒤를 이어 대통령이 된다.
스포츠를 통해 평화와 화해를 증진한 공로로 국제육상연맹(IAAF)이 주관하는 제시 오웬스(Jesse Owens)상 수상.
정계를 은퇴하다.

2000년
미국인권박물관(NCRM)의 국제자유상 수상.

'올해의 국제여성 협회'에서 '20세기 세계 지도자상' 수상. 매년 탁월한 업적을 남긴 여성을 선정해 '올해의 국제여성상'을 수여했던 이 협회가 남성에게 상을 수여한 것은 45년 역사상 처음이었다.

2002년
6월 8일, 아파르트헤이트 철폐 등 인권운동에 앞장선 공로를 인정받아 프랭클린 루즈벨트(Franklin Roosevelt) 4개 자유상 수상.

2003년
'만델라의 인상' 연작전으로 화가 데뷔.
만델라의 죄수 번호를 도입한 '46664, 당신의 삶의 1분을 에이즈에(Give 1 Minute of Your Life to AIDS)'라는 이름의 에이즈 퇴치 기금 모금 캠페인에 합류하다.

2004년
5월 11일, 남아프리카공화국 민주화 10주년을 기념, 의회에서 연설하다.
8월 12일, 제8회 만해대상 평화 부문 수상.

2005년
첫번째 부인과의 사이에서 출생한 외아들이자 장남인 마카토 만델라가 에이즈로 사망.
부인 그라사 마셸과 함께 남아공 어린이들의 권리 신장과 여자 어린이들의 배울 권리를 위해 노력한 공로로, 스웨덴아동세계협회(SCWA)가 주관하는 2005 세계아동인권상 가운데 세계친구상(GFA) 수상자로 선정되다.

2006년
국제 엠네스티(Amnesty International) 양심대사상(Ambassador of Conscience) 수상.

2007년
7월. 89회 생일을 맞이하다. 은퇴한 세계 지도자들의 모임인 세계원로회의(The Elders) 출범을 선포하다. 지미 카터(Jimmy Carter) 전 미국 대통령, 코피 아난(Kofi Annan) 전 유엔 사무총장, 매리 로빈슨(Mary Robinson) 전 아일랜드 대통령, 리자오싱(李肇星) 전 중국 외교부장 등 현재까지 지구촌에 큰 영향을 끼치는 전직 지도자들이 총 망라돼 있다.

| 역자 후기 |

사실 나는 전기문을 그다지 좋아하지 않는다. 그럼에도 불구하고 만델라에 대한 평전을 번역하게 된 이유는 이 책이 통상의 영웅 이야기와는 달랐기 때문이다. 저자인 자크 랑은 만델라의 사사로운 측면까지 상세히 드러내며 만델라라는 인물에 진솔하게 접근한다. 분명 저자는 서문에서 자신은 영웅 만델라의 신화 탄생과, 그 신화가 지닌 힘을 소개하겠다고 밝힌다. 그러나 자크 랑이 그려내는 만델라는 결코 성인이 아니며, 심지어 그의 말과 행동은 종종 일반적인 기존 영웅의 풍모와는 거리가 멀다. 그러나 바로 자크 랑이 표현해내는 만델라의 힘이 바로 이 지점에 존재한다.

자크 랑에 따르면, 넬슨 만델라는 정의감에 넘쳐

목표를 향해 돌진하는 순수한 열혈청년이 아니다. 그는 기질적으로 노련한 정치인이다. 자신의 행동이 어떤 파장을 가져올지를 감안하여 행동의 수위를 조절한다. 세심하게 계산하고, 냉철하게 예측한다. 만델라는 자신을 어떻게 포장하면 가장 극적인 효과를 낼 수 있는지 잘 알고 있으며, 마치 연극인처럼 무대의상과 장치까지 세심하게 고려한다. 가령 1962년 10월 법정에 출두하면서 만델라는 양복 대신 표범 가죽으로 만든 코사 전통복인 카로스를 입기로 결정한다. 그가 이 의상을 선택한 이유는 분명하다. 바로 백인 법정에 선 전통적인 아프리카 흑인의 상징성을 강조하기 위해서였다. 이 옷이야말로 아프리카의 고귀한 역사 계승자이자, 불확실한 미래의 계승자로서의 자신의 위상을 드높이고 또 각인할 것임을 만델라는 본능적으로 감지한 것이다. 저자는 만델라가 지닌 그러한 재능을 정치의 예술로 격찬하고 있다.

또한 넬슨 만델라는 민중의 투사가 아니다. 추장의 아들로 태어나 섭정의 도움으로 궁정에서 유년 시절을 보내고 대학 교육까지 받는 등, 보통의 아프리카 흑인들이라면 꿈도 꾸지 못할 특혜를 누렸다. 그러한 만델라의 귀족적인 면모는 곳곳에서 드러난다. 민중에 대한 그의 태도는 한데 섞이는 것이라기보다는, 아버지로서 보살피고 포용하는 태도이다. 저자는 이러한 만델라의 모습을 굳이 숨기지 않는다. 자크 랑은 넬슨 만델라의 계급적 배경을 충분히 감안하고 있는 것이다.

   같은 맥락으로, 저자는 영웅 넬슨 만델라를 결코 미화하지 않는다. 젊은 날의 만델라는 뭇 여성들과 댄스파티를 즐기며, 여성의 시선을 즐기는 평범한 젊은이이기도 했다. 또한 그는 자신의 육체적인 매력에 큰 자부심을 가진 평범한 남성이었다. 심지어는 감옥에서 형벌을 받을 때조차 자신의 몸매가 가장 멋지다고 뿌듯해하기도 했다니 말이다. 게다가 그는 다른 이들의 칭찬에 대해 쉽게 우쭐해지는 보통사람이다. 오랜 죄수 생활 끝에 양복을 걸치면서, "수상 같다"는 주변 사람들의 헛말에 만족해하는 그런 사람이다. 자신이 옳다는 확신을 갖고 있음에도 불구하고 때로는 두려워하고, 때로는 부끄러워하고, 때로는 비겁하게 숨기도 하는 소시민이다. 이 책에서 영웅 만델라가 친숙하게 느껴지는 까닭은 바로 이 때문이다. 우리는 주저주저하고 어수룩한 모습의 만델라에게 인간적으로 공감하고 감응한다.

이 책은 전체 5부로 구성되어 있다. 제1부에서는 체제 순응적인 태도를 벗고 신념에 찬 투사로 거듭나는 만델라의 성장을 다룬다. 제2부에서는 샤프빌 대학살 사건 이후 비폭력 노선을 포기하고 '국민의 창'을 조직하며 무장투쟁을 주도하는 만델라의 대변신을 드러낸다. 제3부에서는 유명한 리보니아 재판과 함께 시작된 만델라의 수감 생활을 다룬다. 1962년부터 1990년까지 계속된 로벤 아일랜드에서의 그의 투쟁은 일상적인 차별을 분쇄하는 것이었다. 그전까지 만델라의 투쟁이 민족의 자유라는 거시적인 목표를 지향했다면, 이제부터는 사소하지만 더욱 치욕스러운 일상의 인종차별과 맞선다. 음식과 의복 차별에서부터 간수들의 폭압적인 태도와 흑인 죄수들 간의 정파 갈등 문제에 이르기까지, 만델라는 전면적이고 총체적으로 투쟁한다. 제4부에서는 만델라의 융통성 있는 협상력을 보여준다. 아파르트헤이트 체제의 종말을 위한 막후교섭의 주요 협상자로서 만델라가 발휘한 지도자적 자질이 강조된다. 제5부에서는 흑인들의 오랜 염원이었던 1인 1표제에 의한 국민투표가 실시되고 이를 통해 대통령의 지위에 오른 만델라에 대해 다룬다. 만델라 대통령은 안으로는 흑백 인종 간의 갈등 치유와 평화적인 정권 이양이라는 대업을 달성하면서, 밖으로는 전 세계의 평화를 위한 외교적인 노력을 기울인다.

나딘 고디머가 서문에서 지적했듯이, 이러한 만델라의 인생을 다루는 데 있어 자크 랑의 구도보다 더 적절한 것은 없을 것이다. 각 부는 연극의 한 장면으로 꾸며졌으며, 그 속에서의 만델라의 역할은 각각 안티고네, 스파르타쿠스, 프로메테우스, 프로스페로, 그리고 넬슨 왕이다. 자크 랑은 인간의 고뇌를 담은 문학작품과 만델라의 역정 어린 삶을 넘나들며 만델라의 내면을 과감히 추측하고, 그의 내적 성장을 추적한다.

이렇게 만델라의 내면을 간파할 수 있었던 것은, 저자 자신이 유력한 정치인이기에 가능했을 것이다. 자크 랑은 2007년 프랑스 사회당 차기 대선 후보로 거론될 정도로 당내 입지가 높은 유력한 정치인이다. 그는 프랑수아 미테랑 대통령 시절에는 10여 년 동안 문화부 장관을 역임하며 프랑스 문화의 새 지평을 연 주역이라는 평가를 받았다. '문화대통령', '미테랑 대통령의 수양아들'이라는 별칭도 이때 얻는다. 또한 리오넬 조스팽 총리 시절에는 교육부 장관을 역임하여 여러 가지 혁신적인 개혁들을 주도한 것으로 잘 알려진 인물이다. 최근에는 대중운동연합의 사르코지 대통령에 의해 기구현대화위원회에 발탁되었다는 사실은 그의 사회주의자로서의 강력한 정치적 입지를 말해주는 것이다.

자크 랑은 예술에 대해 높은 심미안을 지닌 인물이다. 실제로 1982년 그가 기획한 초여름의 길거리 음악 축제는 이제 프랑스의 대표적인 연례행사가 된 것은 물론, 유럽 전역으로 확산되었다. 그가 프랑스의 국가인 '라 마르세이예즈' 변주곡을 CD에 담아 공교육 자료로 배포한 일화는 유명하다. 문화부 장관으로서 만델라의 구명운동을 벌이는 예술가들을 모아 그들의 음악회를 후원한 사람도 바로 자크 랑이다. 특히 만델라 전기에서 보여준, 고대극과 남아프리카 해방문학을 망라하는 자크 랑의 지성과 감성은 놀라울 뿐이다.

바로 이러한 자크 랑이 넬슨 만델라의 평전을 쓴 것이다. 자크 랑은 정치라는 것이 어떻게 숭고한 삶이 될 수 있는지를 만델라를 통해서 찾고자 했다. 넬슨 만델라에 대한 이 평전이 때로 자크 랑의 정치적 고백록에 가깝게 느껴지는 것은 바로 이 때문이다.

자크 랑에게 정치는 직업이 아니라 일종의 소명이다. 운명적인 것이며, 공공선에 대한 지칠 줄 모르는 정열이다. 그는 만델라의 삶을 말하면서 사실은 자신의 정치인으로서의 신념을 말하고자 했다. 다음은 본문에 나오는 한 구절이다. "정치적인 삶은 국가라는 '냉혈 괴물'을 차지하기 위한 얼음장 같은 야망들의 충돌로만 이루어진 것은 아니다. 그것은 또 다른 것일 수 있고, 또한 그래야만 한다. 그들의 이기주의와 성공 너머에 존재하는 하나의 이상을 위해 결합한 친구들과 형제들의 공동 작업, 행복한 공모, 풍성한 동지애가 그것이다. 만일 정치적인 삶이 그저 꼴불견일 뿐이라면, 그렇게 살 가치가 있겠는가?"

이처럼 이 글은 바로 정치가가 바라보는 정치가에 대한 저술을 넘어서서, 정치의 의미에 대한 숙고의 산물이다. 자크 랑이 정치에 대해 신뢰를 잃은 젊은 세대에게 진정으로 알리고 싶었던 것은 바로 정치의 숭고한 의미이다. 그리고 그것을 가장 잘 대변할 인물로 선택된 사람이 바로 넬슨 만델라였다. 정치가로서의 만델라는 올바른 판단을 하며, 무엇을 해야 할지 알고 있다. 그는 그것을 어떻게 해야 이룰 수 있는지도 잘 알았다. 그는 원칙을 지켰고, 그것을 지키기 위해 때로는 쉬운 길을 두고도 어려운 길을 택하기도 했다. 바로 이것이 만델라가 영웅인 이유이다.

옮긴이 **윤은주**

서울대학교 서양사학과 졸업.
서울대학교 서양사학과 대학원 석사.
프랑스 사회과학고등연구원에서 박사학위 취득.
현재 서울대, 국민대 출강.

역사인물찾기 23
넬슨 만델라 평전

2007년 10월 25일 초판 1쇄 펴냄
2014년 1월 20일 초판 9쇄 펴냄

지은이	자크 랑
옮긴이	윤은주
펴낸이	손택수
편집	이호석, 이승한, 임아진
디자인	김현주
관리·영업	김태일, 박유혜
펴낸곳	(주)실천문학
등록	10-1221호(1995.10.26.)
주소	우121-839, 서울시 마포구 월드컵로10길 48 501호(서교동, 동궁빌딩)
전화	322-2161~5
팩스	322-2166
홈페이지	www.silcheon.com

ⓒ 자크 랑, 2007

ISBN 978-89-392-0587-1 03860

이 책 내용의 전부 또는 일부를 재사용하려면
반드시 저작권자와 실천문학사 양측의 동의를 받아야 합니다.